崔至山著

命理正解와 問答

明文堂

머 리 말

　사람은 누구나 청소년 시절에 지녔던 꿈과 이상이 있다. 더러는 뒤에도 그 꿈과 이상대로 살아가는 사람이 있겠지만 오랜 세월이 지나고 보면 평소에 지녔던 꿈과는 달리 엉뚱한 방향으로 전환되어 살아가고 있는 게 대부분이라 생각된다. 때문에 꿈과 현실과는 일치되기 어려우므로 그 꿈을 이루지 못했다 해서 근심하거나 불행을 느낄 필요는 없다. 그저 처해진 현실을 직시(直視)하여 최선을 다하면서 순리대로 살아가는 게 현명한 처세이다.
　필자도 지난날에 세운 꿈과 이상이 있었다. 당시에는 뒷날 필자가 머리 깎고 승복 입고 중이 되어 부처님을 모시겠다는 생각은 추호도 가져 본 일이 없었다. 그런데도 현실에서는 머리 깎고 승복 입은 중의 신분으로 불상 앞에 예불(禮佛)하고 부처님의 도(道)를 배우면서 중생과 더불어 수행(修行)하는 데 노력하고 있는 신분이 되었으니 사람의 일이란 한치 앞도 모를 일이다.
　필자가 중이 된 것은 그만한 이유와 인연이 있기 때문이지만 그 인(因)에 대해서는 밝히지 않겠다. 다만 승복 입은 신분으로서 역학(易學)을 연구하게 된 까닭에 대해서만은 간단히 밝히지 않을 수 없다. 중생들, 특히 부처님을 섬기는 불자(佛子)들은 이름깨나 나있는 스님이면 참선 수련으로 인해 중생들의 명(命-운명)과 화복(禍福)에 대해 잘 알고 있을 것으로 생각하고 있다.

그래서 이런저런 일에 대해서 묻고 있는데 불리(佛理)에 통철한 도승(道僧)의 경지에 이르지 않은바에 수행(修行)만으로 어찌 중생들의 화복을 짐작해서 적절한 답을 해줄 수 있으랴. 예를 들어 장차 비가 내릴 일기를 알아야 우산을 지니도록 하고, 신수가 사나운 줄 알아야 매사 조심토록 경계해서 재앙을 미연에 방지토록 하는 것도 중생을 위하는 일이라 하겠다.

아무리 옳은 말, 유익한 말도 능력있는 사람의 말은 옳게 받아들이지만 능력없는 자의 말이면 받아들이지 않는 게 사람들의 심리다. 그래서 불자들 앞에서 설법(說法)하는 것도 중생을 위한 일이지만 명(命)을 추리하여 피흉추길(避凶趨吉)토록 하는 것도 좋은 방편이라 생각되어 명학(命學)을 연구, 사람이 살아가는 삶의 슬기를 일깨워주려는 데 그 뜻이 있다.

어쨌거나 명리학(命理學)에 대해 어느 정도 알다 보니 필자의 사찰(寺刹)을 찾는 신도들의 요청이 있어 강의를 맡아 해왔다. 어차피 배우는 이들에게 교재(敎材)가 필요하겠기에 본 책자를 저술, 간행(刊行)하게 되었다.

설명이 너무 길면 학습하기에 도리어 지루하겠기에 될 수록 잡다한 설명은 피했으며, 학습 효과와 실력 테스트를 위해 제2편에 명리(命理) 200문제를 문답식으로 수록, 자습하기에 편리하도록 최선을 다했으나 이 책자의 가치에 대해서는 독자들의 판단에 맡긴다.

 아무쪼록 지도 편달이 있으면 위안이겠다.

乙酉年 孟春

崔 至 山 합장

추 천 사

　요즈음 큰 서점의 역학 코너에 가보면 명리(命理)나 풍수, 상법(相法), 해몽(解夢), 성명학 등에 대한 서적들이 숱하게 발행 전시되어 있다. 지난날 소외되었던 학문이 많이 출간되고 있음은 그만큼 이 분야의 학문에 관심을 가지고 있다는 증거라 하겠기에 일생을 통하여 이 분야의 글을 써온 필자로서는 반가운 일이 아닐 수 없다.
　요즈음 한문에 서툰 젊은이들이 많아 거의가 한글로 써서 누구나 다 읽을 수 있도록 하였고, 또한 가로조판 편집을 보면 글을 쉽게 쓰기에 얼마만큼 노력을 하였는지 알고도 남음이 있다.
　글이란 필자의 생각을 독자들에게 정확히 전달할 수 있다면 가장 잘 쓴 글이라 하겠다. 다만 너무 쉽게 쓰기 위해 어려운 내용을 피해 나간다면 이는 골격(骨格)이 빠진 것이 되어 쓸모 없는 글이다. 그리고 같은 학문을 놓고도 필자에 따라 해석과 주장이 다르다는 말을 들을 때 필자가 쓴 글이 어떤 평가를 들을지 두려운 마음이 생긴다.

본 책의 저자인 지산(至山) 스님의 글은 필자에게 교정(校正)을 청해 왔기에 그 내용을 하나도 빠짐없이 읽을 수 있었다. 때문에 글의 내용에서 모든 이론이 필자의 판단과 일치됨을 보고 자진해서 추천의 글을 쓰게 되었다.

본문에서 명리학의 골자가 하나도 빠짐없이 수록되었으면서도 간편 명료하고 이해가 쉬웠으며, 특히 제2편 문답은 현재까지 없었던 교재 방법을 창안해서 초보에서 전문 수준에 이르는 데까지 스스로 실력 테스트를 할 수 있다는 점이 놀라운 착안이라 하겠다. 승려생활의 바쁜 중에도 좋은 글을 쓰신 스님께 찬사를 드리며, 아울러 강호제현에게 일독을 권하기에 손색이 없음을 강조하며 추천의 말을 대신한다.

乙酉年 孟春

白愚堂 **韓 重 洙** 삼가 씀

목 차

머리말 / 3
추천사 / 6

제1편 명리정해(命理正解)

서 설(緒說) / 23

육갑법(六甲法)

1. 간지(干支) / 26
    (1) 천간(天干) / 26
    (2) 지지(地支) / 26
    (3) 天干·地支의 합충(合沖) / 27
        干合·干沖·支合·支沖
    (4) 支의 형(刑)·파(破)·해(害) 등 / 30
        지형(支刑)·지파(地破)·지해(支害)·원진
        (怨嗔)

(5) 六十甲子 / 32

2\. **음양**(陰陽) / 33
  (1) 음양 총론 / 33
  (2) 음양 분류 / 35
    ㅇ수(數)의 음양 / 35
    ㅇ간지(干支) 음양 / 35
    ㅇ팔괘(八卦) 음양 / 36

3\. **오행**(五行) / 36
  (1) 오행의 기본 명칭 / 36
  (2) 오행 소속 / 36
    ㅇ干支五行 / 36
    ㅇ數五行 / 37
    ㅇ合五行 / 37
    ㅇ六十甲子 納音五行 / 38
    ㅇ方位五行 / 38
    ㅇ色五行 / 38
    ㅇ音五行(宮·商·角·徵·羽) / 39
    ㅇ오행 소속 일람표 / 39

4\. **수**(數) / 40
    ㅇ先天數 / 40

o 中天數 / 40
　　　o 後天數 / 41

사주 정하는 법

1. **연주(年柱) 정하는 법** / 43

2. **월주(月柱) 정하는 법** / 44
　(1) 원　칙 / 44
　　　o 月建 配定 / 45
　　　o 二十四節 月別 所屬 / 45
　　　o 둔월법(遁月法) / 47
　　　o 월건 조견표 / 48
　(2) 월건(月建) 정하는 요령 / 49

3. **일주(日柱) 정하는 법** / 51

4. **시주(時柱) 정하는 법** / 52
　　　o 十二支時 / 53
　　　o 時의 오차에 대해 / 55
　　　o 서머타임 및 시간변경 / 57
　　　o 시두법(時頭法) / 58

ㅇ시간 조견표 / 59

5. 대운(大運) 정하는 법 / 61
 (1) 大運 干支 기입법 / 61
  ㅇ원칙[法式] / 61
  ㅇ요령 / 61
  ㅇ大運 干支 기록하는 예 / 62
 (2) 대운수(大運數) 계산법 / 64
  ㅇ대운수(大運數) 계산 기입하는 예 / 66

사주와 육갑법의 응용

1. 포태법과 십이운성 / 70
 (1) 포태법(胞胎法) / 70
 (2) 십이운성(十二運星) / 73

2. 합충(合冲) 등의 작용과 신살론(神殺論) / 75
 (1) 합충(合冲) 등의 작용 / 75
  ㅇ干合의 작용 / 75
  ㅇ干冲의 작용 / 77
  ㅇ支合의 작용 / 78

ㅇ支冲의 작용 / 78
　　　ㅇ支破의 작용 / 79
　　　ㅇ刑의 작용 / 80
　　　ㅇ害의 작용 / 80
　(2) 공망(空亡) / 81
　(3) 십이살(十二殺) / 83
　(4) 신살정국(神殺定局) 및 작용 / 88
　　　ㅇ천을귀인(天乙貴人) / 88
　　　ㅇ천월덕귀인(天月德貴人) / 88
　　　ㅇ건록(建祿) / 89
　　　ㅇ암록(暗祿) / 89
　　　ㅇ금여(金輿) / 90
　　　ㅇ문창(文昌)·학당(學堂) / 90
　　　ㅇ장성(將星)·역마(驛馬)·화개(華盖) / 91
　　　ㅇ삼기(三奇) / 91
　　　ㅇ육수(六秀) / 91
　　　ㅇ복덕수기(福德秀氣) / 91
　　　ㅇ천혁(天赫) / 92
　　　ㅇ복성귀인(福星貴人) / 92
　　　ㅇ괴강(魁罡) / 92
　　　ㅇ양인(羊刃) / 93
　　　ㅇ비인(飛刃) / 94

목 차 13

    ○고신(孤辰)・과수살(寡宿殺) / 94
    ○도화살(桃花殺) / 94
    ○백호대살(白虎大殺) / 95
    ○홍란성(紅鸞星) / 95
    ○길흉신 일람표 / 96

사주 응용법

1. 육친(六親) / 102
  (1) 육친 정하는 법 / 102
      ○육친정국 일람표 / 105
      ○지지암장(地支暗藏) / 106
      ○日干대 地支의 명암육친표 / 108
  (2) 육친의 특성과 운명상의 영향력 / 109
    ① 비겁(比劫) / 109
    ② 식상(食傷) / 113
    ③ 재성(財星) / 117
    ④ 관살(官殺) / 122
    ⑤ 인성(印星) / 126

용신법과 격국

1. 용신에 대한 상식 / 131
   (1) 용신의 의의 / 131
   (2) 용신의 종류 / 133
      ㅇ 억부(抑扶) / 133
      ㅇ 종(從) / 133
      ㅇ 병약(病弱) / 134
      ㅇ 통관(通關) / 135
      ㅇ 조후(調候) / 135

2. 용신 정하는 법 / 136
   (1) 억부법(抑扶法) / 136
      ① 오행의 왕쇠 / 136
         ㅇ 진술축미(辰戌丑未)에 대하여 / 137
         ㅇ 오행이 왕(旺)해지는 조건 / 139
      ② 신강(身强)·신약(身弱) / 142
         ㅇ 신강 신약 배점표 / 144
         ㅇ 신강 신약의 예시 / 146
      ③ 억부법(抑扶法) / 148

○五行生克의 反作用 / 150
　(2) 종(從) / 151
　(3) 병약(病藥) / 153
　(4) 통관(通關) / 155
　(5) 조후(調候) / 157

3. 격국(格局)과 용신 / 161
　(1) 내격(內格) / 163
　　　○암간(暗干) / 164
　　① 정관격(正官格) / 165
　　　　○부성입묘(夫星入墓) / 167
　　② 편관격(偏官格) / 169
　　　　○시상일위귀격(時上一位貴格) / 173
　　③ 정재격(正財格) / 173
　　④ 편재격(偏財格) / 175
　　⑤ 식신격(食神格) / 177
　　⑥ 상관격(傷官格) / 180
　　　　○진상관(眞傷官)・가상관(假傷官) / 182
　　⑦ 인수격(印綬格) / 188
　(2) 용신 정하는 원칙 / 191
　　① 신강용신(身强用神) / 191

② 신약용신(身弱用神) / 193
　　③ 격과 용신의 합칭 / 195
　(3) 외격(外格) / 198
　　① 종격(從格) / 198
　　　ㅇ종인(從印) / 199
　　　ㅇ종비(從比) / 200
　　　　• 곡직격(曲直格) / 201
　　　　• 염상격(炎上格) / 201
　　　　• 가색격(稼穡格) / 202
　　　　• 종혁격(從革格) / 202
　　　　• 윤하격(潤下格) / 203
　　② 종세(從勢) / 203
　　　ㅇ진종(眞從)・가종(假從) / 205
　　　　• 종아격(從兒格) / 206
　　　　• 종재격(從財格) / 206
　　　　• 종살격(從殺格) / 207
　　　　• 종세(從勢) / 207
　　③ 종화격(從化格) / 208
　　　ㅇ화격표(化格表) / 208
　　④ 독상・양상・삼상격 / 211
　　　ㅇ일행득기격(一行得氣格) / 211

○ 양신성상격(兩神成象格) / 212
　　　○ 삼신성상격(三神成象格) / 212
⑤ 기격(奇格)과 특수격 / 213
　　　○ 천원일기격(天元一氣格) / 213
　　　○ 지신일기격(地辰一氣格) / 214
　　　○ 사주동일격(四柱同一格) / 214
　　　○ 사위순전격(四位純全格) / 215
　　　○ 천간순식격(天干順食格) / 215
　　　○ 오행구족격(五行俱足格) / 215
　　　○ 양간부잡격(兩干不雜格) / 216
　　　○ 금신격(金神格) / 216
　　　○ 시묘격(時墓格) / 217
　　　○ 괴강격(魁罡格) / 217
　　　○ 시마격(時馬格) / 217
　　　○ 전재격(專財格) / 218
　　　○ 건록격(建祿格) / 218
　　　○ 전록격(專祿格) / 218
　　　○ 귀록격(歸祿格) / 218
　　　○ 일인격(日刃格) / 219
　　　○ 일귀격(日貴格) / 219
　　　○ 일덕격(日德格) / 219
　　　○ 교록(交祿) / 219

18 명리정해(命理正解)와 문답

　ㅇ 공록격(拱祿格) / 220
　ㅇ 공귀격(拱貴格) / 221
　ㅇ 협구공재격(夾丘拱財格) / 221
　ㅇ 세덕부살격(歲德扶殺格) / 222
　ㅇ 세덕부재격(歲德扶財格) / 222
　ㅇ 정란차격(井欄叉格) / 222
　ㅇ 합록격(合祿格) / 223
　ㅇ 형합격(刑合格) / 223
　ㅇ 자요사격(子遙巳格) / 224
　ㅇ 축요사격(丑遙巳格) / 225
　ㅇ 비천녹마격(飛天祿馬格) / 226
　ㅇ 육갑추건격(六甲趨乾格) / 227
　ㅇ 육을서귀격(六乙鼠貴格) / 227
　ㅇ 육임추간격(六壬趨艮格) / 228
　ㅇ 육음조양격(六陰朝陽格) / 229
　ㅇ 임기용배격(壬騎龍背格) / 229
　ㅇ 현무당권격(玄武當權格) / 230
　ㅇ 구진득위격(句陳得位格) / 231

대운과 세운

1. 대운(大運) / 232

2. 세운(歲運) / 236
3. 수한(壽限) / 239
   ㅇ용신과 행운(行運)관계 / 241

10간일(十干日)의 특성

1. 갑을일(甲乙日, 木日) / 243
2. 병정일(丙丁日, 火日) / 250
3. 무기일(戊己日, 土日) / 256
4. 경신일(庚辛日, 金日) / 262
5. 임계일(壬癸日, 水日) / 270

제2편 명리문답(命理問答)

일러두기 / 279

1문~198문 목차 / 280

제1편
命 理 正 解
명 리 정 해

서 설(緖說)

　사람이 모태(母胎)에서 태어나 철이 들기 전까지는 자신의 용모에서부터 지능의 우열(憂劣)과 가정환경, 그리고 태어나 자라는 곳의 좋고 나쁜 것을 모른다. 그러다가 모든 사물에 대한 인식을 깨닫게 되면서 나와 남을 견주어 보아 내가 남보다 잘생겼는지 못생겼는지 알게 되고 나의 부모, 나의 가정이 남의 부모, 남의 가정에 비해서 좋은지 나쁜지를 알게 된다. 이를 알게 되면서부터 삶이란 싸움터에 한걸음씩 내딛어 생(生)을 마칠 때까지 휴전 없는 싸움을 계속하지 않을 수 없는 게 모든 인간들의 숙명적 과제라 하겠다.
　부처님의 말씀에 사람으로 한번 태어나려면 몇 겁(劫)의 선한 덕을 쌓아야 한다고 하셨다. 만유(萬有) 가운데 우리들이 사람으로 태어날 수 있었다는 것, 그 하나만으로도 천행(千幸)임을 알아야 할 것이다. 그러나 자기 자신이 행복한 사람이라고 생각하며 살아가는 사람이 과연 얼마나 되랴.
　부귀와 장수, 빈천단명, 건강과 질병 등의 기준이 본래 정해진 게 아니라 나와 남을 견주어 깨닫게 되는 것이다. 그러므로 오늘날 서민층의 생활이 옛날 진시황(秦始皇)의 삶보다 훨씬 더 편리할지라도 현대문명 수준에서 남보다 못하면 빈곤감,

열등감이 생겨「나는 남보다 못하니 불행하고, 반대로 나는 남보다 나으니 행복하다」고 생각하게 된다.

하지만 이는 사회적 지위나 경제적 잣대로 기준해보는 행불행일뿐 그보다 더 중요한 것은 인격(人格)이란 잣대로 자신의 품격을 재보면서 인격완성에 끊임없이 노력하는 것이 올바르게 사는 도리라 하겠다. 왜냐하면 사람에게 무엇보다 가장 소중한 것이 인격이기 때문이다.

사물에 대한 판단이 바르고, 품행이 바르며 삶의 철학이 올바르면 뭇 사람들의 신뢰와 존경을 받게 됨으로써 인격을 갖춘 인물이 되는 것이다.

남이 누리는 부귀와 명성이 부러워 분수밖의 것을 탐하면 성공은 고사하고 도리어 패가망신하는 결과를 초래할 것이다.

손자(孫子)는 병법(兵法)에서「지피지기(知彼知己)면 백전불패(百戰不敗)라」하였다. 즉 상대의 능력을 알고 자신의 능력을 알면 백번을 싸워도 패하지 않는다는 뜻으로 적과 대립해서 싸우는 전쟁뿐 아니라 인간관계에 있어서도 마찬가지 이치다. 복잡다단한 오늘날 사회에 있어서도 실패의 쓴잔을 마시지 않으려면 반드시 상대를 알고 자신의 능력을 알아야 한다. 그래서 손자병법은 우리네 처세술에 적용, 경영의 노하우로 삼고 있다.

그러나 실은 상대를 알기는 고사하고 자기 자신을 알기도 어렵다. 자신의 성격, 자신이 지닌 선악의 마음, 자신의 소질 능력 등은 자신의 것이지만 실상은 알기가 어려울 뿐만 아니라 남이 자기를 어떻게 평가해 주는가도 알아야 한다. 특히 후회없는 삶을 경영하려면 자신이 타고난 복분(福分)을 알아야 그 복분의 한계에서 장래의 지표를 정하여 실패없는 경영을 위해 매진할 수 있다.

분수에 넘치는 것은 바라지 말아야 하지만 분(分)에 허용된 것조차 어렵다 하여 포기한다면 살아가는 의미가 없다.

명리학(命理學)은 오행생극(五行生克)의 이치로서 만유(萬有)의 성쇠순환(盛衰循環)하는 이치를 논한 것이므로 이 이치에 준하여 인간의 부귀빈천, 수요(壽夭)에 대한 복분을 추리해 볼 수 있는 추명학(推命學)이다. 모든 이치를 통철(通徹)한 부처님이나 천지신명, 그리고 성인(聖人)이 아니기에 옛 달인(達人)이 남긴 학문에 의해 인간의 복분, 즉 명(命)에 대한 대략이라도 추단(推斷)할 수 있는 것이다.

이상의 말뜻을 결론적으로 간단히 정리한다면 다음과 같다. 이 학문을 익힌다는 것은 지피지기(知彼知己)할 수 있는 방법의 하나이므로 남이든 자신이든 타고난 복분을 짐작, 분에 넘쳐서도 안되지만 복분에 타고난 것조차 포기해 버린다면 삶에 대한 의미가 없는 것이다.

이 명리서(命理書)는 길을 몰라 방황하는 인생의 길잡이가 될 수 있는 데 일조(一助) 정도로 여기고 학습하는 데 의(義)를 두면 좋겠다.

육갑법(六甲法)

1. 간지(干支)

干은 天干이요 支는 地支의 약칭이다. 天干은 六十甲子 구성에 있어 위에 위치하고 地支는 아래에 위치하는데 위는 하늘을 상징하여 天干이라 하고, 아래는 땅을 상징하여 地支라 하였다. 그리고 天干은 열개가 된다 해서 十干이라 하고, 地支는 열두개가 된다 해서 十二支라 하였다. 天干 地支의 명칭과 순서는 다음과 같다.

(1) 천간(天干)
甲 乙 丙 丁 戊 己 庚 辛 壬 癸

(2) 지지(地支)
子 丑 寅 卯 辰 巳 午 未 申 酉 戌 亥

(3) 天干·地支의 합충(合冲)

天干과 地支는 天干은 天干끼리 서로 合하고 冲하고 刑하고 破하고 害하고 미워하는[怨嗔] 관계가 있는데, 단 天干은 오직 合冲관계만 이루어진다. 다음과 같다.

干合(天干合)＝甲己合 乙庚合 丙辛合 丁壬合 戊癸合(陽干이 陰干을 克하는 관계로 이루어지는데 이는 夫婦配合의 象이다)

干冲(天干冲)＝甲庚冲 乙辛冲 丙壬冲 丁癸冲 戊己冲(오직 戊己冲만 제외하고 陽干이 陽干을 克하고 陰干이 陰干을 克하는 관계가 冲으로 이루어졌다)

支合(地支合)은 六合과 三合 두 가지가 있다.

- 六合＝子丑合 寅亥合 卯戌合 辰酉合 巳申合 午未合
- 三合＝申子辰合 巳酉丑合 寅午戌合 亥卯未合

이 三合은 가령 申子辰이 三合인데 申子辰 세 글자가 다 모여야만 되는 것이 아니고 申子 子辰 申辰 이렇게 三合관계되는 地支끼리 두 글자만 있어도 合이 이루어진다.

支冲(地支冲)을 地支相冲 또는 六冲이라고도 칭한다.

- 子午冲 丑未冲 寅申冲 卯酉冲 辰戌冲 巳亥冲

이상의 干合 干冲과 支合 支冲을 이해하기 쉽게 圖表로 작성해 본다.

干沖圖 (1)

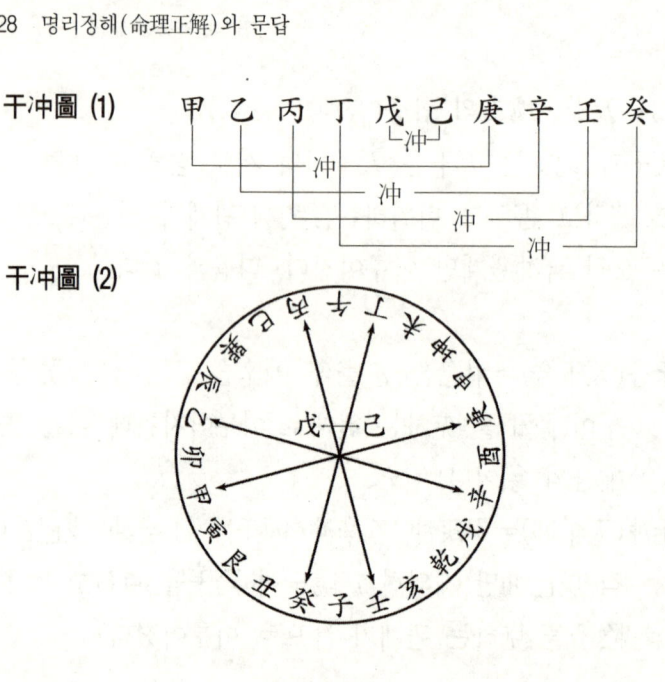

干沖圖 (2)

干合圖

六合圖 (1)

六合圖 (2)

三合圖 (1)

三合圖 (2)

六冲圖 (1)

六冲圖 (2)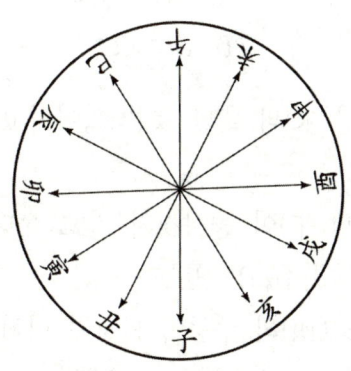

(4) 支의 형(刑)·파(破)·해(害) 등

지형(支刑 : 地支刑)은 그냥 刑, 또는 三刑이라고도 한다.
- 寅巳申三刑＝寅은 巳를 刑하고, 巳는 申을 刑하고, 申은 寅을 刑한다.
- 丑戌未三刑＝丑은 戌을 刑하고, 戌은 未를 刑하고, 未는 丑을 刑한다.
- 子卯相刑＝子는 卯를 刑하고, 卯는 子를 刑한다.
- 辰午酉亥自刑＝辰은 辰을, 午는 午를, 酉는 酉를, 亥는 亥를 같은 支끼리 刑한다.

지파(支破 : 地支破)를 그냥 破, 또는 六破라고도 한다.
- 子酉破　丑辰破　寅亥破　卯午破　巳申破　戌未破

지해(支害 : 地支害)를 그냥 害, 또는 六害라고도 한다.
- 子未害　丑午害　寅巳害　卯辰害　申亥害　酉戌害

원진(怨嗔)은 서로 미워한다는 뜻으로 다음과 같다.
- 子-未　丑-午　寅-酉　辰-亥　巳-戌　卯-申

즉, 쥐(子)는 양(未)의 뿔난 것을 싫어하고(鼠忌羊頭角)-子未

소(丑)는 말(午)이 농사짓지 않고 논다해서 미워하고 (牛憎馬不耕)-丑午

범(寅)은 닭(酉)의 주둥이가 자기 턱처럼 짧다해서 미워하고(虎憎鷄嘴短)-寅酉

토끼(卯)는 원숭이(申)의 허리가 굽은 것을 미워하고

(兎怨猴不平)－卯申

용(辰)은 돼지(亥) 얼굴이 검은 것을 혐오하고(龍嫌
猪面黑)－辰亥

뱀(巳)은 개(戌) 짖는 소리에 놀라 미워한다(蛇驚犬
吠聲)－巳戌

o 天干合冲表

干\구분	甲	乙	丙	丁	戊	己	庚	辛	壬	癸	비고
干合	己	庚	辛	壬	癸	甲	乙	丙	丁	戊	
干冲	庚	辛	壬	癸	己	戊	甲	乙	丙	丁	

o 地支合冲 및 刑·破·害·怨嗔表

支\구분	子	丑	寅	卯	辰	巳	午	未	申	酉	戌	亥
三合	申辰	巳酉	午戌	亥未	申子	酉丑	寅戌	亥卯	子辰	巳丑	寅午	卯未
六合	丑	子	亥	戌	酉	申	未	午	巳	辰	卯	寅
刑	卯	戌	巳	子	辰	申	午	丑	寅	酉	未	亥
冲	午	未	申	酉	戌	亥	子	丑	寅	卯	辰	巳
破	酉	辰	亥	午	丑	申	卯	戌	巳	子	未	寅
害	未	午	巳	辰	卯	寅	丑	子	亥	戌	酉	申
怨嗔	未	午	酉	申	亥	戌	丑	子	卯	寅	巳	辰
띠이름	쥐	소	범	토끼	용	뱀	말	양	원숭이	닭	개	돼지

이상 干支 合冲 등을 참고하기 쉽게 간단히 다시 記한다.

- 干合=甲己　乙庚　丙辛　丁壬　戊癸
- 干冲=甲庚　乙辛　丙壬　丁癸　戊己
- 三合=申子辰　巳酉丑　寅午戌　亥卯未
- 六合=子丑　寅亥　卯戌　辰酉　巳申
- 六冲=子午　丑未　寅申　卯酉　辰戌　巳亥
- 六破=子酉　丑辰　寅亥　卯午　巳申　戌未
- 刑　=寅巳申　丑戌未　子卯　辰午酉亥(自刑)
- 六害=子未　丑午　寅巳　卯辰　申亥　酉戌

　怨嗔=子未　丑午　寅酉　卯申　辰亥　巳戌

(5) 六十甲子

天干 열자와 地支 열두 자가 天干은 위에, 地支는 아래에 上下로 조직하면 60개의 干支 구성이 되는데 이를 六十甲子라 한다. 다음과 같다.

甲子	乙丑	丙寅	丁卯	戊辰	己巳	庚午	辛未	壬申	癸酉
甲戌	乙亥	丙子	丁丑	戊寅	己卯	庚辰	辛巳	壬午	癸未
甲申	乙酉	丙戌	丁亥	戊子	己丑	庚寅	辛卯	壬辰	癸巳
甲午	乙未	丙申	丁酉	戊戌	己亥	庚子	辛丑	壬寅	癸卯
甲辰	乙巳	丙午	丁未	戊申	己酉	庚戌	辛亥	壬子	癸丑
甲寅	乙卯	丙辰	丁巳	戊午	己未	庚申	辛酉	壬戌	癸亥

2. 음양(陰陽)

(1) 음양 총론

天地에 가득히 메워 있는 萬有는 陰과 陽으로 구분되어 있지 않은 것이 단 한 가지도 없다. 어떤 一物이 있으면 그 一物은 반드시 陰陽으로 나뉘어져 있다. 이 음양을 중요한 것만으로 예를 든다면 다음과 같다.

- 천지(天地)=하늘은 양이고 땅은 음이다. 즉 높은 것은 양이고 낮은 것은 음이다.
- 상하(上下)=위는 양이고 아래는 음이며, 높은 것은 양이고 낮은 것은 음이다.
- 일월(日月)=해는 양이고 달은 음이다.
- 명암(明暗)=밝은 것은 양이고 어두운 것은 음이다.
- 부모(父母)=아버지는 하늘을 상징하니 양이요, 어머니는 땅에 비유되니 음이다. 또 아버지는 남자(수컷)이므로 양이고, 어머니는 여자(암컷)이므로 음이다.
- 남녀(男女)=남자(수컷)는 양이고 여자(암컷)는 음이다.
- 자웅(雌雄)=자(雌)는 암컷, 웅(雄)은 수컷인바 수컷은 양이고 암컷은 음이다.
- 주야(晝夜)=밝은 것이 양이니 낮은 양이요, 어두운 것은 음이니 밤은 음이다.

- 수화(水火)＝더운 것 밝은 것은 양이니 불이 양이요, 추운 것 어두운 것은 음이니 물은 음이다.
- 춘하추동(春夏秋冬)＝봄·여름은 양이요, 가을·겨울은 음이다.

 그밖에 긴 것은 양이고 짧은 것은 음이며, 살찐 것은 음이고 마른 것은 양이다.

 뾰족하거나 내민 것[凸]은 양이고, 오목하거나 들어간 것[凹]은 음이다.

 급한 것은 양이고 느린 것은 음이며, 껄끄러운 것은 양이고 미끈한 것은 음이다.

 억센 것은 양이고 부드러운 것은 음이며, 강한 것은 양이고 약한 것은 음이다.

 움직이는 것[動]은 양이고, 가만히 있는 것[靜]은 음이다.

 밖[外]은 양이고, 안[內]은 음이며, 겉[表]은 양이고, 속[裏]은 음이다.

 열려 있는 것[開]은 양이고, 닫혀 있는 것[閑]은 음이니, 노출된 것은 양이고, 숨겨져 있는 것은 음이다.

 그러므로 남자는 凸하고 강하고 억세고 거칠고 급하고 외향적이고 키가 크고 마른편이므로 이 모든 양의 조건을 갖추어 陽이 되고, 여자는 음이므로 凹하고 약하고 부드럽고 매끈하고 참을성이 있고 내성적이고 키가 작고 통통하다.

- 五行의 木火는 양이요, 金水는 음에 속하는데 土는 양일 수도 있고 음일 수도 있는바 戊己辰戌丑未土가 경우에

따라 다르다.

다음은 數와 干支·八卦의 음양을 별도로 기록한다.

(2) 음양 분류

○수(數)의 음양

1·3·5·7·9 등 홀수(奇數)는 모두 양에 속하고,
2·4·6·8·10 등 짝수(偶數)는 모두 음에 속한다.

陽數=1·3·5·7·9(11, 17, 25, 37 등 끝자리가
　　　 홀수면 양이다)

陰數=2·4·6·8·10(18, 20, 22, 36 등 끝자리가 짝수
　　　 면 음이다)

○간지(干支) 음양

天干 甲丙戊庚壬과 地支 子寅辰午申戌은 陽이요,
天干 乙丁己辛癸와 地支 丑卯巳未酉亥는 음이다.

陽干=甲　丙　戊　庚　壬
陰干=乙　丁　己　辛　癸
　　　 ○ ● ○ ● ○ ● ○ ● ○ ●
　　　 甲 乙 丙 丁 戊 己 庚 辛 壬 癸

陽支=子　寅　辰　午　申　戌
陰支=丑　卯　巳　未　酉　亥
　　　 ○ ● ○ ● ○ ● ○ ● ○ ● ○ ●
　　　 子 丑 寅 卯 辰 巳 午 未 申 酉 戌 亥

○**팔괘**(八卦) **음양**
乾(☰)·艮(☶)·震(☳)·坎(☵)은 모두 陽卦에 속하고
巽(☴)·坤(☷)·兌(☱)·離(☲)는 모두 陰卦에 속한다.

3. 오행(五行)

(1) 오행의 기본 명칭
　木　火　土　金　水(金木水火土의 순서로도 부른다)

(2) 오행 소속

○干支五行
天干五行=甲木　乙木　丙火　丁火　戊土　己土　庚金
　　　　　辛金　壬水　癸水
　　　　　(甲乙木　丙丁火　戊己土　庚辛金　壬癸水)
地支五行=子水　丑土　寅木　卯木　辰土　巳火　午火
　　　　　未土　申金　酉金　戌土　亥水
　　　　　(亥子水　寅卯木　巳午火　申酉金　辰戌丑未土)

　이 天干과 地支를 음양으로 구분하면서 五行을 붙이면 아래와 같다.

　天干=甲陽木　乙陰火　丙陽火　丁陰火　戊陽土　己陰土
　　　　庚陽金　辛陰金　壬陽水　癸陰水

地支＝子陽水　丑陰土　寅陽木　卯陰木　辰陽土　巳陰火
　　　　午陽火　未陰火　申陽金　酉陰金　戌陽土　亥陰水

이 干支五行을 干支로 합쳐 다음과 같이 부르기도 한다.

甲乙寅卯木　　丙丁巳午火　　戊己辰戌丑未土
庚辛申酉金　　壬癸亥子水

○ **數五行**
三八木　二七火　四九金　五十土　一六水
(또는 一六水　二七火　三八木　四九金　二七火 순서)

○ **合五行**
天干과 地支는 合을 만나면 合해서 이루어지는 五行이 있다.

　干合五行＝甲己合土　乙庚合金　丙辛合水　丁壬合木
　　　　　　戊癸合火
　支六合五行＝子丑合土　寅亥合木　卯戌合火　辰酉合金
　　　　　　　巳申合水　午未合은 五行이 不變
　支三合五行＝申子辰合水　巳酉丑合金　寅午戌合火　亥
　　　　　　　卯未合木

그런데 이 三合五行은 반드시 申子辰 등 세 글자가 모여야만 되는 게 아니고 가령 申子辰合水는 申子 子辰 申辰 이렇게 三合되는 地支끼리 두 글자만 모여도 合이 되고 따라서 申子水 子辰水 申辰水로 이루어진다.(기타도 같은 例)

○ 六十甲子 納音五行

※ 六十花甲子라고도 한다.

甲子乙丑	海中金	丙寅丁卯	爐中火	戊辰己巳	大林木	庚午辛未	路傍土	壬申癸酉	劍鋒金
甲戌乙亥	山頭火	丙子丁丑	澗下水	戊寅己卯	城頭土	庚辰辛巳	白臘金	壬午癸未	楊柳木
甲申乙酉	泉中水	丙戌丁亥	屋上土	戊子己丑	霹靂火	庚寅辛卯	松柏木	壬辰癸巳	長流水
甲午乙未	沙中金	丙申丁酉	山下火	戊戌己亥	平地木	庚子辛丑	壁上土	壬寅癸卯	金箔金
甲辰乙巳	覆燈火	丙午丁未	天河水	戊申己酉	大驛土	庚戌辛亥	釵釧金	壬子癸丑	桑柘木
甲寅乙卯	大溪水	丙辰丁巳	沙中土	戊午己未	天上火	庚申辛酉	石榴木	壬戌癸亥	大海水

○ 方位五行

東方木　南方火　中央土　西方金　北方水

○ 色五行

靑色木　赤色火　黃色土　白色金　黑色水

이상 天干 地支 數 方位 色을 한데 묶어 다음과 같이 외운다.

甲乙寅卯木(甲乙寅卯三八東方靑色木)
　甲乙三八木　甲乙寅卯三八木
丙丁巳午火(丙丁巳午二七南方赤色火)
　丙丁二七火　丙丁巳午二七火

戊己辰戌丑未土(戊己辰戌丑未五十黃色土)
　戊己五十中央黃色土　辰戌丑未四庫土
庚辛申酉金(庚辛申酉四九西方白色金)
　庚辛四九金　庚辛申酉四九金
壬癸亥子水(壬癸亥子一六北方黑色水)
　壬癸一六水　壬癸亥子一六水

ㅇ **音五行**(宮·商·角·徵·羽)
角音(牙音 : 어금니소리)　木(가카로 발음되는 소리)
徵音(舌音 : 혓소리)　　 火(나다라타로 발음되는 소리)
宮音(喉音 : 목구멍소리)　土(아하로 발음되는 소리)
商音(齒音 : 잇소리)　　 金(사자차로 발음되는 소리)
羽音(脣音 : 입술소리)　　水(마바파로 발음되는 소리)

그밖에 八卦五行·五臟·五時·五味·五氣·五性·五志·五常·五欲·五聲 등 모두 五行으로 구분되는바 五行一覽表에서 참고하라.

ㅇ **오행소속 일람표**

五行	天干	地支	數	方位	色	六神	天氣	五時	五常
木	甲乙	卯寅	三八	東	靑	靑龍	風	春	仁
火	丙丁	午巳	二七	南	赤	朱雀	熱	夏	禮
土	戊己	丑辰未戌	五十	中	黃	句陳騰蛇	濕	四季	信
金	庚辛	酉申	四九	西	白	白虎	燥	秋	義
水	壬癸	子亥	一六	北	黑	玄武	寒	冬	智

五行	五音(宮商角徵羽)	五綱	五性	五聲	五味	五臟	六腑	五欲	八卦
木	角 어금니소리(ㄱㅋ)	元	曲直	呼	신맛	肝	膽	香	巽震
火	徵 혓소리(ㄴㄷㄹㅌ)	亨	炎上	笑	쓴맛	心	小腸三焦	色	離
土	宮 목구멍소리(ㅇㅎ)	없음	稼穡	歌	단맛	脾	胃腸	觸	坤艮
金	商 잇소리(ㅅㅈㅊ)	利	從革	哭	매운맛	肺	大腸	聲	兌乾
水	羽 입술소리(ㅁㅂㅍ)	貞	潤下	呻	짠맛	腎	膀胱	法	坎

〔참고〕 甲肝 乙膽 丙小腸 丁心 戊胃 己脾 庚大腸 辛肺 壬膀胱 癸腎

　　人體內의 五臟은 肝·肺·心·腎·脾로 陰에 속하고, 六腑는 小腸·大腸·膽·胃·膀胱·三焦로 陽에 속한다.

4. 수(數)

○ 先天數

甲己子午九　　乙庚丑未八　　丙辛寅申七　　丁壬卯酉六
戊癸辰戌五　　巳亥四

○ 中天數

甲己辰戌丑未十一　　乙庚申酉十　　丙辛亥子九
丁壬寅卯八　　戊癸巳午七

〔참고〕土亭秘訣 作卦에 있어 太歲數는 中天數干支合한 數요, 月建은 月建干支를 先天數로 合해서 쓰고, 日辰數

는 日干은 先天數 日支는 中天數로 取해 干支合한 數이다. 즉 太歲數에 年令을 합쳐 八八除한 나머지 數가 上卦요, 生月月建數에 月之大小를 보아 大月은 30, 小月이면 29를 加算 六六除한 나머지 數가 中卦이며, 日辰數에 生日數를 합쳐 三三除한 나머지 數가 下卦이다.

○ 後天數

이 後天數가 바로 正五行數다.

壬子一 丁巳二 甲寅三 辛酉四 戊辰戌五 癸亥六
丙午七 乙卯八 庚申九 己丑未十(己는 百으로도 셈한다)

◎ 天干順 五行

一二木 三四火 五六土 七八金 九十水

이 五行은 오직 姓名學에만 적용하는바 1 2順은 甲乙이니 木이고, 丙丁은 3 4번이니 火요, 戊己는 5 6번이니 土요, 庚辛은 7 8번이니 金이요, 壬癸는 9 10번이니 水로 定한 것이다.

사주 정하는 법

四柱란 年·月·日·時의 干支다. 흔히 알기는 四柱란 어떤 主人公의 出生한 年月日時로만 생각하는데 生年月日時의 干支가 四柱임은 분명하지만 그냥 定해진 年月日時, 예를 들어 1990년 8월 23일 未時라 가정해놓고 이것을 모두 干支로 나타내면 이 역시 이에 해당하는 四柱라 한다.

年의 干支를 年柱, 月의 干支를 月柱, 日의 干支를 日柱, 時의 干支를 時柱, 이렇게 네 가지로 구성되므로 四柱라 하고, 干이 네 자, 支가 네 자, 합쳐 여덟자이므로 八字 혹은 四柱八字라 한다.

年柱 甲申
月柱 戊辰 ┐
日柱 丁巳 ├ 합쳐 四柱요 八字다
時柱 丙午 ┘

生年月日時나 어떤 年月日時에 해당하는 干支를 알아 記錄하는 것이 四柱 定하는 法이다.

1. 연주(年柱) 정하는 법

　出生한 해의 太歲(年의 干支, 즉 庚子年 丁卯年 등)가 바로 年柱니 萬歲曆으로 出生한 西紀年度를 찾으면 무슨 해인지 記錄되어 있다. 고로 그대로 쓰면 되는데 다만 太歲가 바뀌는 기준은 매년 음력 正月 初1日 새벽 0時가 아니라 12月이나 正月中에 드는 立春日의 立春이 드는 時刻으로 기준해야 한다.

　그러므로 가령 날짜상으로 해가 바뀌지 않은 年末 12月生이라도 立春日時가 이미 지났으면 다음해 太歲로 定해야 하고, 해가 이미 바뀐 새해 正月 1日 이후에 出生했더라도 立春日時가 아직 지나기 전의 出生이면 前年度의 太歲로 定해야 한다. 따라서 月建도 前者는 新年 正月의 月建을 쓰고 後者는 前年 12月의 月建을 쓴다.

- 12月 21日 午前 9時 31分에 立春이 든다면
  12月 21日 午前 9時 30分前 出生은 當年 太歲요,
  당일 9時 31分부터 새해 太歲로 定한다.
- 1979(己未)年 正月 初五日 出生의 例(만세력 당년도를 찾아 펼쳐보라)

　이 해는 해가 바뀌는 기준인 立春이 正月 初8日 오후 7時 13分에 들었다. 正月 初5日은 立春前(입춘이 지나지 않

음)이므로 前年太歲인 戊午로 定하고, 이에 따라 月建도 前年 12月의 月建 乙丑이 되는 것이다.

즉 이 例는 己未年 丙寅月이 아니라 戊午年 乙丑月이 된다.

〔注意할 점〕 出生日이 12月 15日 이후가 되거나 正月 15日 前인 경우에 한해서는 반드시 立春이 어느 날에 들었는가를 만세력으로 살펴보아야 한다. 그래서 위 원칙을 적용한다.

12月生이라도 立春이 지났으면 다음해 太歲와 다음해 正月 月建으로 정한다.

正月生이라도 立春前 出生이면 前年度 太歲와 前年度 12月의 月建으로 정한다.

2. 월주(月柱) 정하는 법

(1) 원 칙

月柱는 生月의 月建이다. 어느 해를 막론하고 正月은 寅, 2月은 卯, 3月은 辰, 4月은 巳, 5月은 午, 6月은 未, 7月은 申, 8月은 酉, 9月은 戌, 10月은 亥, 11月은 子, 12月은 丑月이 되는 것이지만 太歲에 따라 가령 正月은 寅月인데 丙寅月 戊寅月 庚寅月 壬寅月 甲寅月 등으로 月干이 다르기 마련이다.

또 무조건 가령 3月生이라 해서 戊辰이나 庚辰 壬辰 등 辰月로 되는 게 아니고 節氣(立春 驚蟄 등)가 드는 상황에 따라 3月生이 2月의 月建 卯月로 定할 수도 있고 4月의 月

建인 巳月로 定할 수도 있는 것이다.
우선 아래와 같은 상식부터 안 뒤 다시 설명하기로 한다.

○ 月建 配定
　正月寅　二月卯　三月辰　四月巳　五月午　六月未
　七月申　八月酉　九月戌　十月亥　十一月子　十二月丑

○ 二十四節 月別 所屬
　　正月＝立春·雨水　　　二月＝驚蟄·春分
　　三月＝清明·穀雨　　　四月＝立夏·小滿
　　五月＝芒種·夏至　　　六月＝小暑·大暑
　　七月＝立秋·處暑　　　八月＝白露·秋分
　　九月＝寒露·霜降　　　十月＝立冬·小雪
　　十一月＝大雪·冬至　　十二月＝小寒·大寒

위는 節의 初氣이고 아래는 節의 中氣다. 月建은 반드시 節의 初氣를 기준해서 바뀐다.
그러므로 아래와 같다.

　1月(寅) 立春　前이면 前年 太歲와 12月의 月建(新年生
　　　　　　　이라도 입춘 전이면 前年太歲, 前年 12
　　　　　　　月의 月建)
　　　　　　　後부터 正月의 月建(前年 12月生이라도
　　　　　　　입춘 후면 新年太歲와 新年 正月의 月建)
　2月(卯) 驚蟄　前이면 正月의 月建(2月生이라도 경칩 전
　　　　　　　이면 正月의 月建인 寅月로)

後부터 2月의 月建(正月生이라도 경칩이
지났으면 2月의 月建인 卯月로)
3月(辰) 淸明 前이면 2月의 月建(3月生이라도 청명 전
출생이면 2月의 月建인 卯月로)
後부터 3月의 月建(2月生이라도 청명 뒤
출생이면 3月의 月建인 辰月로)
4月(巳) 立夏 前이면 3月의 月建(4月生이라도 입하 전
출생이면 3月의 月建인 辰月로)
後부터 4月의 月建(3月生이라도 입하 뒤
출생이면 4月의 月建인 巳月로)
5月(午) 芒種 前이면 4月의 月建(5月生이라도 망종 전
출생이면 4月의 月建인 巳月로)
後부터 5月의 月建(4月生이라도 망종 뒤
출생이면 5月의 月建인 午月로)
6月(未) 小暑 前이면 5月의 月建(6月生이라도 소서 전
출생이면 5月의 月建인 午月로)
後부터 6月의 月建(5月生이라도 소서 뒤
출생이면 6月의 月建인 未月로)
7月(申) 立秋 前이면 6月의 月建(7月生이라도 입추 전
출생이면 6月의 月建인 未月로)
後부터 7月의 月建(6月生이라도 입추 뒤
출생이면 7月의 月建인 申月로)
8月(酉) 白露 前이면 7月의 月建(8月生이라도 백로 전
출생이면 7月의 月建인 申月로)

後부터 8月의 月建(7月生이라도 백로 뒤
출생이면 8月의 月建인 酉月로)
9月(戌) 寒露 前이면 8月의 月建(9月生이라도 한로 전
출생이면 8月의 月建인 酉月로)
後부터 9月의 月建(8月生이라도 한로 뒤
출생이면 9月의 月建인 戌月로)
10月(亥) 立冬 前이면 9月의 月建(10月生이라도 입동 전
출생이면 9月의 月建인 戌月로)
後부터 10月의 月建(9月生이라도 입동 뒤
출생이면 10月의 月建인 亥月로)
11月(子) 大雪 前이면 10月의 月建(11月生이라도 대설
전 출생이면 10月의 月建인 亥月로)
後부터 11月의 月建(10月生이라도 대설
뒤 출생이면 11月의 月建인 子月로)
12月(丑) 小寒 前이면 10月의 月建(12月生이라도 소한
전 출생이면 11月의 月建인 子月로)
後부터 12月의 月建(11月生이라도 소한
뒤 출생이면 12月의 月建인 丑月로)

○ **둔월법**(遁月法-월건 돌려 짚는 법)
甲己年 丙寅頭(太歲가 甲이나 己로 된 해는 正月을 丙寅
부터 시작하여 2月은 丁卯)
乙庚年 戊寅頭(太歲가 乙이나 庚으로 된 해는 正月을 戊
寅부터 시작하여 2月은 己卯)

丙辛年 庚寅頭(太歲가 丙이나 辛으로 된 해는 正月을 庚寅부터 시작하여 2月은 辛卯)

丁壬年 壬寅頭(太歲가 丁이나 壬으로 된 해는 正月을 壬寅부터 시작하여 2月은 癸卯)

戊癸年 甲寅頭(太歲가 戊나 癸로 된 해는 正月을 甲寅부터 시작하여 2月은 己卯)

가령 太歲가 甲子 甲戌 甲申 甲午 甲辰 甲寅年과 己巳 己丑 己卯 己亥 己酉 己未 등 甲이나 己로 된 해는 반드시 正月을 丙寅부터 시작하여 차례로 따져나간다.

즉 2月은 丁卯月, 3月은 戊辰月, 4月은 己巳月, 5月은 庚午月, 6月은 辛未月, 7月은 壬申月, 8月은 癸酉月, 9月은 甲戌月, 10月은 乙亥月, 11月은 丙子月, 12月은 丁丑月에 해당하는 것이다. 기타 乙庚年 丙辛年 등도 모두 이와 같은 例에 準한다.

○ **월건 조견표**

이상의 법식으로 된 月建을 아래와 같이 조견표로 나타낸다.

月 年干	正月 입춘 후 경칩 전	二月 경칩 후 청명 전	三月 청명 후 입하 전	四月 입하 후 망종 전	五月 망종 후 소서 전	六月 소서 후 입추 전
甲己年	丙寅	丁卯	戊辰	己巳	庚午	辛未
乙庚年	戊寅	己卯	庚辰	辛巳	壬午	癸未
丙辛年	庚寅	辛卯	壬辰	癸巳	甲午	乙未
丁壬年	壬寅	癸卯	甲辰	乙巳	丙午	丁未
戊癸年	甲寅	乙卯	丙辰	丁巳	戊午	己未

月\年干	七月 입추 후 백로 전	八月 백로 후 한로 전	九月 한로 후 입동 전	十月 입동 후 대설 전	十一月 대설 후 소한 전	十二月 소한 후 입춘 전
甲己年	壬申	癸酉	甲戌	乙亥	丙子	丁丑
乙庚年	甲申	乙酉	丙戌	丁亥	戊子	己丑
丙辛年	丙申	丁酉	戊戌	己亥	庚子	辛丑
丁壬年	戊申	己酉	庚戌	辛亥	壬子	癸丑
戊癸年	庚申	辛酉	壬戌	癸亥	甲子	乙丑

(2) 월건(月建) 정하는 요령

萬歲曆으로 出生한 年度를 찾은 다음, 生月欄을 살핀다. 가령 2月生이면 2月을 보고 3月生이면 3月을 보는데 生月 下에는 반드시 立春 雨水 驚蟄 등 節氣名이 있고 어느 날 몇시 몇분에 節入이 된다고 기록되어 있을 것이다. 그 달 生日을 기준 앞으로 나가지 말고 뒤로 거슬러 먼저 만나는 節의 初氣가 무엇인지 알아 그 節氣에 해당하는 月建으로 定하면 된다.(萬歲曆에는 月欄에 그달 그달에 해당하는 月建이 기록되어 있다)

- 節의 初氣 = 立春(寅月)   驚蟄(卯月)   淸明(辰月)
  　　　　　 立夏(巳月)   芒種(午月)   小暑(未月)
  　　　　　 立秋(申月)   白露(酉月)   寒露(戌月)
  　　　　　 立冬(亥月)   大雪(子月)   小寒(丑月)

또는 生日에서부터 앞으로 나아가 가장 먼저 이르는 中氣

에 속하는 月의 月建이 生月의 月建이니 이 방법으로 月建을 定해도 편리하다.

- 節의 中氣＝雨水(寅月)　春分(卯月)　穀雨(辰月)
　　　　　　小滿(巳月)　夏至(午月)　大暑(未月)
　　　　　　處暑(申月)　秋分(酉月)　霜降(戌月)
　　　　　　小雪(亥月)　冬至(子月)　大寒(丑月)

生日에서 거꾸로	입춘	경칩	청명	입하	망종	소서
月에 해당	寅月	卯月	辰月	巳月	午月	未月
生日에서 앞으로	우수	춘분	곡우	소만	하지	대서

生日에서 거꾸로	입추	백로	한로	입동	대설	동지
月에 해당	申月	酉月	戌月	亥月	子月	丑月
生日에서 앞으로	처서	추분	상강	소설	동지	대한

[주의할 점] 날짜상으로 正月生이라 해서 무조건 新年 正月로 보지 말고, 12月生이라 해서 무조건 丑月이 아니며, 또 5月生이라 해서 무조건 5月의 月建이 아니다. 生月이 어느 달이건 상관하지 말고 위 법식에 의하여 반드시 節氣를 기준, 이에 해당하는 月의 月建을 적용해야 한다. 그러므로 1990년 4月 10日生은 月建이 辛巳月이 아니라 庚辰月(節未到)이고, 同年 9月 23日生은 9月의 丙戌月이 아니라 10月의 月建인 丁亥月(10月節 大雪이 9月 21日에 듦)이 된다.

3. 일주(日柱) 정하는 법

日柱는 日의 干支다. 이 日柱는 月柱처럼 節氣 따위에 관계없이 그냥 그날(生日)에 해당하는 日의 干支만 알아내어 그대로 기록하면 된다. 그런데 이 日柱는 만세력을 참고하지 않고는 어떠한 공식으로도 알아내기가 곤란하다. 구태여 공식으로 알려기보다 節入日時 등 문제로 어차피 만세력이 필요하게 되어 있으니 만세력을 의존하는 게 현명하다.

그런데 만세력은 두 가지가 있는데 하나는 현대식 편집으로 음력 양력을 대조하고 날짜마다 일일이 日辰을 달아 양력이건 음력이건 막론하고 年度를 찾아 生日欄에서 生日을 찾으면 그에 해당하는 日辰을 알 수 있다.

또 하나는 재래식 만세력으로 음양력 일진의 대조가 없이 1年 12月別로만 나누어 月之大小와 月之大小 밑에 初1日, 11日, 21日에 해당하는 日辰만 달아놓았다. 六十甲子 順序만 익숙하면 이 재래식 만세력도 불편이 없다.

참고삼아 보는 법을 예로 든다.

※ 六十甲子順으로 生日數까지 따져나간다.

┌月建임

| 辛巳　　庚申－初1日의 日辰임…初8日生이면 丁卯日
| 四月小　庚午－11日의 日辰임…15日生이면 甲戌日
|　　　　庚辰－21日의 日辰임…22日生이면 辛巳日

[주의할 점] 혹 어떤 이는 生時가 밤 11時가 넘으면(0時前) 다시 子時가 시작된다 해서 日辰도 다음날 日辰을 적용해야 된다고 주장하나 이는 큰 착오다. 이는 冬至에 해가 바뀐다고 생각하는 사람과 같다.

오늘에서 내일(어제에서 오늘)로 바뀌는 기준은 子時가 아니라 太陽의 위치를 기준해야 한다. 즉 自己가 있는 위치에서 垂直線으로 그어 地球 中心을 거쳐 太陽이 垂直線 中心에 이르는 찰나(새벽 0時 0分)가 子正인 바 이 子正에서 0.1초만 지나면 다음날(어제에서 오늘)로 바뀌는바 이 다음날로 바뀌는 순간부터 日辰도 바뀐다. 다시 말해 日辰은 실질적으로 날이 바뀔 때 같이 바뀌어야 옳다는 논리다.

十二支의 시작이 子라 해서 子月(11月)에 해가 바뀌지 않는 것과 마찬가지로 子時初가 아닌 子正에서 0점 1초라도 지나야 날과 日辰이 바뀐다.

時에 대해 자세한 것은 아래 時柱 定하는 法에서 설명한다.

4. 시주(時柱) 정하는 법

時柱는 出生한 時의 干支로 時를 계산하는 法에 따라 12支時中 어느 것에 결정되면 다음은 출생한 日干을 기준 따지는 法으로 六十甲子中 무엇에 해당하는 時인가를 알면 된다.

우선 十二支時부터 알아보자.

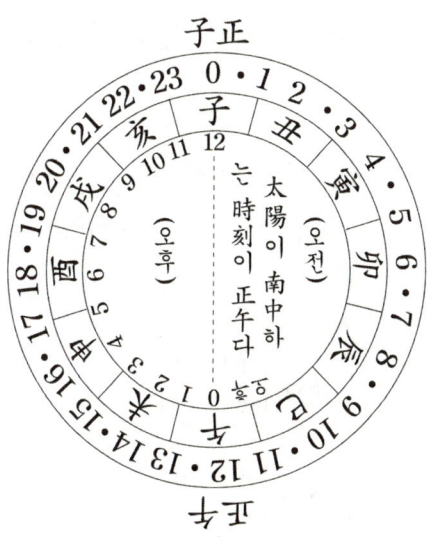

○十二支時

12時에는 一支時에 반드시 初와 正이 있어 十二支時를 初와 正으로 분류하면 지금의 24時가 된다. 初와 正을 간단히 구분하려면 時가 1, 3, 5, 7, 9, 11 등 홀수면 初요, 2, 4, 6, 8, 10, 12 등 짝수면 正이다.

오전 {
0時~1時까지 子時(이 子時를 前(正)子時라 한다)
1時~3時까지 丑時(1時 0分~3時 0分前)
3時~5時까지 寅時(3時 0分~5時 0分前)
5時~7時까지 卯時(5時 0分~7時 0分前)
7時~9時까지 辰時(7時 0分~9時 0分前)
9時~11時까지 巳時(9時 0分~11時 0分前)

{
11時~오후 1時까지 午時(11時 0分~오후 1時 0分前)
1時~3時까지 未時(1時 0分~3時 0分前)

오후 {
3時~5時까지 申時(3時 0分~5時 0分前)
5時~7時까지 酉時(5時~7時 0分前)
7時~9時까지 戌時(7時~9時 0分前)
9時~11時까지 亥時(9時 0分~11時 0分前)
11時~새벽 0時까지 子時(이 時를 後(初)子時라 한다)
}

一時支에 初와 正이 있고 初와 正은 각각 4刻이 있으며 1刻은 15分(현재 시간)이니 初와 正은 1時間, 즉 60分에 해당.

子時 { 初-밤11時
正-明日 0時 }
丑時 { 初-1時
正-2時 }

寅時 { 初-3時
正-4時 }
卯時 { 初-5時
正-6時 }

辰時 { 初-7時
正-8時 }
巳時 { 初-9時
正-10時 }

午時 { 初-오전 11時
正-오후 0時 }
未時 { 初-오후 1時
正-오후 2時 }

申時 { 初-오후 3時
正-오후 4時 }
酉時 { 初-오후 5時
正-오후 6時 }

戌時 { 初-오후 7時
正-오후 8時 }
亥時 { 初-오후 9時
正-오후 10時 }

○ 時의 오차에 대해

太陽이 南中(東과 西의 한가운데, 즉 正南쪽)하는 때가 正午(낮 12時 0分)라야 맞는 時間이다. 우리나라에서 현재 사용하고 있는 時間은 어떠한가. 서울지방(東經 127도 5분)을 기준하여 약 낮 12時 30分경이 되어야 이 지방에 太陽이 正南에 이르므로 원칙적인 時間을 따진다면 약 30分이 앞당겨 가고 있다.

1961年(辛丑) 8月 10日 이전에는 12時에 太陽이 南中되고 있었지만 同年 8月 10日부터 12時를 12時 30分으로 時針을 30分 앞당겨 돌려놓고 사용하기 시작하면서 현재 우리가 쓰고 있는 시간이 바로 30分이 빠른 시간이다. 그러므로,

- 1961年(辛丑) 8月 10日 이후로 지금(앞으로도)은

  밤 11時 30分이라야 子時에 들고

  밤 12時(0時) 30分이라야 子正이 되므로 이 시간에 비로소 日辰이 바뀐다.

그러므로 가장 정확한 시간은 太陽이 南中하는 時間을 12時 0分으로 計하여 쓰면 된다.

每年 발행하는 天文臺 曆書를 참고하면 各 地方에 따른 南中時間을 알 수 있다.

우리나라 표준시는 東經 127度 5分의 서울지방을 기준 算出되었으므로 실질적인 時差는 東海지방과 西海지방의 시간 차이가 상당히 생긴다. 대충 따지더라도 東과 西는 經度가 3度 차이난다.

地球 둘레 360度 自轉時間이 약 24時요, 分으로 환산하

면 1日에 1440分이니(1440÷360=4) 1度에 4分 차이가 생겨 가령 강릉지방에 子正(0時 0分)이 되어 日辰이 바뀌었다면 충남 瑞山지방은 아직 날(日辰)이 바뀌지 않은 前日 11時 48分에 해당하므로 出生한 地域에 따라 이를 참작해야 올바른 四柱가 구성되는 것이다. 그래서 日辰 時間 月建 太歲까지 몇분 차이로 엉뚱하게 바뀌는 例가 많다.

단 다음과 같은 경우에만 이를 참작한다.

① 出生한 時間이 밤 11時 40分에서 12時 사이가 되거나 12時(0時)에서 12時 30分 이내에 해당할 경우, 즉 밤 0時 前後 20分이내에 出生한 者(日辰이 左右된다)

② 每時, 즉 1時, 3時, 5時, 7時, 9時, 11時의 30分 전후에 出生한 者(時가 左右된다)

③ 節의 初氣日(입춘, 경칩, 청명, 입하, 망종, 소서, 입추, 백로, 한로, 입동, 대설, 소한)에 出生한 者(月建이 左右된다)

④ 12月生이나 正月生은 立春日時를 보되 立春과 같은 날이면 出生時와 立春時를 대조 前後를 살핀다.(太歲, 月建이 左右된다)

• 현재 쓰고 있는 時計가 3月 16日(庚辰) 새벽 0時 24分이라면

129度(강릉·봉화·영천·부산) : 3月 16日(庚辰) 새벽 0時 4分경이 실지 時다.

128度(양구·원주·충주·진주) : 3月 16日(庚辰) 새벽 0時

0分쯤으로 日이 바뀐다.

東經 127度(서울·수원·대전·여수) : 3月 15日(己卯) 밤 11時 54分이라야 한다.

126度(인천·서산·이리·광주) : 3月 15日(己卯) 밤 11時 50分이 실지 時다.

125度(전남 신안군 도서지방) : 3月 15日(己卯) 밤 11時 46分이 실지 時다.

더 정확하려면 1度를 10分으로 나누어 出生한 곳이 東經 몇度 몇分에 해당되는 것을 알아 1分에 24抄씩 127度 3分 東이면 加算하고 西면 減算해야 되지만 아무나 알아내기 쉬운 일이 아니다.

ㅇ서머타임 및 시간변경

서머타임이 실시된 기간중에는 모두 평소의 時計를 이에 맞추어 사용했으므로 이 사이에 子女가 出生한 경우 거의가 서머타임으로 맞춘 時間에 의해서 기억하거나 기록해 두었을 것이다. 때문에 반드시 이것도 계산해야 올바른 四柱가 定立되는 것이다.

서머타임이 실시된 年度와 기간, 內容은 다음과 같다.

- 1948(戊子) : 5月 1日~9月 10日까지 …… 낮 11時를 12時로 1時間 앞당겨 사용
- 1949(己丑) : 陽 4月 1日~9月 23日까지 …… 上 同
- 1950(庚寅) : 4月 1日~9月 23日까지 …… 上 同
- 1951(辛卯) : 5月 6日~9月 8日까지   …… 上 同

- 1954(甲午) : 3月 21日부터 12時 30分을 12時로 고쳐 사용

- 1955(乙未) : 4月 6日~9月 21日까지 1時間 앞당겨(12時를 13時로) 사용

- 1956(丙申) : 5月 20日~9月 29日까지 …… 上 同
- 1957(丁酉) : 5月 5日~9月 21日까지 …… 上 同
- 1958(戊戌) : 5月 4日~9月 21日까지 …… 上 同
- 1959(己亥) : 5月 4日~9月 19日까지 …… 上 同
- 1960(庚子) : 5月 1日~9月 17日까지 …… 上 同

- 1961年(辛丑) 8月 10日부터 12時를 12시 30分으로 30分 앞당겨 현재까지 계속 사용

- 1987(丁卯) 5月 10日에 오전 1時를 2時로 고쳐 10月 11日 1時까지 1時間 앞당겨 사용

- 1988(戊辰) 5月 8日에 오전 1時를 2時로 돌려 10月 9日 오전 1時까지 1時間 앞당겨 사용

이상과 같은 時間에 대한 상식을 알았으면 다음에는 時가 六十甲子로 무슨 時인가를 알아 時柱를 세워야 한다.

ㅇ **시두법**(時頭法—시간 돌려짚는 법)
甲己日 甲子時(日干이 甲이나 己로 된 날은 子時를 甲子부터 시작하여 丑時는 乙丑으로)
乙庚日 丙子時(日干이 乙이나 庚으로 된 날은 子時를 丙

子부터 시작하여 丑時는 丁丑으로)

丙辛日 戊子時(日干이 丙이나 辛으로 된 날은 子時를 戊子時부터 시작하여 丑時는 己丑으로)

丁壬日 庚子時(日干이 丁이나 壬으로 된 날은 子時를 庚子부터 시작하여 丑時는 辛丑으로)

戊癸日 壬子時(日干이 戊나 癸로 된 날은 子時를 壬子부터 시작하여 丑時는 癸丑으로)

가령 生日의 日干이 甲子, 甲戌, 甲申, 甲午, 甲辰, 甲寅 등 甲으로 되었거나 己巳, 己卯, 己丑, 己亥, 己酉, 己未 등 己로 된 날이라면 위 원칙에 의하여 子를 甲子부터 시작하여 丑時면 乙丑, 寅時면 丙寅, 卯時면 丁卯, 辰時면 戊辰, 巳時면 己巳, 午時면 庚午, 未時면 辛未, 申時면 壬申, 酉時면 癸酉, 戌時면 甲戌, 亥時면 乙亥, 밤 子時면 丙子時 이렇게 六十甲子 순서로 따져나간다. 이하 乙庚日, 丙辛日 등도 甲己日의 예에 준한다.

o 시간 조견표

時\日干	0時 子正	1時 2時 丑時	3時 4時 寅時	5時 6時 卯時	7時 8時 辰時	9時 10時 巳時	11時 12時 午時
甲己日	甲子	乙丑	丙寅	丁卯	戊辰	己巳	庚午
乙庚日	丙子	丁丑	戊寅	己卯	庚辰	辛巳	壬午
丙辛日	戊子	己丑	庚寅	辛卯	壬辰	癸巳	甲午
丁壬日	庚子	辛丑	壬寅	癸卯	甲辰	乙巳	丙午
戊癸日	壬子	癸丑	甲寅	乙卯	丙辰	丁巳	戊午

時\日干	오후1時 2 時 未時	3 時 4 時 申時	5 時 6 時 酉時	7 時 8 時 戌時	9 時 10 時 亥時	11 時 夜子
甲己日	辛未	壬申	癸酉	甲戌	乙亥	丙子
乙庚日	癸未	甲申	乙酉	丙戌	丁亥	戊子
丙辛日	乙未	丙申	丁酉	戊戌	己亥	庚子
丁壬日	丁未	戊申	己酉	庚戌	辛亥	壬子
戊癸日	己未	庚申	辛酉	壬戌	癸亥	甲子

[유의할 점] 어떤 이는 時頭法(遁時法)의 원칙이 가령 甲己日에 甲子時라 해서 맨 처음 시작되는 子時건, 한 바퀴 돌아 다시 돌아오는 子時건 무조건 甲子時로 定하는데 이는 큰 잘못이다.

六十甲子가 時로 돌 때는 맨 처음에 甲子日 子正(새날이 시작되는 때)에 甲子로 시작하여 5日 뒤인 己日 子正에 다시 甲子時로 돌아온다. 이렇게 六十甲子時가 하루 12時間씩 날을 따라 돌면 반드시 甲己日에 甲子時, 乙庚日에 丙子時, 丙辛日에 戊子時, 丁壬日에 庚子時, 戊癸日에 壬子時에 닿게 된다.

따라서 甲己日의 夜子時(後子時-11時에서 12時 前에 드는 子時)는 丙子時, 乙庚日의 夜子時는 戊子時, 丙辛日의 夜子時는 庚子時, 丁壬日의 夜子時는 壬子時, 戊癸日의 夜子時는 甲子時라야 맞는다.

- 甲己日의 子正은 甲子時, 밤 11~12時 前의 子時는 丙子時
- 乙庚日의 子正은 丙子時, 밤 11~12時 前의 子時는 戊

子時
- 丙辛日의 子正은 戊子時, 밤 11~12時 前의 子時는 庚子時
- 丁壬日의 子正은 庚子時, 밤 11~12時 前의 子時는 壬子時
- 戊癸日의 子正은 壬子時, 밤 11~12時 前의 子時는 甲子時

5. 대운(大運) 정하는 법

(1) 大運 干支 기입법

○원칙 [法式]
陽男陰女順=甲 丙 戊 庚 壬生의 男과 乙 丁 己 辛 癸生의 女는 순서로 나간다.
陰男陽女逆=乙 丁 己 辛 癸生의 男과 甲 丙 戊 庚 壬生의 女는 거꾸로 나간다.

○요 령

生年이 甲 丙 戊 庚 壬 陽年에 출생한 남자는 陽男이라 칭하고, 여자는 陽女라 칭하며, 乙 丁 己 辛 癸의 陰年에 출생한 남자는 陰男이라 칭하고 여자는 陰女라 칭한다.

$\left\{\begin{array}{l}\text{남자 } 甲 丙 戊 庚 壬生 \\ \text{여자 } 乙 丁 己 辛 癸生\end{array}\right.$

　　月柱를 기준, 月柱干支 다음을 六十甲子順으로 아래 보기와 같이 기록해 나간다.

$\left\{\begin{array}{l}\text{남자 } 乙 丁 己 辛 癸生 \\ \text{여자 } 甲 丙 戊 庚 壬生\end{array}\right.$

　　月柱干支를 기준, 六十甲子順을 거꾸로 보기와 같이 기록해 나간다.

○ 大運 干支 기록하는 예

• 丁酉年 12月 20日 오전 9時 30分 출생한 男子

年柱	戊戌	乙卯
月柱	甲寅	丙辰
		丁巳
日柱	丙辰	戊午
		己未
時柱	癸巳	庚申

이 例는 날짜상으로 丁酉年 12月 20日이나 해가 바뀌는 기준인 立春이 이미 4日前(16日 오후 4時 50分)에 들었으므로 다음해 太歲인 戊戌로 年柱를 定하고 또 立春은 正月節이므로 正月의 月建甲寅으로 결정된다. 12月 20日의 日辰은 丙辰이요, 丙辛日 戊子時라. 戊子부터 巳時는 癸巳가 분명하다.

　　戊戌은 陽年이요, 男子니 陽男이다.「陽男은 順이라」하였으니 月建甲寅이고, 다음이 乙卯라. 보기와 같이 丙辰, 丁巳, 戊午, 己未, 庚申으로 기록하면 된다.

• 甲寅年 8月 24日 오전 1時 5分 출생한 女子

年柱	甲寅	壬申
月柱	癸酉	辛未
		庚午
日柱	癸未	己巳
		戊辰
時柱	癸丑	丁卯

生日이 8月 24日이고, 9月節에 해당하는 寒露도 같은 날인 24日이다. 그런데 한로가 드는 시간이 오전 1時 0分이고, 출생한 시간은 오전 1時 5分이므로 月柱는 8月인 癸酉로 결정된다. 그래서 위와 같은 四柱가 구성되는 바, 이 예는 甲寅生 陽女이므로 月柱 癸酉에서 六十甲子 순서를 거꾸로 기록해 나간다. 즉 癸酉前이 壬申, 壬申 前이 辛未, 辛未 前이 庚午, 이렇게 己巳, 戊辰, 丁卯가 되는 것이다.

• 乙卯年 10月 初2日 오후 11時 42分에 출생한 男子

年柱	乙卯	乙酉
		甲申
月柱	丙戌	癸未
日柱	甲寅	壬午
		辛巳
時柱	丙子	庚辰

生月이 비록 10月이지만 10月 月建으로 定하려면 10月節에 해당하는 10月節 初氣 立冬이 단 1秒라도 지나야 하는데 節이 10月 初6日에 들고 生日은 初2日이므로 前달인 9月 月建 丙戌로 결정된다. 그리고 甲日子時라서 무조건 甲子時가 아니라 甲寅日(10月 初2日) 子正(0時)이 甲子時인만큼 이날 하루가 거의 지난 다시 돌아오는 夜子時(後子時)라서 乙丑, 丙寅, 丁卯, 戊辰, 己巳, 庚午, 辛未, 壬申, 癸酉, 甲戌, 乙亥, 丙子가 되니 甲寅日의 後子時는 丙子時로 결정된다.

그리고 이 例는 乙卯生 陰男이라, 陰男은 月建에서 거꾸로[逆] 따져나가는 法이므로 月建의 거꾸로는 乙酉, 甲申, 癸未, 壬午, 辛巳, 庚辰이라. 위와 같이 기록하면 된다.

• 1938年 正月 初1日 오전 4時 11分에 출생한 女子

年柱	丁丑	→	甲寅
月柱	癸丑		乙卯
			丙辰
日柱	癸亥		丁巳
			戊午
時柱	甲寅		己未

1938年은 분명 태세가 戊寅年이지만 年柱를 丁丑으로 세운 까닭은 太歲가 바뀌는 기준(月建의 기준도 됨)인 立春이 正月 初5日에 들어 아직도 4日이 더 지나야만 太歲가 바뀌므로 前年태세 丁丑과 前年 12月 月建인 癸丑으로 결정된다. 丁丑生이니 陰女요, 陰女는 順行이라. 月建 癸丑 다음부터 六十甲子順으로 치면 위 보기처럼 甲寅, 乙卯, 丙辰, 丁巳, 戊午, 己未가 되는 것이다.

(2) 대운수(大運數) 계산법

大運이란 10年씩 나눈 運인데 命式에 따라 그 바뀌는 年令이 각각 다르다. 가령 一一運이라면 運이 1세, 11세, 21세 등 나이가 1에 해당하는 때 운이 교체되고, 七七운이라면 7세, 17세, 27세, 이렇게 매 7세가 드는 때에 운이 교체된다. 그런데 一一運이니 二二運이니 혹은 七七운이니 하는 숫자를 算出해야 하는바 그 法式와 요령은 아래와 같다.

陽男陰女는 未來節(生日에서 앞으로 나가 먼저 이르는

節氣)

陰男陽女는 過去節(生日에서 거꾸로 쳐서 먼저 닿는 節氣)

① 즉 陽男 및 陰女는 生日에서 앞에 이르는 節氣까지 日數를 세고, 陰男과 陽女는 生日에서 生日보다 前에 드는 節氣까지의 日數를 세어 며칠간인가 안 다음

② 日數를 3으로 나누어 1이 남으면 떼어버리고, 2가 남으면 答에다 1을 加算한다.(四捨五入의 원칙이니 3을 10으로 볼 때 1은 3·3이라 4 이하의 數니 떼어내고 2는 6·6이라 5 이상에 해당하므로 1을 加한다)

가령 日數가 4면 答이 1이고, 5면 2가 된다.

아래 表를 참고하라.

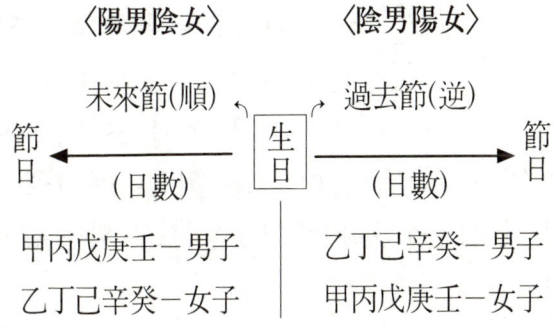

日數	運	日數	運	日數	運	日數	運
1	一	2	一	3	一	4	一
5	二	6	二	7	二	8	三
9	三	10	三	11	四	12	四

日數	運	日數	運	日數	運	日數	運
13	四	14	五	15	五	16	五
17	六	18	六	19	六	20	七
21	七	22	七	23	八	24	八
25	八	26	九	27	九	28	九
29	十	30	十	31	十		

※ 단 日數는 滿으로 계산하는 게 원칙이다.

○ 대운수(大運數) 계산 기입하는 예

• 丁酉 12月 20日 巳時 乾命(1957年生이나 立春이 지나 出生했으므로 戊戌生 陽男)

```
戊戌          乙卯 9
甲寅          丙辰 19
       大運 99 丁巳 29
丙辰          戊午 39
癸巳          己未 49
              庚申 59
```

陽男이므로 生日(12月 20日)에서 未來節인 驚蟄日(正月 16日)까지 날수를 세면 26日間이다. 3으로 除한 答을 얻어야 하니 26을 3으로 나누면(26÷3= 8…2) 答이 8이요, 나머지가 2다. 2는 1運으로 간주(四捨五入의 원칙) 8에 1을 加하여 9가 되니 이 四柱의 大運數는 99運이므로 위와 같이 기록하게 된다.

• 1974(甲寅) 8月 24日 丑時生의 女子(1時 5分 出生)

陽女이므로 過去節을 用한다. 그런데 같은 날(8月 24日) 節인 寒露가 오전 1時 15分에 들었으나 生時보다 10分이 늦어 未來節이 되므로 적용 못하고 거슬러 올라가 過去節

인 白露까지의 日數를 계산해야 한다. 生日(8月 24日)에서 거꾸로 짚어 白露(7月 22日)까지의 日數가 31이 되니 이를 3으로 나누면(31÷3=10…1) 答이 10하고 1이 남는데 1은 除하고 10으로 運이 정해진다.

甲寅		壬申 10
癸酉		辛未 20
	大運 10	庚午 30
癸未		己巳 40
		戊辰 50
癸丑		丁卯 60

• 1975(乙卯)年 10月 2日 오후 11時 45分 출생한 男子

이 例는 陰男이므로 過去節을 적용한다. 生日(10月 2日)에서 지나온 절기 寒露(9月 初5日)까지는 26日間이다. 26을 3으로 나누면 答이 8에 2가 남는다. 2는 1로 포함시키는 원칙에 따라 8에 1을 加算 9가 되니 大運數는 9가 되는 것이다.

乙卯		乙酉 9
		甲申 19
丙戌		癸未 29
	大運 99	壬午 39
甲寅		辛巳 49
丙子		庚辰 59

• 1938年 正月 初1日 오전 4時 11分 出生한 女子

날짜상으로 38年(戊寅) 正月 初1日生이지만 立春(正月 初5日)이 못되어(4日間) 前年 太歲인 丁丑이 年柱요, 月建도 前年 12月 月建인 癸丑으

丁丑		甲寅 1
		乙卯 11
癸丑		丙辰 21
	大運 11	丁巳 31
癸亥		戊午 41
甲寅		己未 51

로 定하니 이 四柱는 陰女가 되어 未來節을 적용한다. 고로 生日에서(正月 初1日) 未來節인 立春(正月 初5日)까지는 日數가 滿4日이라 4를 3으로 나누면(4÷3=1…1) 答이 1이고 나머지가 1이니 1은 떼고(2라면 1을 加) 그냥 1로 運이 정해진다.

〔참고〕
• 運이 交替되는 때에 대하여

얼핏 생각하면 運은 매년 해가 바뀌는 기준이 立春에서부터 바뀐다 여기겠으나(가령 7運이라면 7歲 되는 立春日) 이는 대체적인 기준이고 세밀히 따진다면 다음과 같은 論理가 성립된다.

```
大運=10年間
1運=1年間(360日)-3日
1日=120日
1支時(120)=10日(120時支)
1分=120分
```

1運이 滿이면 약 360日間이니 3日에 1運 360日이라 1日(12時支)에 속한 日數는 120日이다. 1日 12時로 따져 1支時는 10日, 1日은 12分에 해당한다. 원칙상 生日에 運이 交替되는 것이나 이는 1運(3日, 즉 36支時間)이 滿으로 될 경우이고, 남거나 모자라면 남고 모자라는 日과 時間을 계산 生月에서 運이 交替되는 때를 加減시켜야 한다.

아래와 같이 계산하면 매우 간단하다.

1運은 1年(360日)이요, 日數 3日에 해당하고 1日은 4月間 120日이니 1對 120이라 가령 1分이 남으면 生日에서

120分(1時支)을 앞으로(運이 뒤에 옴) 나아가 교체되고, 1
分이 모자라면 生日에서 120分 거슬러 올라가(運이 生日에
서 앞당겨 감) 시간에 운이 교체된다.

따라서 가령 1시간(60분 기준)이 남으면 生日에서 120시
간(5日)이 지난 뒤에 운이 교체되고 1시간이 부족하면 生日
에서 120시간 이전(앞서) 운이 교체된다.

약간 세밀한 것은 이러하나 날수 계산은 복잡하니 運이
남고 모자라는 것으로 生月 기준 月만 앞당기거나 밀려 나
가 운이 교체되는 月을 정하면 정확할 것이다.

6시간 남으면   生月에서 1月 뒤에
6시간 모자라면 生月에서 1月 前에
12시간 남으면   生月에서 2月 뒤에
12시간 모자라면 生月에서 2月 前에   } 운이 交替된다.
18시간 남으면   生月에서 3月 뒤에
18시간 모자라면 生月에서 3月 前에
1日 남으면   生月에서 4月 뒤에
1日 모자라면 生月에서 4月 前에

가령 8月 20日生에 3運하고 12시간이 남는다면 10月 20
日에 운이 교체되고, 12시간이 모자란다면 6月에 운이 교체
된다.

사주와 육갑법의 응용

1. 포태법과 십이운성

(1) 포태법(胞胎法)

胞・胎 등 12神 定局 따지는 法을 포태법이라 하는데 아래와 같은 공식이 있다.

金寅, 水土巳, 火亥, 木申
金絶於寅-巳酉丑生은 金인데 胞(絶)를 寅에서 일으킨다.
水土絶於巳-申子辰生은 水土인데 胞(絶)를 巳에서 일으킨다.
火絶於亥-寅午戌生은 火인데 胞(絶)를 亥에서 일으킨다.
木絶於申-亥卯未生은 木인데 胞(絶)를 申에서 일으킨다.

위와 같이 각각 일으켜 12支 순서를 따라가며 胎・養・生・浴・帶・冠・旺・衰・病・死・葬의 순서로 돌려짚는다.

하나만 例로 든다면 가령 辛巳生이라면 巳酉丑 金에 해당하고, 金은 金絕於寅이라 寅에 胞를 일으켜 돌려짚으면 卯에 胎, 辰에 養, 巳에 生, 午에 浴, 未에 帶, 申에 冠, 酉에 旺, 戌에 衰, 亥에 病, 子에 死, 丑에 葬이 된다. 기타도 이 例에 의하는 바, 손으로 짚어나가면 매우 편리하다.

巳酉丑生

生	浴	帶	冠
養	金		旺
胎			衰
胞	葬	死	病

申子辰生

胞	胎	養	生
葬	水土		浴
死			帶
病	衰	旺	冠

寅午戌生

冠	旺	衰	病
帶	火		死
浴			葬
生	養	胎	胞

亥卯未生

病	死	葬	胞
衰	木		胎
旺			養
冠	帶	浴	生

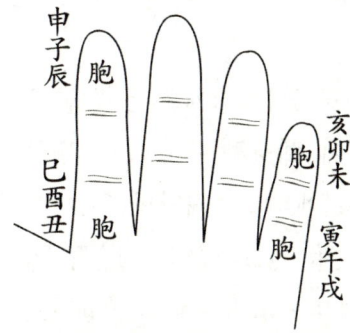

人生이 처음 잉태됨을 시작하여 죽어 무덤에 들어가는 과정을 상징한 게 胞胎 十二神의 運行이다. 즉 胞는 絶이라 하는데 아무것도 없는 無의 상태가 絶이고, 男女가 交合해서 하나의 生命體가 잉태된 것을 비유하여 胎라 하며, 잉태된 胎가 자라고 있는 시기가 養이요, 腹中에서 十朔이 되어 人間으로 구비된 胎兒가 드디어 고고의 울음소리를 내면서 世上 밖으로 나오는 것을 生이라 하며, 出生後 沐浴시키는 모습을 따서 浴이라 하고, 자라서 冠禮를 行할 나이, 즉 靑年時期가 冠이고, 20後 40前 한창 활동하는 시기가 旺이요, 40이 지나 老衰하기 시작하니 이때를 비유 衰라 하고, 衰가 극하면 病이 드니 즉 病이요, 病들면 죽음은 필연한지라, 즉 死요, 죽으면 시체를 땅에 묻으니 葬이라 한다.

그러므로 運에 絶·病·死·葬이 들면 不吉이고, 胎와 衰는 小凶이며, 浴은 시달림을 받으니 역시 不吉이요, 養은 小吉이고 冠旺은 大吉이라 한다.

• 浴은 桃花요, 함지(咸池)요, 敗殺이라 한다. 사람이 沐浴하려면 옷을 벗어야 하는데 色을 用하는 자(바람피움) 옷을 벗고, 色에 빠지면 敗家亡身할 우려가 있다 해서 咸池요, 敗殺이라 한다.

世俗에서 일컫고 있는 삼재운(三災運)은 바로 이 法으로 따져 病·死·葬에 해당하는 年이다. 병들고, 죽고, 장사지내는 운이라 해서 세 가지 재앙의 뜻으로 三災라 한다.

• 三災=申子辰生-寅卯辰年　　巳酉丑生-亥子丑年
　　　　寅午戌生-申酉戌生　　亥卯未生-巳午未年

(2) 십이운성(十二運星)

이 十二運星을 長生法 또는 十二長生法이라고도 한다.

十二運星의 명칭은 위 胞胎十二神의 명칭과 거의 같은데 胞를 絶이라 하고, 生을 長生, 浴을 沐浴, 帶를 冠帶, 冠을 臨官, 旺을 帝旺, 葬을 墓 또는 庫라 한다. 혹은 胞와 葬만을 胞는 絶, 葬을 墓라 하고 기타는 胞胎神처럼 略稱해도 된다.

胞胎法은 年支를 기준하지만 十二運星은 日干을 기준하여 아래와 같은 법식에 의한다.

● 一 法

　木長生亥　　火土長生寅　　金長生巳
　水長生申(木亥, 火土寅, 金巳, 水申)

一法을 陰陽干을 막론하고 甲乙木은 亥에, 丙丁火와 戊己土는 寅에, 庚辛金은 巳에, 壬癸水는 申에 각각 長生을 붙여 十二支順을 따라 長生, 沐浴, 冠帶, 臨官, 帝旺, 衰, 病, 死, 墓, 絶, 胎, 養의 순으로 돌려짚는다.

아래 早見表를 참고하라.

十二運星〜五行	長生	沐浴	冠帶	臨官	帝旺	衰	病	死	墓(庫)	絶	胎	養
甲乙木	亥	子	丑	寅	卯	辰	巳	午	未	申	酉	戌
丙丁 火·戊己 土	寅	卯	辰	巳	午	未	申	酉	戌	亥	子	丑
庚辛金	巳	午	未	申	酉	戌	亥	子	丑	寅	卯	辰
壬癸水	申	酉	戌	亥	子	丑	寅	卯	辰	巳	午	未

[참고]
- 寅申巳亥＝四胞, 四生, 四祿, 四絶, 四孟, 驛馬, 地殺
- 子午卯酉＝四旺, 四仲, 四正, (桃花) (沐浴) 四敗, (咸池)
- 辰戌丑未＝四庫, 四墓, 四藏, 四季, 四葬, 四金

● 二 法

甲木長生亥　　乙木長生午　　丙火長生寅
丁火長生酉　　戊土長生寅　　己土長生酉
庚金長生巳　　辛金長生子　　壬水長生申
癸水長生卯

위와 같은 법식으로 각각 長生을 起해서 沐浴, 冠帶, 臨官, 帝旺, 衰, 病, 死, 墓, 絶, 胎, 養의 순서로 陽干은 十二支順을 順行하고 陰干은 十二支順을 逆行하면 아래 早見表와 같이 된다.

干구분	甲	乙	丙	丁	戊	己	庚	辛	壬	癸	비고
長生	亥	午	寅	酉	寅	酉	巳	子	申	卯	旺
沐浴	子	巳	卯	申	卯	申	午	亥	酉	寅	
冠帶	丑	辰	辰	未	辰	未	未	戌	戌	丑	旺
臨官	寅	卯	巳	午	巳	午	申	酉	亥	子	建祿
帝旺	卯	寅	午	巳	午	巳	酉	申	子	亥	旺
衰	辰	丑	未	辰	未	辰	戌	未	丑	戌	쇠약
病	巳	子	申	卯	申	卯	亥	午	寅	酉	쇠약

干구분	甲	乙	丙	丁	戊	己	庚	辛	壬	癸	비고
死	午	亥	酉	寅	酉	寅	子	巳	卯	申	쇠약
墓(庫)	未	戌	戌	丑	戌	丑	丑	辰	辰	未	쇠약
絶	申	酉	亥	子	亥	子	寅	卯	巳	午	무력
胎	酉	申	子	亥	子	亥	卯	寅	午	巳	약간 쇠
養	戌	未	丑	戌	丑	戌	辰	丑	未	辰	小旺

이 十二運星은 五行의 旺衰를 보는 데 적용된다. 五行이 長生, 建祿(臨官), 帝旺을 만나면 그 힘이 매우 왕성해지고 冠帶는 약간 힘을 얻고, 養도 旺해지는 편이요, 沐浴은 힘은 쇠하지 않으나 시달림을 받는다 하고 死・墓・絶은 그 힘이 매우 허약한 데 그 가운데 絶이 가장 無力하고, 胎는 약간 쇠약한 데 속하고 衰・病은 쇠약이다.

간단히 말해 가장 旺한 것은 長生・臨官・帝旺이고 가장 약한 것은 死・墓・絶이다.

2. 합충(合冲) 등의 작용과 신살론(神殺論)

(1) 합충(合冲) 등의 작용

○干合의 작용

甲己가 合인데 이 合을 中正之合이라 한다. 五行은 土로 化한다.(다음 조견표 참조)

干合	五行	合의 명칭	비　　고
甲己合	土	中正之合	甲日生이 己의 合을 만나면 信義는 있으나 혹 지능이 부족하다. 己日生이 甲의 合을 만나면 신의가 없고 간지에 능하며 박정하다.
乙庚合	金	仁義之合	乙日生이 庚의 合을 만나면 결단성이 부족하다. 庚日生이 乙의 合을 만나면 의리가 있는 것처럼 위장하여 처세하는 경향이 있다.
丙辛合	水	威嚴之合	丙日生이 辛의 合을 만나면 奸計에 능하고 예의가 없다. 辛日生이 丙의 合을 만나면 소극적이고 포부가 크지 못하며 대개 체구가 작다.
丁壬合	木	仁壽之合	丁日生이 壬의 合을 만나면 소심하고 질투가 강하며 몸이 수척하다. 壬日生이 丁의 合을 만나면 신의가 없고 편굴하며 성질을 잘 낸다.
戊癸合	火	無情之合	戊日生이 癸의 合을 만나면 총명하나 외관 내심하여 사귀기가 어렵다. 癸日生이 戊의 合을 만나면 지능이 낮고 결단성이 없는 중에 질투가 강하다.

　四柱 가운데 甲己合이 있으면 厚重圓滿하고 이해심이 있고 타협을 잘하고 직분에 충실하다.

　乙庚合이 있으면 果敢하고 仁義가 있다.

　丙辛合이 있으면 냉혹하고 편굴하며 잔인성이 있고 色을 좋아한다.

丁壬合이 있으면 자기도취에 빠지기 쉽고 色을 탐하며 질투가 많다.

戊癸合이 있으면 박정하고 결혼운이 좋지 못한다.

※ 어느 合을 막론하고 日干이 合을 만나 他 五行으로 化하면 주체성이 약한데 단 남을 설득시키는 데 능하고 同化를 잘한다.

어느 干이든 合이 있으면 먼저 合을 탐하여 生克의 작용이 미약하다.

○干冲의 작용

　甲庚冲 乙辛冲 丙壬冲 丁癸冲 戊己冲

干冲은 戊己冲만 제외하고는 陽은 陽끼리 陰은 陰끼리 相克관계가 된다. 단 克을 당하는 쪽이 힘이 弱化되어 괴롭다. 즉

乙이 辛을 만난 것, 甲이 庚을 만난 것, 丙이 壬을 만난 것, 丁이 癸를 만난 것이다.

戊가 甲을 만나고, 己가 乙을 만나고, 辛이 丁을 만나고, 癸가 己를 만난 것도 같은 음양의 克을 받아 그 힘이 약화되지만 이는 正冲이 아니고 準冲이라 할 수 있다.

對立되면서 相克이라야(甲庚 乙辛 丙壬 丁癸) 冲克이라 하고, 對立이 안되고 相克이면(甲戊 乙己 丙壬 丁辛 戊壬 己癸 庚丙 辛丁 癸己) 그냥 克이며, 戊己는 그냥 冲이다.

○**支合의 작용**

 支合에는 三合과 六合이 있는데 三合이건 六合이건 合을 만나면 五行은 合化하여 다른 五行으로 변하거나 아니면 自己五行의 힘이 더 강해진다. 그리고 支合도 干合처럼 合을 만나면 合을 于先하느라고 他에 대한 生克作用이 약화된다.

三合
- 申子辰合水＝子水, 申中壬水 辰中癸水가 있어 暗藏水가 합친 형상이다.
- 寅午戌合火＝午火, 寅中丙火 戌中丁火가 있어 暗藏火가 모인 때문이다.
- 巳酉丑合金＝酉金, 巳中庚金 丑中辛金이 있어 暗藏金이 모인 때문이다.
- 亥卯未合木＝卯木, 亥中甲木 未中乙木이 있어 暗藏木이 모인 때문이다.

 子丑合土(丑中己土) 寅亥合木(寅中甲木 亥中甲木) 卯戌合火(戌中丁火) 辰酉合金(酉中辛金) 巳申合水(申中壬水)

・吉神은 合을 만남이 마땅치 않고, 凶神은 合을 만나면 힘이 약화되니 도리어 좋다.

○**支冲의 작용**

子午冲　丑未冲　寅申冲　卯酉冲　辰戌冲　巳亥冲

 서로 對立관계에 위치하므로 冲이라 한다. 그리고 辰戌과 丑未의 冲만 제외하고는 陽은 陽끼리 陰은 陰끼리 相克관계로 된 것이 沖克이다.
　[참고]
　　• 辰戌沖＝辰中癸水가 戌中丁火와 丁癸로 沖
　　　　　　辰中乙木과 戌中辛金이 乙辛으로 沖
　　• 丑未沖＝丑中癸水가 未中丁火와 丁癸로 沖
　　　　　　丑中辛金과 未中乙木이 乙辛으로 沖

辰戌과 丑未의 沖은 위와 같은 의미가 있기도 하다.

〈四柱上의 작용〉
子午沖 – 일신의 노고
丑未沖 – 매사에 막힘이 많다.
寅申沖 – 다정다감하다.
卯酉沖 – 배은망덕
辰戌沖 – 여자는 八字세고 고독
巳亥沖 – 남의 일로 허송세월

年과 月이 沖＝일찍 고향을 떠남
年과 日이 沖＝父母에 不孝하는 수가 있다.
年과 時의 沖＝성질이 흉포하고 질병
月과 日支의 沖＝年時沖과 같음
日과 時의 沖＝처자와 不和하거나 덕이 없거나 別居한다.

○ **支破의 작용**

　子-酉　丑-辰　寅-亥　卯-午　巳-申　戌-未

年支破 – 조실부모, 조상의 유산 없앤다. 고향을 일찍 떠난다.
月支破 – 유산이 없다. 형제무덕 혹은 부모무덕
日支破 – 고독하고 처자와의 인연이 박하다.
時支破 – 자손이 불량할 수가 있고 말년운이 나쁘다.

○刑의 작용

寅-巳 巳-申 申-寅 丑-戌 戌-未 未-丑
子-卯 辰-辰 午-午 酉-酉 亥-亥

寅巳申 관계의 刑은 지세지형(持勢之刑), 丑戌未 관계의 刑은 무은지형(無恩之刑), 子卯刑은 무례지형(無禮之刑), 辰午酉亥의 刑은 자형(自刑)이라 한다.

- 持勢之刑(寅巳申)이 있으면 무모하게 세력다툼을 하다가 실패할 우려가 있다.
- 無恩之刑(丑戌未)이 있으면 반역심이 있고 배은망덕을 하거나 배은망덕을 당한다.
- 無禮之刑(子卯)이 있으면 잔인 냉혹하고 버릇이 없다.
- 自刑(辰·午·酉·亥)이 있으면 의지가 박약하고 침울하다.

○害의 작용

子-未 丑-午 寅-巳 卯-辰 申-亥 酉-戌

- 寅巳害가 있으면 혹 不具者가 되는 수도 있다.

- 月에 害가 있으면 고독하고 박복하다.(여자가 더 그러하다)
- 日과 時 관계가 害로 이루어지면 말년에 질병으로 고생한다.
- 酉日生이 戌時면 害인데 귀머거리나 벙어리가 될 우려가 있다.

(2) 공망(空亡)

空亡이란 뜻은 허무하다, 무력하다로 어떤 支가 가령 공망에 해당할 경우 그 效力을 제대로 발용하지 못한다. 그러므로 가령 天乙貴人 같은 吉神이 공망이면 吉한 효력이 없어지고, 겁살(劫殺) 같은 흉신이 공망이면 역시 흉한 작용을 아니한다.

공망은 아래와 같다.

甲子旬中 戌亥空(甲子에서 癸酉 사이에는 戌亥가 빠져 戌亥를 空亡이라 한다)

甲戌旬中 申酉空(甲戌에서 癸未 사이에는 申酉가 빠져 申酉를 空亡이라 한다)

甲申旬中 午未空(甲申에서 癸巳 사이에는 午未가 빠져 午未를 空亡이라 한다)

甲午旬中 辰巳空(甲午에서 癸卯 사이에는 辰巳가 빠져 辰巳를 空亡이라 한다)

甲辰旬中 寅卯空(甲辰에서 癸丑 사이에는 寅卯가 빠져 寅卯를 空亡이라 한다)

甲寅旬中 子丑空(甲寅에서 癸亥까지 사이에는 子丑이 빠져 子丑을 空亡이라 한다)

旬이란 10을 말함이니 가령 甲子부터 癸酉까지 10位 사이에는 十二支中 子丑이 빠져 있으므로 이 빠져 있는 것을 空亡이라 한다. 예를 들어 丙申日이라면 甲午旬中이니 丙申日生이 年月時 가운데 辰巳가 있으면 이 辰이나 巳는「空亡되었다」한다.

아래 早見表를 참고하라.

六甲旬	旬中에 소속된 六十甲子	空亡神
甲子旬	甲子 乙丑 丙寅 丁卯 戊辰 己巳 庚午 辛未 壬申 癸酉	戌亥가 空亡(없음)
甲戌旬	甲戌 乙亥 丙子 丁丑 戊寅 己卯 庚辰 辛巳 壬午 癸未	申酉　〃
甲申旬	甲申 乙酉 丙戌 丁亥 戊子 己丑 庚寅 辛卯 壬辰 癸巳	午未　〃
甲午旬	甲午 乙未 丙申 丁酉 戊戌 己亥 庚子 辛丑 壬寅 癸卯	辰巳　〃
甲辰旬	甲辰 乙巳 丙午 丁未 戊申 己酉 庚戌 辛亥 壬子 癸丑	寅卯　〃
甲寅旬	甲寅 乙卯 丙辰 丁巳 戊午 己未 庚申 辛酉 壬戌 癸亥	子丑　〃

◎ 日柱를 기준하여 年·月·時支에 空亡되었는가를 본다.

生月空亡 - 父母 조상의 덕이 없고 初年운이 不利

生年空亡 - 15~30세까지 운이 침체되고 형제 무덕하거나 고독

生時空亡 - 45~60세까지 운이 막히고, 자식운이 나쁘다 한다.

年·月·時가 모두 공망이면 도리어 귀히 되는 수가 있다.

六親(父母·妻財·食傷·官殺·兄 등)이 空亡되면 그 空亡에 해당하는 것의 德이 없는 것으로 보라.

空亡되었을 경우 柱中이나 運(大運·歲運)에서 冲을 만나면 空亡이 아니다.

(3) 십이살(十二殺)

劫殺, 災殺, 天殺, 地殺, 年殺, 月殺, 亡身殺, 將星, 攀鞍, 驛馬, 六害, 華盖의 十二神인데 단 將星·驛馬·攀鞍·華盖는 殺이라 할 수 없다.

申子辰生	劫殺	巳
巳酉丑生	劫殺	寅
寅午戌生	劫殺	亥
亥卯未生	劫殺	申

申子辰年生은 巳에, 巳酉丑生은 寅에, 寅午戌年生은 亥에, 亥卯未年生은 申에 각각 劫殺을 붙여 위 十二殺 순서를 十二支順으로 돌려 짚으면 月日時支가 十二殺 中 무엇에 해당하는지 알 수 있다.

十二殺\生年	劫殺	災殺	天殺	地殺	年殺	月殺	亡神	將星	攀鞍	驛馬	六害	華盖
申子辰生水	巳	午	未	申	酉	戌	亥	子	丑	寅	卯	辰
巳酉丑生金	寅	卯	辰	巳	午	未	申	酉	戌	亥	子	丑
寅午戌生火	亥	子	丑	寅	卯	辰	巳	午	未	申	酉	戌
亥卯未生木	申	酉	戌	亥	子	丑	寅	卯	辰	巳	午	未
(胞胎十二神)	(胞)	(胎)	(養)	(生)	(浴)	(帶)	(冠)	(旺)	(衰)	(病)	(死)	(葬)
기 타	三殺		歲殺	沐浴桃花						三災年		

① 겁살(劫殺)

十二殺 中 가장 凶하다. 柱中에 劫殺이 많으면 고생·실패·질병에 가정운도 나쁘다.

年이나 月支가 劫殺이면 祖業이 없거나 지키지 못하고 父母無德하며 일찍 離鄕한다.

日이나 時支가 겁살이면 妻子와의 인연이 박하다.

② 재살(災殺)

災殺은 재난을 의미하는 凶殺이다. 고로 災殺이 많으면 재앙이 따르고 실패가 빈번하며 父祖의 유산이 있을지라도 허무하게 없앤다.

③ 천살(天殺)

이 殺은 父親宮이 좋지 않다는 殺이니 年이나 月에 있으면 父를 이별하기 쉽다. 年月이 모두 天殺이면 모친을 따라가 義父를 섬기거나 남의 양자가 되는 수가 있다.

④ 지살(地殺)

地殺은 모친궁이 불리하다는 의미가 있고, 또 거리로 많이 出行하게 된다는 의미가 있는 殺이니 地殺이 많거나 冲을 만나면 모친을 이별하거나 두 어머니 섬길 가능성이 있고 타관 出入을 많이 한다. 四柱의 格이 좋은 중에 地殺이 많거나 冲을 만나면 官職上으로 海外까지 자주 出入하지만 格이 나쁘면 객지 풍상을 많이 겪고 교통사고의 우려가 있다.

⑤ 연살(年殺)

이 年殺은 곧 함지살(咸池殺)이고 도화살(桃花殺)이며 목욕살(沐浴殺)이고 패살(敗殺)이 되니 남의 함정에 빠진다는 뜻과, 곤경에 처한다는 뜻과, 바람기가 있다는 뜻과 망신당한다는 뜻과 실패한다는 뜻이 모두 포함된 殺이다. 따라서 허영과 사치와 낭만으로 낭비를 많이 한다는 의미도 있다.

四柱 中에 年殺이 있는 사람은 몸매가 세련되고 이성의 마음을 끄는 매력이 있다.

⑥ 월살(月殺)

月殺은 月은 太陰이고 太陰은 女의 상징이므로 女子 때문에 한두차례 망신당하거나 손해를 본다는 의미가 있으나 胞胎法上 帶에 해당하여 凶厄으로 작용하는 殺이 아니다.

⑦ 망신(亡神-亡身이라고도 함)

이 殺은 망신당한다는 뜻이 있다. 生月支가 망신이고 印綬星이면 그 모친이 再娶로 왔거나 불명예스러운 과거가 있다고도 한다. 그러나 亡身은 胞胎法으로 吉인 官(冠)에 해당하므로 결론적인 작용은 한차례 亡身의 액은 겪더라도 운세만은 강하게 작용한다.

⑧ 장성(將星)

將星은 大軍을 통솔 지휘하는 장수의 상이라 남의 우두머리(두령·수뇌)에 임한다는 의미의 神이다. 때문에 성격이 강직하고 굽히기를 싫어하며 文武兼全의 기상이 엿보인다. 胞胎法으로도 旺에 해당하니 운세는 매우 강하다.

이러한 때문에 여자는 家權을 장악하여 內主張하게 되거나 사회적인 활동이 눈부신데 비교적 八字가 센 편이다.(아니면 콧대가 세고 높다)

⑨ 반안(攀鞍)

화려하게 장식된 말안장에 오른다는 의미의 神이다. 소년에 급제하여 말을 타고 금의환향한다는 좋은 뜻이 있다. 그러자면 學問의 지식이 있어야 하고, 학문을 닦으려면 총명한 지혜가 있음을 암시한다. 고상한 것만 좋아하여 사회 활동이 부족한데 胞胎法으로 衰에 해당하니 官運이 길지 못할 가능성이 있고, 신체도 약한 편에 속할 것이다.

⑩ 역마(驛馬)

이 역마가 있고 四柱의 格이 吉하면 海外여행이 순조롭고 무역, 상업으로 출세하며 일생 사회활동이 활발하다. 그러나 四柱 格이 좋지 못하면 공연히 타관으로 떠돌며 방랑하거나 행상·잡상 등으로 고생한다.

역마가 財星을 띠면 무역, 사업, 운수, 여관업 등으로 돈을 모은다.

역마가 柱中에서 六合을 만나면 역마로서의 효력이 감소된다.

운에서 冲을 만난 경우 吉格이면 海外進出이고, 凶格이면 교통사고의 우려가 있다.

⑪ 육해(六害)

胞胎法으로도 死에 해당하니 이래저래 凶神이다. 고로 格이 나쁜 四柱에 이 六害가 年이나 月에 있으면 骨肉을 刑克하고 고독하게 되는데 중이 될 가능성도 있다.

生日 生時가 모두 六害면 아내가 姦淫하고 달아난다.

⑫ 화개(華盖)

胞胎法으로 葬(墓)에 해당한다. 華盖는 辰戌丑未에 해당하는데 이 辰戌丑未 中 二位가 있으면 총명하고 文章·예능방면에 소질과 취미가 있다. 꽁한 마음, 치우친 마음이 없이 너그러우며, 이해심이 많고, 풍류를 즐기고 낭만으로 낭비벽이 있다.

사람은 누구를 막론하고 四柱 中에 辰戌丑未 中 하나나 둘이 있어야 아량이 넓고, 머리를 써서 생각하는 지혜가 있다.

華盖는 信仰을 의미하므로 대개 중으로 성공하려면 華盖가 있어야 한다.

여자는 四柱에 辰戌丑未 中 三字 이상이 되면 花柳界 八字이거나 남편을 克하거나 再娶로 나이 많은 男子와 살거나 八字가 세어 과부가 되기 쉽다.

華盖(辰戌丑未)가 많더라도 演藝人이 되면 人氣가 높다.

(4) 신살정국(神殺定局) 및 작용

○ 천을귀인(天乙貴人)

> 甲戊庚牛羊(우양)　乙己鼠猴鄉(서후향)　丙丁猪鷄位
> (저계위)　六辛逢馬虎(봉마호)　壬癸蛇兎藏(사토장)
> (또는 甲戊庚日丑未　乙己日子申　丙丁日亥酉　辛日
> 寅午　壬癸日巳卯)

가령 甲이나 戊나 庚日生이 年月日時 가운데 丑이나 未가 있으면 天乙貴人이다.

이 天乙貴人은 吉神 가운데서도 가장 좋은 吉神이다. 천을귀인은 나쁜 일이건 좋은 일이건 吉로 도와주는 작용이 있으므로 四柱 中에 天乙貴人이 있고 空亡되지 않으면 일생 인덕이 많아서 귀인의 도움을 받게 되며, 궁지에 빠졌더라도 神明의 도움으로 요행스럽게 해결되고 구제된다. 단刑, 冲, 破, 害, 空亡되지 않아야 吉神으로서의 效力이 있다.

○ 천월덕귀인(天月德貴人)

天德貴人과 月德貴人은 다음 表와 같다.

生月	正	二	三	四	五	六	七	八	九	十	十一	十二
天德貴人	丁	申	壬	辛	亥	甲	癸	寅	丙	乙	巳	庚
月德貴人	丙	甲	壬	庚	丙	甲	壬	庚	丙	甲	壬	庚

가령 正月生이고 四柱의 年月日時干에 丁이 있으면 天德貴人이고 丙이 있으면 月德貴人이다. 또 한 예로 三月生이

年日時支에 申이 있으면 천덕귀인이요, 年月日時干에 甲이 있으면 月德貴人이다.

• 이상의 天德이나 月德貴人이 있는 사람은 나쁜 일을 당해도 액이 감소되며, 일생 큰 재앙이 없다. 여자는 온순하고 정조가 있으며 현모양처가 될 바탕이 있다.

○ 건록(建祿)

이 建祿은 十二運星法으로 臨官에 해당하니 아래와 같다. (日干기준 年月日時支)

甲祿在寅 (甲日寅)	乙祿在卯 (乙日卯)	丙戊祿在巳 (丙戊日巳)	丁己祿在午 (丁己日午)
庚祿在申 (庚日申)	辛祿在酉 (辛日酉)	壬祿在亥 (壬日亥)	癸祿在子 (癸日子)

• 年이나 月支에 건록이 있으면 父祖의 德이 있고 生活의 기반이 튼튼하다.

生月建祿 – 건강하고 신체가 튼튼하며, 의지가 굳고 주체성이 강하다.

日時建祿 – 비교적 건강하고 의지가 굳으며 기반이 안정된다.

○ 암록(暗祿)

建祿과 六合되는 곳이 暗祿인 바 암암리에 人德이 있고 자신도 모르는 사이(깨닫지 못하는)에 결과가 好轉되며 은

근히 神明의 가호를 받는다고 한다.

暗祿도 日干으로 年月日時를 대조하여 본다.

| 甲日-亥 | 乙日-戌 | 丙戊日-申 | 丁己日-未 |
| 庚日-巳 | 辛日-辰 | 壬日-寅 | 癸日-丑 |

o **금여**(金與)

금여는 다음과 같은 경우에 해당한다.

| 甲日-辰 | 乙日-巳 | 丙戊日-未 | 丁己日-申 |
| 庚日-戌 | 辛日-亥 | 壬日-丑 | 癸日-寅 |

이 금여가 있으면 온화하고 단정하고 민감하고 총명해서 사람들의 존경을 받는다. 또 남녀를 막론하고 좋은 배우자를 만난다 하며 時柱에 있으면 훌륭한 자식을 둔다.

o **문창**(文昌)·**학당**(學堂)

文昌星과 學堂貴人은 아래와 같다.

日干	甲	乙	丙	丁	戊	己	庚	辛	壬	癸
文昌	巳	午	申	酉	申	酉	亥	子	寅	卯
學堂	亥	午	寅	酉	寅	酉	巳	子	申	卯

文昌과 學堂은 글재주, 글공부를 뜻하는 文星이니 총명하고 글재주가 있으며 풍류를 좋아하고(文昌) 과거운(學堂)이 좋다.

그러나 합을 이루거나 冲克받거나 空亡되면 효력이 미약

하다.

o **장성**(將星) · **역마**(驛馬) · **화개**(華盖)
83페이지 (3)項의 십이살(十二殺)을 참고하라.

o **삼기**(三奇)

| 甲戊庚全 | 乙丙丁全 | 壬癸辛全 |
| (天上三奇) | (地下三奇) | (人中三奇) |

이 三奇의 吉星은 四柱에 甲戊庚이 모두 있거나 乙丙丁이 모두 있거나 壬癸辛이 모두 있어야만 해당된다.
奇格四柱로 인물이 준수하고 영웅적 포부가 있으며, 관직시험에 합격하고 이름을 떨친다.

o **육수**(六秀)

| 戊子 己丑 戊午 己未 丙午 丁未日 |

이상의 日辰에 태어나면 六秀에 해당한다.
위 日에 出生한 사람은 매우 약고 총명하며 글재주가 있다. 그러나 格局이 혼탁하면 지나치게 利己的이므로 인색하고 비루하다.

o **복덕수기**(福德秀氣)

| 乙乙乙全 巳酉丑全 |

四柱에 乙이 세자가 있거나, 巳酉丑이 다 있어야 해당한다. 巳酉丑의 경우는 반드시 巳나 酉나 丑日生이고 나머지가 있어야 眞格이다.

위 복덕수기가 있으면 용모가 수려하고 人品이 고상하며 총명하다. 복록이 많고 재앙이 적으며 인덕이 많아 도와주는 귀인이 생긴다.

ㅇ **천혁**(天赫)

아래와 같이 出生한 사람은 天赫에 해당한다.

| 寅卯辰月 - 戊寅日 | 巳午未月 - 甲午日 |
| 申酉戌月 - 戊申日 | 亥子丑月 - 甲午日 |

이 吉日은 凶厄을 제거한다. 고로 곤액에 빠져도 전화위복된다.

ㅇ **복성귀인**(福星貴人)

| 甲日-寅 | 乙日-午 | 丙日-子 | 丁日-午 | 戊日-申 |
| 己日-未 | 庚日-午 | 辛日-巳 | 壬日-辰 | 癸日-午 |

복록이 창성하고 매사가 순조롭다.

ㅇ **괴강**(魁罡)

| 庚辰　庚戌　壬辰　壬戌 | (혹은 戊辰, 戊戌도 魁罡이라 한다) |

이 괴강은 吉神으로 작용하는 수도 있고 凶神으로 작용하

는 수도 있다. 그러므로 大富, 大貴, 長壽, 총명, 勇猛, 剛直을 작용하는가 하면 극빈, 폭패, 재앙, 단명 등 심한 불행으로 이끌기도 한다.

女子는 괴강이 많으면 八字가 세어 과부가 될 가능성이 있으나, 남자는 괴강이 많으면 크게 발달하여 大富, 大貴를 누린다.

어쨌거나 괴강일에 出生한 사람은 개성이 강하고 똑똑하여 만만치 않다.

○ **양인**(羊刃)

羊刃을 陽刃이라고 하는데 羊刃과 陽刃은 그 성격이 약간 다르다. 祿前一位(建祿 다음字)를 刃으로 하는 것은 羊刃이나 陽刃이 마찬가지나 陽刃은 오직 甲丙戊庚壬 陽干日生의 祿前一位(가령 甲의 祿은 寅이니 寅 다음 卯가 陽刃)에만 해당하며, 六親法上 劫財에 해당한다.

陽干日에만 해당하는 陽刃은 五行의 生克原理를 적용한 것이고 羊刃은 神殺定局上 무조건「建祿 다음이 羊刃이다」는 원칙이 있으므로 여기에서는 神殺項이므로 羊刃을 記入한다.

甲日-卯	乙日-辰	丙戊日-午	丁己日-未
庚日-酉	辛日-戌	壬日-子	癸日-丑

이 羊刃은「칼날」의 뜻이 있으니 투쟁, 살상, 약탈, 횡포, 화급, 잔인성을 작용한다.

四柱에 羊刃이 왕하면 이와 같은 운세가 發하지만 格 구성 여하에 따라 도리어 길신이 될 수도 있다. 어쨌든 羊刃은 강폭하게 싸우고, 잔인성이 내포한만큼 투쟁은 피할 수 없다. 의사, 군인, 경찰, 도살업, 살인자, 고독 등은 羊刃이 있는 사람에게서 많이 나온다.

○ 비인(飛刃)

羊刃과 相冲되는 것이 飛刃인데 작용력은 羊刃과 거의 같으나 羊刃보다 미약하게 작용한다.

| 甲日-酉 | 乙日-戌 | 丙戊日-子 | 丁己日-丑 |
| 庚日-卯 | 辛日-辰 | 壬日-午 | 癸日-未 |

○ 고신(孤辰)·과수살(寡宿殺)

亥子丑年生-寅戌	(남자는 寅이 孤辰, 女子는 戌이 寡宿)
寅卯辰年生-巳丑	(남자는 巳가 고신, 여자는 丑이 과수)
巳午未年生-申辰	(남자는 申이 고신, 여자는 辰이 과수)
申酉戌年生-亥未	(남자는 亥가 고신, 여자는 未가 과수)

이 고신이 있는 남자나 과수가 있는 여자는 육친간에 외롭거나 배우자 관계에 있어 고독하게 된다고 한다.

○ 도화살(桃花殺)

이 도화는 胞胎法으로 浴에 해당하고 十二殺定局으로는 年殺과 같다. 이 도화는 함지(咸池)·목욕살(沐浴殺)·패살(敗殺) 또는 패신(敗神)이라고도 한다.

| 申子辰生-酉　　巳酉丑生-午　　寅午戌生-卯 |
| 亥卯未生-子 |

이 도화의 작용에 대해서는 十二殺 항목의 ⑤번 年殺에서 설명하였다.

○ **백호대살**(白虎大殺)

| 戊辰　丁丑　丙戌　乙未　甲辰　癸丑　壬戌 |

이 殺은 人命을 刑剋하는 흉성이다. 단 六親에 해당하는 곳에 이 殺을 만나면 해당인에게 厄이 있는 것으로 풀이한다. 가령 乙未日生이면 未는 日干의 偏財요, 偏財는 父親이라 그 부친을 일찍 여의거나 殺傷의 厄이 있는 것이라 추리한다.(偏財는 또 妻妾도 된다)

○ **홍란성**(紅鸞星)

子生-卯	丑生-寅	寅生-丑	卯生-子
辰生-亥	巳生-戌	午生-酉	未生-申
申生-未	酉生-午	戌生-巳	亥生-辰

이 홍란성이 있는 사람은 용모가 단아하고 얌전하며 마음씨가 착하다.

◎ 이하 吉神·凶神이 많은데 일람표(早見表)에 모두 수록한다.

ㅇ 길흉신 일람표

① 日干 기준

길흉신 \ 日干	日干	甲	乙	丙	丁	戊	己	庚	辛	壬	癸	비 고
천을귀인 (天乙貴人)	日干으로 年月日時	丑未	子申	亥酉	亥酉	丑未	子申	丑未	寅午	巳卯	巳卯	인덕이 많고 귀인이 도움
건록 (建祿)	上同	寅	卯	巳	午	巳	午	申	酉	亥	子	기반이 튼튼하고 건강함
문창 (文昌)	上同	巳	午	申	酉	申	酉	亥	子	寅	卯	공부 잘하고 시험운이 좋다.
학당 (學堂)	上同	亥	午	寅	酉	寅	酉	巳	子	申	卯	학문을 전공하면 성공한다.
암록 (暗祿)	上同	亥	戌	申	未	申	未	巳	辰	寅	丑	암암리에 도움이 있다.
금여 (金輿)	上同	辰	巳	未	申	未	申	戌	亥	丑	寅	험한 곳에서도 안전하고 인기가 높다.
홍염살 (紅艶殺)	上同	午申	午申	寅	未	辰	辰	申戌	酉	子	申	음란하고 간사하다. 화류계 기질
양인살 (羊刃殺)	上同	卯	辰	午	未	午	未	酉	戌	子	丑	부상, 살상, 형액, 광포성
급각살 (急脚殺)	日干으로 月日時	申酉	申酉	亥子	亥子	寅卯	寅卯	巳午	巳午	辰戌丑未	辰戌丑未	다리불구, 소아마비, 관절염의 우려
철사관 (鐵蛇關)	生日干으로 生時	辰	辰	未申	未申	寅	寅	戌	戌	丑	丑	쇠고랑(수갑)을 차게 되는 살
뇌공살 (雷公殺)	日干으로 生時	丑	午	子	子	戌	戌	寅	寅	酉	亥	벼락, 감전사고의 우려
낙정관 (落井關)	日干으로 年月日時	巳	子	申	戌	卯	巳	子	申	戌	卯	우물 웅덩이 강 바다에 빠질 우려
천일관 (千日關)	日干으로 生時	辰午	辰午	申	申	巳	巳	寅	寅	丑亥	丑亥	어린이가 출생일부터 千日이 되는 날에 액을 당할 우려가 있으니 문밖을 못나가게 한다.

- 배곡살(背曲殺) – 납음오행(生年의 納音五行)으로 본다.
  즉 곱추가 될 우려가 있는 살
  金生 – 申酉午亥時, 木生 – 寅卯申時, 水生 – 未申酉戌時,
  火生 – 寅巳未申時, 土生 – 丑寅巳午時
- 부부 이별의 日辰 – 甲寅, 乙卯, 丙午, 丁巳, 戊辰, 戊戌,
  己丑, 庚申, 辛酉, 壬子, 癸亥

② 生年支 기준

길흉신	生年	子	丑	寅	卯	辰	巳	午	未	申	酉	戌	亥	비 고
화개(華盖)	年으로 月日時	辰	丑	戌	未	辰	丑	戌	未	辰	丑	戌	未	재주 많고 임기응변이 능함
장성(將星)	上同	子	酉	午	卯	子	酉	午	卯	子	酉	午	卯	의지력 강하고 지도 통솔력
역마(驛馬)	上同	寅	亥	申	巳	寅	亥	申	巳	寅	亥	申	巳	사회활동이 활발함
고신(孤辰)	上同	寅	寅	巳	巳	巳	申	申	申	亥	亥	亥	寅	남자는 고독운
과숙(寡宿)	上同	戌	戌	丑	丑	丑	辰	辰	未	未	未	戌	戌	여자는 고독운
도화(桃花)	上同	酉	午	卯	子	酉	午	卯	子	酉	午	卯	子	주색에 실패
관재(官災)	上同	辰卯	辰巳	巳午	午未	未申	申酉	酉戌	戌亥	亥子	子丑	丑寅	寅	관재수(형벌·소송)
혈인(血刃)	上同	丑	未	寅	申	卯	酉	辰	戌	巳	亥	午	子	부상당할 우려(피 흘리는 살)
홍란(紅鸞)	上同	卯	寅	丑	子	亥	戌	酉	申	未	午	巳	辰	마음씨 곱고 단정한 용모
상문(喪門)	年으로 月日時	寅	卯	辰	巳	午	未	申	酉	戌	亥	子	丑	질병
조객(吊客)	年으로 月日時	戌	亥	子	丑	寅	卯	辰	巳	午	未	申	酉	질병
오귀(五鬼)	年으로 日時	辰	巳	午	未	申	酉	戌	亥	子	丑	寅	卯	질병 우환

98 명리정해(命理正解)와 문답

길흉신 \ 生年		子	丑	寅	卯	辰	巳	午	未	申	酉	戌	亥	비 고
팔패(八敗)	年으로 生月	六	九	十二	十二	六	六	十二	三	三	三	九	九	실패가 많다.
재혼(再婚)	年으로 生月	五	六	七	八	九	十	十一	十二	正	二	三	四	첫 결혼에 실패할 우려
중혼(重婚)	年으로 生月	四	五	六	七	八	九	十	十一	十二	正	二	三	上同
겁살(劫殺)	年으로 月日時	巳	寅	亥	申	巳	寅	亥	申	巳	寅	亥	申	질병, 실패의 우려
재살(災殺)	年으로 月日時	午	卯	子	酉	午	卯	子	酉	午	卯	子	酉	성패, 번복이 심하다.
정신이상	年으로 生日	酉	午	未	申	亥	戌	丑	寅	卯	子	巳	辰	신들리거나 정신질환의 우려
장남다리 불구	年으로 日時	戌	未	辰	丑	戌	未	辰	丑	戌	未	辰	丑	아니면 자신의 다리 관절 신경통

③ 生月 기준

구분 \ 生月		正	二	三	四	五	六	七	八	九	十	十一	十二	비 고
천덕귀인 (天德貴人)	生月로 年日時	丁	申	壬	辛	亥	甲	癸	寅	丙	乙	巳	庚	귀인의 덕이 많다.
월덕귀인 (月德貴人)	生月로 年日時	丙	甲	壬	庚	丙	甲	壬	庚	丙	甲	壬	庚	上同
사주관 (四柱關)	生月로 生時	巳亥	辰戌	卯酉	寅申	丑未	子午	亥巳	辰戌	酉卯	申寅	未丑	午子	어릴적에 네 기둥 세워진 위로 오르면 크게 불행해진다.
단교관 (斷橋關)	生月로 生時	寅	卯	申	丑	戌	酉	辰	巳	午	未	亥	子	소아마비, 다리 불구의 우려
심수관 (深水關)	生月로 生時	寅申	寅申	寅申	未	未	未	酉	酉	酉	丑	丑	丑	물에 빠져 액을 당할 우려
욕분관 (浴盆關)	生月로 生時	辰	辰	辰	未	未	未	戌	戌	戌	丑	丑	丑	어려서 목욕 시킬 때 주의

제1편 명리정해(命理正解) 99

구분	生月	正	二	三	四	五	六	七	八	九	十	十一	十二	비 고
장군전 (將軍箭)	生月로 生時	辰酉戌	辰酉戌	辰酉戌	子卯未	子卯未	子卯未	丑寅午	丑寅午	丑寅午	巳申亥	巳申亥	巳申亥	어릴적에 장군묘, 사당 신상이 있는 곳에 데려가지 못함.
직난관 (直難關)	生月로 生時	午	午	未	未	卯戌	巳申	巳申	寅卯	寅卯	辰酉	辰酉		어릴적에 쇠붙이를 조심시키라.
염왕관 (閻王關)	生月로 年日時	丑未	丑未	丑未	辰戌	辰戌	辰戌	子午	子午	子午	寅卯	寅卯	寅卯	어릴적에 제사지내고 불공드리는 것을 보이지 마라.
수화관 (水火關)	生月로 生時	未戌	未戌	未戌	丑辰	丑辰	丑辰	酉	酉	酉	丑	丑	丑	물과 불에 놀랄 사주
백일관 (百日關)	生月로 生時	辰戌 丑未	寅申 巳亥	子午 卯酉	辰戌 丑未	寅申 巳亥	子午 卯酉	辰戌 丑未	寅申 巳亥	子午 卯酉	辰戌 丑未	寅申 巳亥	子午 卯酉	출생 후 백일 되는 날은 절대 대문 밖으로 데리고 나가지 말아야 한다.
사계관 (四季關)	生月로 年日時	巳丑	巳丑	巳丑	辰申	辰申	辰申	未亥	未亥	未亥	寅戌	寅戌	寅戌	일생 질병이 따른다.
안맹관 (眼盲關)	生月로 年日時	丑	丑	丑	申	申	未	未	未	寅	寅	寅		시력이 나쁘거나 안보일 우려
금쇄관 (金鎖關)	生月로 生時	申	酉	戌	亥	子	丑	申	酉	戌	亥	子	丑	관재수 즉 구속될 우려의 살
혈분관 (血盆關)	生月로 生時	辰戌	辰戌	辰戌	丑未	丑未	丑未	戌亥	戌亥	戌亥	丑寅	丑寅	丑寅	어릴적에 부상당할 우려
야체관 (夜啼關)	生月로 年日時	午	午	午	酉	酉	酉	子	子	子	卯	卯	卯	어릴적에 밤만 되면 몹시 운다.

④ 日支 기준(生日支로 기준한다)

구분 \ 生日		子	丑	寅	卯	辰	巳	午	未	申	酉	戌	亥	비 고
매아살 (埋兒殺)	日로 年月時	丑	卯	申	丑	卯	申	丑	卯	申	丑	卯	申	어린 자식을 잃고 땅에 묻는 살
오귀살 (五鬼殺)	生日로 年月時	辰	卯	寅	丑	子	亥	戌	酉	申	未	午	巳	질병이 따른다.
귀문살 (鬼門殺)	生日로 年月時	酉	午	未	申	亥	戌	丑	寅	卯	子	巳	辰	신들리거나 정신 이상의 우려
금쇄살 (金鎖殺)	生日로 時	申	酉	戌	亥	子	丑	申	酉	戌	亥	子	丑	수갑이 채워진다는 살
백호살 (白虎殺)	生日로 生時	申酉	申酉	子戌	卯丑		卯丑		卯		卯			질병 허약 부상의 우려
급각살 (急脚殺)	生日로 生時	亥子	亥子	亥子	卯未	卯未	卯未	寅戌	寅戌	寅戌	丑辰	丑辰	丑辰	소아마비 다리 부상 불구의 우려
탕화살 (湯火殺)	生日로 生時	午	未	寅	午	未	寅	午	未	寅	午	未	寅	•어린이만 해당 끓는 물 등에 화상 입는 살
천구살 (天狗殺)	生日로 生時	戌	亥	子	丑	寅	卯	辰	巳	午	未	申	酉	•개에 물릴 우려가 있음
야체살 (夜啼殺)	生日로 生時	未	寅酉	未	未	未	未	未	寅酉	未	未	寅酉	未	•어린이만 적용 밤만 되면 우는 살
단명살 (短命殺)	日로 年月時	巳	寅	辰	未	巳	寅	辰	未	巳	寅	辰	未	명이 짧은 살 단 10세 넘으면 무방
화상관 (和尙關)	生日로 時대조	辰戌丑未	子酉	寅亥	辰未	子酉	寅亥	辰未	子酉	寅亥	辰戌丑未	子午卯酉	寅申巳亥	•어린이만 적용 중이 된다는 살이니 어릴적에 절 같은 데 데리고 가지 마라

• 목맬 우려가 있는 살

    子年生-壬子時   丑年生-辛酉時   寅年生-庚午時
    卯年生-乙卯時   辰年生-壬子時   巳年生-辛酉時
    午年生-庚午時   未年生-乙卯時   申年生-壬子時
    酉年生-辛酉時   戌年生-庚午時   亥年生-乙卯時

[참고] 子寅辰午申戌의 陽時生은 가마가 오른쪽, 丑卯巳
      未酉亥의 陰時生은 가마가 왼쪽에 있다고 한다.

• 쌍가마 있는 사람

正四七十月生이   子午卯酉時
二五八十一月生이 辰戌丑未時   에 출생하면 머리에 쌍
三六九十二月生이 寅申巳亥時   가마가 있다고 한다.

사주 응용법

1. 육친(六親)

　육친(六親)이란 부모, 형제, 처자 등을 칭하지만 명리학적 술어로는 인성(印星), 비겁(比劫), 식상(食傷), 재(財), 관살(官殺)을 말하며, 비겁은 비견(比肩), 겁재(劫財)의 합칭이요, 식상은 식신(食神), 상관(傷官)의 합칭이요, 재는 편재(偏財)와 정재(正財)의 합칭이요, 관살은 편관(偏官)과 정관(正官)의 합칭이요, 인성(印星)은 편인(偏印)과 정인(正印)의 합칭이다.
　이 육친을 어떤 법식에 의해 정하는지 아래에서 알아보자.

(1) 육친 정하는 법
生我者印星 = 나를 生하는 자가 인성
　　　　　즉, 편인(偏印)·정인(正印)이요

我生者食傷=내가 生해주는 자가 식상
  즉, 식신(食神)·상관(傷官)이다.
克我者官殺=나를 克하는 자가 관살
  즉, 편관(偏官)·정관(正官)이다.
我克者妻財=내가 克하는 자가 재성
  즉, 편재(偏財)·정재(正財)다.
比和者比劫=나와 五行이 같은 자는 비겁
  즉, 비견(比肩)·겁재(劫財)다.

이상과 같이 五行의 生克比和 관계에 의해 육친이 정해지는데 이를 더 구체적으로 설명하면 아래와 같다.

- **비겁**(比劫) { 비견(比肩) – 日干과 五行이 같고 음양도 같은 것을 비견이라 한다.
  겁재(劫財) – 日干과 五行이 같고 음양만 다른 것을 겁재라 한다.

- **식상**(食傷) { 식신(食神) – 日干이 生해주는 자로 日干과 음양이 같으면 식신이라 한다.
  상관(傷官) – 日干이 生해주는 자로 日干과 음양이 다르면 상관이다.

- **재성**(財星) { 편재(偏財) – 日干이 克하는 자로 日干과 음양이 같으면 편재다.
  정재(正財) – 日干이 克하는 자로 日干과 음양이 다르면 정재다.

- 관살(官殺) { 편관(偏官) - 日干을 克하는 자로 日干과 음양이 같으면 편관이다.
  정관(正官) - 日干을 克하는 자로 日干과 음양이 다르면 정관이다.

- 인성(印星) { 편인(偏印) - 日干을 生해주는 자로 日干과 음양이 같으면 편인이다.
  정인(正印) - 日干을 生해주는 자로 日干과 음양이 다르면 정인이다.

[참고]

 편관(偏官)을 일반적으로 칠살(七殺)이라 부르므로 정관, 편관을 합칭 관살이라 한다.

 정인(正印)은 인수(印綬)라 하고(혹은 정인, 편인을 합칭 인수라고 한다), 편인(偏印)을 도식(倒食) 또는 효신살(梟神殺)이라 한다.

 재성(財星)은 정재, 편재의 합칭인데 처재(妻財) 혹은 처성(妻星)이라고도 한다.

 이상과 같이 다른 이름으로 별칭하는 이유에 대해서는 다음 「육친론」을 참고하라.

○ 육친정국 일람표

육친		甲日	乙日	丙日	丁日	戊日	己日	庚日	辛日	壬日	癸日	비고
比劫	비견(比肩)	甲寅	乙卯	丙巳	丁午	戊辰戌	己丑未	庚申	辛酉	壬亥	癸子	
	겁재(劫財)	乙卯	甲寅	丁午	丙巳	己丑未	戊辰戌	辛酉	庚申	癸子	壬亥	
食傷	식신(食神)	丙巳	丁午	戊辰戌	己丑未	庚申	辛酉	壬亥	癸子	甲寅	乙卯	
	상관(傷官)	丁午	丙巳	己丑未	戊辰戌	辛酉	庚申	癸子	壬亥	乙卯	甲寅	
妻財	편재(偏財)	戊辰戌	己丑未	庚申	辛酉	壬亥	癸子	甲寅	乙卯	丙巳	丁午	
	정재(正財)	己丑未	戊辰戌	辛酉	庚申	癸子	壬亥	乙卯	甲寅	丁午	丙巳	
官殺	편관(偏官)	庚申	辛酉	壬亥	癸子	甲寅	乙卯	丙巳	丁午	戊辰戌	己丑未	칠살(七殺)
	정관(正官)	辛酉	庚申	癸子	壬亥	乙卯	甲寅	丁午	丙巳	己丑未	戊辰戌	
印星	편인(偏印)	壬亥	癸子	甲寅	乙卯	丙巳	丁午	戊辰戌	己丑未	庚申	辛酉	인수(印綬), 도식(倒食), 효신(梟神)
	정인(正印)	癸子	壬亥	乙卯	甲寅	丁午	丙巳	己丑未	戊辰戌	辛酉	庚申	인수(印綬)

[참고]

 육친 정하는 법에서 원칙상 지지(地支)는 지지 속에 암장(暗藏)된 正氣를 취용하는 것이므로 亥子巳午의 경우 亥는 亥中壬水, 子는 子中癸水, 巳는 巳中丙火, 午는 午中丁火의 正氣가 암장되어 亥巳는 음이지만 암장 壬丙으로 陽化하고, 子午는 양이지만 암장 正氣가 癸丁이므로 暗干을 취용 음양을 바꿔야 한다.

지지암장(地支暗藏)을 암간(暗干) 혹은 장간(藏干) 혹은 지장간(支藏干)이라고도 하는바 아래와 같다.

ㅇ지지암장(地支暗藏)

子水-癸 (子中에는 天干, 癸水正氣만 품고 있다)

丑土-己辛癸(丑 속에는 正氣인 己土와 辛金과 癸水가 간직되어 있다)

寅木-甲丙戊(寅 속에는 正氣인 甲木과 丙火와 戊土가 간직되어 있다)

卯木-乙 (卯에는 正氣인 癸水만 간직되었다)

辰土-戊癸乙(辰 속에는 正氣 戊土와 癸水와 乙木이 들어 있다)

巳火-丙庚戊(巳 안에는 正氣인 丙火와 庚金과 戊土가 들어 있다)

午火-丁己 (午 안에는 正氣인 丁火와 己土가 들어 있다)

未土-己乙丁(未 속에는 正氣인 己土와 乙木과 丁火가 들어 있다)

申金-庚壬戊(申 속에는 正氣인 庚金과 壬水와 戊土가 들어 있다)

酉金-辛　(酉에는 오직 正氣인 辛金만 들어 있다)

戌土-戊丁辛(戌 속에는 正氣인 戊土와 丁火와 辛金이 들어 있다)

亥水-壬甲(亥 속에는 正氣인 壬水와 甲木이 간직되었다)

　이와 같은 암간(暗干)의 정기(正氣)로 육친을 정하는 법이므로 十二支 가운데 丑寅卯辰未申酉戌은 五行과 음양을 그대로(가령 丑이면 陰土, 寅이면 陽木) 장간(藏干)을 따지지 않고 五行生克比和와 음양으로 육친을 정하면 되지만 亥子水와 巳午火는 음양이 바뀌어 그참 육친을 정해서는 안된다.
　즉 子는 陽이지만 암간이 癸이므로 陰이고 亥는 본시 음이로되 암간이 壬이므로 陽으로 따져야 하고, 또 午는 陽火지만 암간이 丁火이므로 陰으로 따지고 巳火는 본시 陰이지만 암간이 丙火이므로 陽火로 따져야 한다.

　또 한 가지 알아둘 것은 四柱 가운데 표면상으로 육친(六親) 어느 것이 없더라도 암(暗)으로는 있는 경우가 많다. 가령 甲日生이 年月日時 가운데 辰이 있을 경우 辰은 陽土라 甲日의 편재(偏財)가 명(明-표면)으로 정해지는데 辰 속에는 또 癸와 乙이 암장되어 있어 암(暗-내면)으로는 甲日의 정인(正印-癸)과 乙木의 겁재(劫財)를 간직하고 있는 셈이다.

○ 日干대 地支의 명암육친표

支\日干	子(癸)	丑(己辛癸)	寅(丙戊甲)	卯(乙)	辰(戊癸乙)	巳(丙庚戊)	午(丁己)	未(己乙丁)	申(庚壬戊)	酉(辛)	戌(戊丁辛)	亥(壬甲)
甲日	정인	정재 정관 정인	비견 식신 편재	겁재	편재 정인 겁재	식신 편관 편재	상관 정재	정재 겁재 상관	편관 편인 편재	정관	편재 상관 정관	편인 비견
乙日	편인	편재 편관 편인	겁재 상관 정재	비견	정재 편인 비견	상관 정관 정재	식신 편재	편재 비견 식신	정관 정인 정재	편관	정재 식신 편관	정인 겁재
丙日	정관	상관 정재 정관	편인 비견 식신	정인	식신 정관 정인	비견 편재 편인	겁재 상관	상관 정인 겁재	편재 편관 식신	정재	식신 겁재 정재	편관 편인
丁日	편관	식신 편재 편관	정인 겁재 상관	편인	상관 편관 편인	겁재 정재 정인	비견 식신	식신 편인 비견	정재 정관 상관	편재	상관 비견 편재	정관 정인
戊日	정재	겁재 상관 정재	편관 편인 비견	정관	비견 정재 정관	편인 식신 비견	정인 겁재	겁재 정관 정인	식신 편재 비견	상관	비견 정인 상관	편재 편관
己日	편재	비견 식신 편재	정관 정인 겁재	편관	겁재 편재 편관	정인 상관 겁재	편인 비견	비견 편관 편인	상관 정재 겁재	식신	겁재 편인 식신	정재 정관
庚日	상관	정인 겁재 상관	편재 편관 편인	정재	편인 상관 정재	편관 비견 편인	정관 정인	정인 정재 정관	비견 식신 편인	겁재	편인 정관 겁재	식신 편재
辛日	식신	편인 비견 식신	정재 정관 정인	편재	정인 식신 편재	정관 겁재 정인	편관 편인	편인 편재 정인	겁재 상관 정인	비견	정인 편관 겁재	상관 정재
壬日	겁재	정관 정인 겁재	식신 편재 편관	상관	편관 겁재 상관	편재 편인 편관	정재 정관	정재 상관 정재	편인 비견 편관	정인	편관 정인 정재	비견 식신
癸日	비견	편관 편인 비견	상관 정재 정관	식신	정관 비견 식신	정재 정인 정관	편재 편관	편재 식신 편재	정인 겁재 정관	편인	정관 편인 편재	겁재 상관

〔참고〕 寅申巳亥를 四生宮, 辰戌丑未를 四庫宮이라 하는 것은 까닭이 있다.

• 寅에는 丙火, 申에는 壬水, 巳에는 庚金, 亥에는 甲木이 암장되어 있으므로 火土長生寅, 木長生亥, 金長生巳, 水長生申이란 법식이 이루어져 十二運星(십이운성)의 起頭(기두)가 된다.

• 辰에는 癸水, 戌에는 丁火, 丑에는 辛金, 未에는 乙木이 각각 암장되어 있고, 辰戌丑未는 고(庫)라 명칭하므로 辰을 水庫(수고), 戌을 火庫(화고), 丑을 金庫(금고), 未를 木庫(목고)라 한다.

• 辰戌丑未를 고(庫), 묘(墓), 장(藏), 장(葬)이라 하는데 즉 창고 속(庫), 궤짝 속(庫), 무덤 속(墓) 깊이 감춰두거나 숨겨져 있는 것(藏), 장사지내는 것(葬)이니 간단히 공통점을 추린다면 밖에 노출되지 않고 깊게 숨겨져 있어 답답하고 활동을 못하는 반면에 타에 빼앗기거나 타의 침해를 받거나 손상되지 않는다는 이점도 있다는 의미의 土庫다.

(2) 육친의 특성과 운명상의 영향력

① 비겁(比劫)

나(日干)와 오행이 같으면 비겁(比劫)인데 오행이 같아도 음양으로 분류, 음양이 같은 干支를 비견(比肩)이라 하고, 음양이 다른 干支를 겁재(劫財)라 한다.

日干→	甲	乙	丙	丁	戊	己	庚	辛	壬	癸
비견(比肩)	甲·寅	乙·卯	丙·巳	丁·午	戊·辰戌	己·丑未	庚·申	辛·酉	壬·亥	癸·子
겁재(劫財)	乙·卯	甲·寅	丁·午	丙·巳	己·丑未	戊·辰戌	辛·酉	庚·申	癸·子	壬·亥

•특성 : 비견·겁재는 五行이 日干(나)과 같으므로 타의 육친과도 生克관계가 같다. 즉 나의 인수(印綬)는 비겁도 인수가 되고, 나의 관살(官殺)은 비겁도 관살이요, 나의 식상(食傷)은 비겁도 식상이요, 나의 처재(妻財)는 비겁의 처재가 된다. 때문에 어려운 일을 당해서는 고락을 같이하고 거들어주는 동조자가 되어주지만 내가 좋아하는 처재(여자·재물)나 사업 지위는 비겁도 좋아하게 되어 있으므로 이런 경우는 나의 적이요, 강력한 라이벌 관계가 된다.

때문에 비겁이 四柱 가운데 많으면 내 것을 다 빼앗아가는 상이 되어 불화, 투쟁, 질투, 손재, 빈곤, 시비 등의 나쁜 운이 작용된다.

그런데 왜 五行이 같으면 하나는 비견이고 하나는 겁재인가?

비견은 나의 힘이 되어주는 협력자의 뜻이 있고, 겁재는 나의 처재(여자와 재물)를 겁탈한다는 뜻이 있어서다. 왜냐하면 비견은 나(日干)의 정재의 입장으로 볼 때 정관(正官)이 되어 사정을 보아주며 克하므로 별로 큰 타격을 받지 않으나 겁재는 나의 정재(正財)의 편관, 칠살(七殺)이 되어 사정없이 극해서 뺏어가므로 붙여진 명칭이다.

그러나 비견도 많으면 겁재가 되어버리고, 겁재도 나의 도움이 되면 희신(喜神)이 되니 비견, 겁재의 명칭이나 특성에 크게 구애받지 말아야 한다.
• 사주에 재가 태왕하거나 너무 많으면 비겁을 막론, 협력자가 되니 즉 희신이 된다.
• 사주에 비견 겁재가 많으면 형제자매가 많은 상이다. 또는 비견도 있고 겁재도 많으면 배다른 형제자매가 많다고 본다.(비견은 친 형제자매요, 겁재는 이복 형제자매로 보는 까닭이다)

◎ 四柱에 비견 겁재가 많으면 다음과 같은 운이 작용될 수 있다.
• 빈곤하고, 실패하고, 라이벌 때문에 사업 출세에 지장이 크다.(비겁이 많다는 것은 나의 처재를 뺏어가고, 그래서 빈곤 실패, 나와 서로 취하려 다투는 상이 되어서다)
• 남자는 정조를 뺏긴 여성을 아내로 맞이하거나, 결혼 후 아내를 뺏길 우려가 있다.(비견 겁재는 나의 여자를 먼저 취했거나 뒤에 뺏으려는 상이다)
• 결혼이 잘 성립되지 않는다.(내가 좋아하는 여성을 좋아하여 취하려는 라이벌이 많기 때문이다)
• 아내의 건강이 나쁘거나 상처할 가능성이 있다.(비겁은 처재를 克하므로 비견 겁재가 많으면 처재성이 克받는 것이 심해서다)
• 여자는 첩노릇을 하거나 자신이 첩꼴을 보거나, 남편이

바람을 피운다.(비견 겁재는 라이벌이요, 나와 동등한 입장이니 즉 남편의 여자가 많은 상이 되어서다)

• 팔자가 세어 과부가 되거나, 내주장하거나 고독하다.(비겁이 많으면 음이 성하고 양이 쇠하는 법이므로 팔자가 세고, 고독한 것은 남편이 첩을 두거나, 바람피우거나 과부가 되기 때문이다. 팔자가 센 四柱란 바로 사주 대부분이 비견, 겁재로 되면 센 팔자라 한다)

• 기타 빈궁, 실패, 라이벌, 고생살이, 결혼 늦은 것 등은 남자와 마찬가지다.

• 四柱에 群比爭財(군비쟁재-비견, 겁재가 대부분이고 재성이 하나만 있는 것)를 이루면 극빈·흉액이 이른다.(마치 많은 거지가 한덩이 밥을 놓고 서로 먹으려고 다투는 상이요, 또는 여러 남자가 한 여자를 서로 취하려 투쟁하는 형상이 되어서다)

• 비견, 겁재가 많더라도 종왕격(從旺格-다음에 설명)을 이루면 예외로 풀이한다.

• 겁재가 비록 나쁘다 하나 살인상정격(殺印相停格)을 이루면 도리어 귀격이고, 財가 너무 많을 때는 나의 사업 협력자가 된다.

| 비견
(比肩) | 남자=가정에서는 남동기, 그냥 형제자매, 며느리요, 사회적으로는 친구, 직장동료, 같은 또래, 라이벌 |
| | 여자=가정에서는 여동기, 그냥 형제자매, 시아버 |

지, 남편의 첩, 애인이고 사회적으로는 남
자와 같다.

겁재
(劫財)
― 남자＝가정에서는 여동기, 또는 이복 형제자매,
동성 조카며느리요, 사회적으로는 친구, 동
료, 경쟁자
― 여자＝가정에서는 남동기, 또는 이복 형제자매,
남편 형제의 아내, 남편의 첩, 애인, 사회적
으로는 라이벌, 동료, 친구

② **식상**(食傷)

식신(食神)과 상관(傷官)은 日干이 生해주는(日干의 生을 받는) 점이 같아 함께 식상(食傷)이라 하는데 식신이니 상관이니 하는 분류는 日干과의 음양이 같으냐 다르냐에 따라 정해진다.

즉 四柱의 干支 가운데 日干이 生해주는 干支로 음양이 日干과 같으면 식신(食神)이라 하고, 日干과 음양이 다르면 상관(傷官)이라 한다.

日干	甲	乙	丙	丁	戊	己	庚	辛	壬	癸
식신 (食神)	丙·巳	丁·午	戊·辰戌	己·丑未	庚·申	辛·酉	壬·亥	癸·子	甲·寅	乙·卯
상관 (傷官)	丁·午	丙·巳	己·丑未	戊·辰戌	辛·酉	庚·申	癸·子	壬·亥	乙·卯	甲·寅

식상은 日干과 비겁의 生을 받고, 재(財)를 생해주며, 인

성(印星)의 克을 받고 관살(官殺)을 克한다. 그런데 이러한 식상이 왜 하나는 식신(食神)이란 좋은 명칭이 붙고 하나는 상관(傷官)이란 나쁜 명칭이 붙었는가, 이는 음양관계에 따라 生克하는 이해관계가 약간 다르기 때문이다.(실상은 生克작용이 별로 차이가 없으나 엄밀히 따진다면 아래와 같다)

　식신은 두 가지(日干을 위해) 좋은 역할을 한다. 재물(처재)은 나를(日干) 보좌(아내의 내조)하고, 나의 의식주 경제를 맡은 것이라 절대 없어서는 안될 요소인바 식신은 나의 정재(正財)의 친어머니(印星)격이 되어 財를 아낌없이 生해 주니 결과적으로 의식주(財)와 內助가 풍족해지고 먹을 것을 生해주는 길신이 되며, 한편으로는 나(日干)를 克해 괴롭히는 칠살(七殺)의 칠살이 되어 관재, 질병, 재앙을 막아주기(식신제살) 때문에 식신 또는 수복지신(壽福之神)이라 한 것이다.

　상관도 식신과 五行이 같으므로 財를 生하고 관살을 克하나 약간 정적(情的)인 차이가 있다. 상관은 나의(日干) 정재(正財)의 계모, 서모격(친어머니가 아닌)으로 친자식처럼 生해주려는 마음이 적고(정보다는 義로만 生), 한편 나의 봉급을 주는 직장이요, 벼슬격이 되는 정관(正官)의 칠살(七殺)이 되어 무자비하게 克해버림으로써 관직, 영전, 봉급에 손실을 준다는 뜻이 있어서다.(즉 상관은 正官을 克해서 상하게 한다는 뜻이다)

　그러나 이상 식신 상관의 정(情)이 그러할 뿐 실질적인 生克작용은 식신 상관의 차이가 별로 없다. 식신도 정관을 克하고 상관도 정재를 生하므로 꼭 식·상의 명칭에만 구애

받아서는 안된다.
 • 특성=식신은 안정, 복록, 장수, 재물풍족, 명랑, 후덕, 자비심, 신체풍만, 평탄함을 유도하고, 상관은 범죄, 용맹, 경쟁, 교만, 하극상, 반역, 폭동, 혁명 등 약간 오만무례와 폭력성을 유도한다.

◎ 四柱에 식신이 있으면 비교적 순탄한 생애를 보낸다. (상관도 마찬가지) 그러나 식상이 太旺하거나 너무 많으면
 • 관운이 불길하다.(식상은 관직이 되는 官殺을 克하기 때문, 財가 있으면 감소된다)
 • 국법을 어기거나, 법 무서운 줄 모르다가 관액을 당한다.(식상이 국가요, 법이 되는 관살을 克하기 때문이다. 겁없이 날뛰는 수가 있다)
 • 남자는 자식운이 나쁘다.(육친관계상 관살이 자식인 바 왕한 식상이 자식인 관살을 극하는 까닭)
 • 혹 장모가 여럿이다.(財가 아내이니 財의 모친은 식상이므로 그러하다)
 • 여자는 남편을 극하고 과부가 되거나 남편덕이 없다. (여자는 관성이 남편이다. 식상이 남편인 관성을 克하기 때문인데 남편이 죽지 않더라도 무능하거나, 능력이 있어도 남편이 좌절, 실패, 파직, 건강문제 등으로 두 손을 묶인 상이니 스스로 벌어서 생활해야 한다. 그러므로 여자는 식상이 태왕하거나 많은 것을 가장 꺼린다. 혹은 남편에게 성적인 불만이 있다.

◎ 식상이 왕하거나 많더라도 인수 역시 왕하거나, 재성이 있어 식상의 기운을 빼내고, 재성은 식상의 生을 받아 다시 관성을 生해주면 위와 같은 작용을 하지 않거나 감소된다.

◎ 식상은 재를 生하므로 적당히 왕하면 도리어 좋다. 고로 재성이 미약한 四柱에 식상이 없거나 있더라도 인성의 극을 받아 아주 미약하면 사업의 발전이 없고, 아내 덕도 없고 빈궁하다.

◎ 식신은 좀 왕해도 좋지만 상관은 (재나 인수가 없이) 왕해서는 안된다.

◎ 식상생재격(食傷生財格)은 사업가로 가장 이상적인데 특히 식생활에 관계되는 사업으로 성공한다.(五行으로 사업의 종류를 추리하는 수도 있다)

◎ 여자는 月支에 상관이 있음을 꺼리는데 인성(印星)이 왕하면 무해하다.

◎ 여자는 식상이 태왕해도 四柱 中에 官星이 없으면 남편을 克하지 않는다.

• 식신, 상관을 대인관계로 따지면 아래와 같다.

식신(食神) { 남자=손자, 손녀, 장모 혹은 자녀
            여자=딸 또는 자녀

상관(傷官) { 남자=조모(祖母), 외조부(外祖父)
            여자=아들 또는 자녀, 조모, 외조부

• 남자의 경우 식신을 손자·장모로 보는 것은 나의 아내는 財(正財)요, 정재가 낳은 것은 관성이니 편관이 아내의 자식이며 나의 자식이다. 손자녀는 자식의 자식이라, 즉 편관의 편관은 바로 식신이 되어서고, 정재인 아내의 어머니가 식신이므로 나에게는 장모가 된다.

상관을 조모로 보는 것은 나를 生한 자 정인(正印)이 어머니요, 어머니인 인수의 정관(正官)은 편재로 어머니의 남편이며, 나에게는 아버지다. 아버지의 아버지, 즉 편재(偏財)의 편재는 또 인수이고 나의 조부가 되고, 조부의 아내는 인수의 정재, 즉 식신이요, 나의 할머니가 된다. 외조부는 어머니(인수)의 부친(인수의 편재)이 식신이 되어서다.

여자의 경우 식신, 상관이 子女가 되는 것은 내가(日干) 직접 生한 자니 당연하고, 조모, 외조부가 되는 원리는 남자와 마찬가지다.

③ 재성(財星)

재성(財星)은 처재(妻財)라고도 하는데 日干이 克하는(日干의 克을 받는) 자, 재(財)라 하지만 日干과의 음양이 같으냐 다르냐에 따라 편(偏)과 정(正)으로 명칭이 구분된다. 즉 四柱 가운데 日干이 克하는 干支로 日干과 음양이 같으면 편재(偏財)라 하고, 日干이 克하는 干支로 日干과 음양이 다르면 정재(正財)라 한다.

正은 정식적인 것, 偏은 정식에 못미치거나, 치우친다(편파적)는 뜻인데 음양의 조화(調和)는 陰과 陰이거나 陽과

陽, 이렇게 같은 음끼리 만난 것을 음양이 조화되지 못한 상이라 하고, 陰과 陽이 만난 것을 음양이 조화된 것이라 한다.

그러므로 같은 음끼리와 양끼리는 음음, 양양으로 치우쳤으니 당연히 편(偏)이 되고, 음과 양, 양과 음은 음양배합을 이루었으므로 정(正)으로 명칭한 것이지만 이 偏正의 차이도 五行의 生克에 미치는 작용에는 큰 차이가 없고 정(情)이 그러하다는 것뿐이다.

이하 관살(官殺) 및 인성(印星)의 편정(偏正) 구분의 의의도 이 재성의 예와 같다.

日干	甲	乙	丙	丁	戊	己	庚	辛	壬	癸
편재(偏財)	戊·辰戌	己·丑未	庚·申	辛·酉	壬·亥	癸·子	甲·寅	乙·卯	丙·巳	丁·午
정재(正財)	己·丑未	戊·辰戌	辛·酉	庚·申	癸·子	壬·亥	乙·卯	甲·寅	丁·午	丙·巳

• 財星의 육친과의 生克관계＝財星(편재·정재)은 식상의 生을 받고 관살을 生해주며, 日干과 비겁의 克을 받고 인성(印星)을 克한다.

• 편재는 비공식적인 것, 즉 재물로는 횡재, 폭리, 뜻밖의 재물, 유동적(流動的)인 재물, 자수성가로 모인 재산, 혹은 정당한 방법이 아닌 것으로 번 돈 등으로 보고, 정재는 상속받은 재산, 직장에서 받는 봉급, 정당한 방법에 의해 번 돈, 고정적인 수입, 튼튼한 생활 및 사업기반 등으로 본다. 그러므로 상속재산이 없이 자수성가하는 입장이라면 정재보

다 편재가 있어 왕한 것이 좋다.
 반면에 정재는 안정성이 있는 재물이지만 편재는 벌기도 잘하고 없애기도(실패수도 내포) 잘하므로 재산관리가 어렵고 지출이 많아 저축성이 정재만 못하다. 어쨌건 인간의 심리는 정재보다 편재에 매력과 쾌감을 느낀다.
 • 정재는 정식 결혼한 아내로 보고, 편재는 비공식적인 아내니 첩, 애인, 정부(情婦) 등 외도(外道)가 있게 되고 따라서 여자 때문에 수난을 당하는 수도 있고, 사치 낭비벽이 있고 풍류적이다. 그러나 정재도 너무 많으면 편재의 작용을 해서 여색을 탐함으로써 많은 재물을 없앤다.
 • 정재가 있고 空亡이나 克害(비겁이 많지 않은 것)되지 않으면 처덕과 재운이 좋다.
 • 신왕(身旺)하고 편재로 왕하면 사업가(실업가)로 성공해서 명성을 떨친다.
 • 月柱의 정재는 애당초 사업·생활기반이 튼튼한 사람이다.
 • 편재건, 정재건 干에 있는 것보다 支에 있는 게 좋고 干에도 있고 支에도 있으면 대길하다.
 • 四柱에 재고(財庫-甲乙日은 辰戌丑未, 丙丁日은 丑, 戊己日은 辰, 庚辛日은 未, 壬癸日은 戌)가 있고 空亡 및 刑, 沖, 破나 絶, 死를 만나지 않으면 일생 돈 떨어지는 때가 없다.
 • 比劫이 왕하고 財가 干에만 있으면 사기, 도난, 실패 등으로 재물을 없애고 들어오자 나간다.

• 財는 空亡되지 않아야 한다.

◎ 정재 편재를 막론하고 너무 많으면 다음과 같은 운이 작용된다.

• 모친을 일찍 사별하거나, 모친이 항시 병중에 있거나 처첩이나 여자, 재물관계로 모친에 불효하거나 아내가 모친을 학대한다.

• 아내가 어머니에게 구박이 심하다.(인수는 모친이 되므로 재가 많아 왕하면 그 財는 모친인 인수를 克하기 때문이다. 또 재는 아내요, 인성은 모친이니 재가 인수를 극하므로 아내가 어머니를 괴롭히는 상이다. 다음 여자가 시어머니의 시집살이 구박이 심한 것은 육친관계상 관성은 남편이요, 관성을 生하는 자 재성이라, 재가 시어머니다. 재왕이 너무 많아 태왕이면 시어머니의 극성이 심한 상인데 직접 구박한다기보다는 남편(관성)에 고자질하여 남편으로 하여금 나를 괴롭히도록 한다고 보아야 된다)

• 정편재가 많으면 남의 양자로 가거나 어머니를 따라가 의부를 섬길 수도 있다.(편재는 부친이니 편재가 많다는 것은 부친이 두분 이상이라는 의미가 있기 때문이다)

• 재성이 태왕하거나 너무 많은 경우 신약(日干이 미약)하면 공처가가 된다.

• 재성이 미약하지 않더라도 식상이 있어야 돈줄이 끊기지 않는다.

• 身弱에 財만 많고 종재(從財)도 안되는 四柱는 세상만사 그림의 떡이라 도리어 빈궁하다.
• 신약해서 인수로 用하는 사주에 재운을 만나면 탐재괴인(貪財壞印)이라 여자 때문에 패가망신하거나 돈에 욕심을 부리다가 도리어 크게 손재하거나, 뇌물을 먹거나, 사기죄로 형을 받거나 여자나 돈 때문에 명예를 손상당한다.
• 정재가 도화(桃花)를 겸하면 아내가 바람피운다.
• 재성이 공망되면 재운도 없고 처덕도 없다.
• 여자는 관성이 미약하여도 財가 왕하면(財滋弱殺) 그 남편이 발달한다. 반대로 식상만 왕하고 재성이 없으면 남편의 운이 막혀 되는 일이 없거나, 남편을 사별하거나, 무능하거나 항시 병으로 고생한다.
• 여자로서 재성도 많고, 인수도 많으면 음천한 상이니 창녀, 화류계, 식모 등의 운이다.

편재(偏財)	남자=부친, 첩, 처의 형제자매, 여자, 애인, 정부(情婦), 비공식적인 아내 여자=부친, 시어머니
정재(正財)	남자=아내, 백숙부, 의부·양부 여자=백숙부, 시서모

남자의 경우 재성이 처첩이요, 애인 여자라 정(正)이 당연 아내요, 편(偏)은 아내뻘이 되는지라 첩 여자 애인이요, 아내와 항렬이 같은 자 아내의 동기간이다. 남녀 공히 백숙부나 의부·양부가 되는 것은 정재요, 편재는 친 부친인데 인수,

어머니의 남편 되는 것(인수의 정관)이 편재요, 어머니의 남편은 곧 나의 부친이다. 그리고 정재는 편재가 부친으로 보니 친 부친이 아닌 아버지뻘이라서 의부나 양부에 해당한다.

여자도 아버지는 남자와 마찬가지이고 단 편재를 시어머니로 보는 것은 정관(正官)이 남편이라 정관의 인수요, 정관을 生한 자 편재라, 남편의 어머니는 곧 나(여자의 입장)의 시어머니가 된다. 따라서 정재는 역시 시어머니뻘이면서 진짜가 아니므로 시서모가 되는 것이다.

④ **관살**(官殺)

관살은 그냥 관성(官星)이라고도 하는데 관살이란 정관(正官)과 칠살(七殺)의 합칭이고, 관성이란 정관과 편관(偏官)을 합해서 약칭한 술어다. 이 관성, 즉 관살은 日干을 克하는 자로서 日干과 음양이 같은 干支를 편관(偏官) 또는 칠살(七殺)이라 하고, 日干을 克하는 자로 日干과 음양이 다른 干支를 정관(正官)이라 한다.

日干	甲	乙	丙	丁	戊	己	庚	辛	壬	癸
정관(正官)	辛·酉	庚·申	癸·子	壬·亥	乙·卯	甲·寅	丁·午	丙·巳	己·丑未	戊·辰戌
편관(偏官)	庚·申	辛·酉	壬·亥	癸·子	甲·寅	乙·卯	丙·巳	丁·午	戊·辰戌	己·丑未

◎ 육친(六親)과의 生克관계=관살은 日干을 克하고, 식상(食傷)의 克을 받으며, 財의 生을 받고 인성(印星)을 生해준다.

◎ 自己(日干)의 우위에 있어 구속력을 행사하거나, 자기를 괴롭히려면(自身이 지배받거나 괴롭게 구는 것) 당연히 자기(日干)를 이길 수 있는 자라야 하니, 자기를 이길 수 있는 자는 무엇이겠는가. 즉 日干을 克하는 五行이다. 자기에게 구속력을 행사할 수 있는 것은 국가요, 국법이요, 직장 및 직장의 상관이요, 자기를 괴롭히는 자는 질병, 재앙, 잡귀, 흉액이다. 그래서 자기를 克하는 자가 官殺이 되는 것이다.

그런데 自己를 克하여 지배함에도 도리어 구속이 나에게는 유리한 것이 있고, 불리한 것의 구분이 있으니 유리한 것은 정관(正官)이고 불리한 것은 편관(偏官)이다. 편관을 칠살(七殺)이라 한다.

음양의 성격상 生이나 克에 있어 같은 生이라도 정(情)이 음양이 같은 것끼리보다는 다른 것에 더 가고, 같은 克이라도 정(情)이 음양이 같으면 아껴주고, 이익을 주고 사정을 보아주며 克하지만 같은 음양끼리는 인정사정 볼 것 없이 무자비하게 克해서 말살시키려 하므로 日干을 克해도 음양이 다르면 정관(正官)이 되어 국가, 직장, 상관, 나를 선의로 다스리는 국법에 해당하는 것이지만 음양이 다르면 나에게 나쁜 일만 주는 칠살(七殺)이 된다.

◎ 정관이나 편관이나 관(官)이라는 뜻이 있어 다같이 벼슬·직업으로 보는데 정관은 공식적인 관직(시험에 의해 합격된)으로 보고, 편관은 비공식적인 관직(시험에 의한 자격

증이 없이 돈으로 관직을 사거나, 윗사람의 특채, 소개에 의한 관직 등)으로 본다. 그러므로 四柱의 구성(格)이 길한 경우 정관이 있으면 아랫자리에서 서서히 안전성있게 진급되고, 편관이 있으면 벼락출세, 즉 권모술수에 의해 출세하는 것으로 본다.

◎ 그러나 이상은 정·편관의 정(情)이 그렇다는 것이지 반드시 그런 것은 아니다. 정관 편관은 五行生克 관계상 日干(나)을 克하는 것은 마찬가지로 정관도 너무 많으면 칠살(七殺)로 化하여 나(日干)를 괴롭히고, 칠살도 희신(喜神) 노릇을 하면 정관보다 더 유익하게 여기는 것이므로 가장 중요한 것은 정·편의 구분이 아니라 四柱 구성이 어떻게 되었느냐에 따라 정·편관의 희기(喜忌)가 정해진다는 점을 알아야 한다.

- 정관의 특성＝신사적, 합리적, 준법정신, 체계적, 양심적, 공식적인 관직, 정당성
- 편관의 특성＝혁명적, 횡적 출세, 투쟁, 목적을 위해서는 사소한 것 불사, 비공식적

◎ 정관이나 편관은 干과 支 각각 하나씩만 있으면 귀한 사주다.

◎ 정관, 편관이 많으면 아래와 같은 운이 작용된다.

- 정관도 있고 편관도 있으면 이중관직, 즉 두 가지 직업을 가지는 수가 있다.
- 정관, 편관이 혼합되어 있으면 남자는 두 여자의 몸에 자식을 두고, 여자는 두 남자 이상을 섬길 운이라 한다.(남

자는 편관이 아내의 자식, 정관이 첩의 자식으로 보고, 여자는 정관을 정식결혼한 남편, 편관을 재혼한 남편, 혼인 이외의 남편으로 보기 때문이다. 그래서 여자는 사주에 관살혼잡을 가장 꺼린다)

• 여자는 관살(官殺)이 많으면 여러번 시집가거나 화류계 팔자(八字)다.(그것은 여자는 관살을 모두 자기와 인연있는 남자로 보기 때문이다)

• 관살이 미약한 중 식상(食傷)이 태왕하면 남자는 관운과 자식운이 나쁘고, 여자는 과부가 되거나 남편이 무능력하거나, 능력이 있더라도 운이 막혀 되는 일이 없다. 이러한 여자는 남편없이 혼자 살 경우 의식의 구애는 받지 않는다. (식상이 왕하면 미약한 관살은 식상의 克을 받아 맥을 못춘다. 때문에 위와 같은 운이 작용되는데 남자는 관살을 관직, 자식으로 보고, 여자는 남편으로 보기 때문이다)

편관(偏官) { 남자=정식 결혼한 아내에게서 난 아들 또는 자녀(그러나 친 子女로 보면 된다)
여자=비공식적인 남편, 재혼한 남편, 정부(情夫), 자기와 관계있는 남자, 며느리

정관(正官) { 남자=딸 또는 서자, 조카, 의자(義子) (그러나 그냥 子女로 보면 된다)
여자=정식 남편, 재혼이라도 정식 결혼한 남편(많으면 정부), 며느리

• 남자의 경우 정관으로 딸, 서자, 조카, 의자로 삼고, 편

관으로 아들, 정식 子女로 삼는 것은 아들은 性이 같고 딸은 性이 다른 때문이며, 또 자식은 자신의 몸에서 직접 生한 게 아니라 간접적으로 처첩이나 기타 관계한 여자가 生한 자를 子女로 삼는 원칙이므로, 자기(日干)의 정식 아내는 정재요, 비공식 아내는 편재다. 자식의 입장에서는 편관의 친어머니는 정재이고, 정관의 친어머니는 편재가 되므로 나에게는 편관이 공식 子女이고, 정관이 비공식 子女이지만 꼭 그런 것은 아니니 정·편관을 막론하고 그냥 자녀로 보면 된다.(음양으로 아들, 딸 구분하는 게 더 합리적이다)

• 여자의 경우 자기(日干)를 克하는 자(지배하는 자) 남편뻘이 된다는 원칙에 따라 관성(정·편관)이 남편인데, 정(正)이란 의미가 있어 正官이 공식적인 남편이 되고, 편관(偏官)은 비공식적인 남편, 즉 재혼한 남성, 기타 몸을 준 남자로 본다. 그리고 관성을 며느리로 보는 것은 며느리는 자식의 아내라 여자는 식상이 자식이므로 식상의 아내(식상이 克하는 자)가 정관 편관이 되는 까닭이다.

⑤ 인성(印星)

인성은 정인(正印)·편인(偏印)의 합칭이다. 혹은 합칭하여 인수(印綬)라고도 하는데 필자는 인수를 정인(正印)만 칭하고 정·편인의 합칭을 그냥 인성(印星)으로 하고 싶다. 즉 인성(정인·편인)은 나(日干)를 生해주는 干支니 日干과 음양이 같은 것을 편인(偏印)이라 하고, 日干과 음양이 다른 것은 정인(正印)이라 한다.

日干	甲	乙	丙	丁	戊	己	庚	辛	壬	癸
편인(偏印)	壬·亥	癸·子	甲·寅	乙·卯	丙·巳	丁·午	戊·辰戌	己·丑未	庚·申	辛·酉
정인(正印)	癸·子	壬·亥	乙·卯	甲·寅	丁·午	丙·巳	己·丑未	戊·辰戌	辛·酉	壬·亥

◎ 육친(六親)과의 生克관계=인성은 日干과 비겁(比劫)을 生하고, 관살의 生을 받으며, 식상을 克하고 재성(財星)을 克한다.

◎ 정인(正印)으로 인수(印綬)를 삼고, 편인으로 도식(倒食)·효신살(梟神殺)의 흉성(凶星)으로 삼는 것은 정인은 日干을 진심으로 生해주는 친어머니요(음양이 다르므로 偏이 되는 까닭) 한편 식신을 克하지만 식신의 정관격이 되어 적당히(견딜 수 있게) 극하므로 吉星이 되고, 편인은 日干과 음양이 같아(음양 조화가 안되어) 日干을 生해주는 모친격이 되어도 마지못해(가면으로) 생해준다는 의미가 있고, 한편 나의 식신, 즉 수복지신(壽福之神-식상에서 설명한 바 있음)의 칠살(七殺)이 되어 식신을 무자비하게 克하므로 나의 수복을 손상시킨다 해서 붙여진 이름이다. 그러나 이것도 정(情)관계이지 실질상의 生克에 미치는 영향력은 꼭 정인이 좋고 편인이 바쁘다는 단정을 내려서는 안된다.

- 편인의 특성=편벽성, 변태적, 꽁한 마음, 훼방, 비뚤어진 사고방식
- 정인의 특성=신사, 군자풍, 명예존중 자비심, 학자풍, 종교적, 도덕적, 신의

◎ 사주에 편인격을 놓거나 편인이 용신(用神)되거나 편인이 왕하면 의사, 학자, 예술가, 이발사, 특별한 지식 기술(세무사, 계리사, 화가, 서예가, 디자이너, 발명가, 연구가 등)에 의한 직업 등 편업(혼자 가진 직업)에 종사하게 되고, 그래야만 성공한다.

◎ 年이나 月에 인수(정인)가 있어 타에 손상(형·충·극·공망·절)되지 않으면 부모덕이 있고 성격도 온후 단정 원만하며 신사적, 군자풍이 있어 남의 존경을 받게 되며, 명예가 높고 학자, 교육자 등 고상한 직업으로 생애한다.

◎ 사주에 편인·정인이 많으면?

• 어머니가 많은 상이다.(편인은 서모·계모로 보고, 正印은 生母로 보는데 정인이 生母라 하지만 정인도 많으면 生母가 둘이 될 수 없듯이 生母 외로 어머니가 있다는 상이다.)

• 편인이 너무 많거나 太旺하면 남녀를 막론하고 박복하고, 여자는 자식의 실패가 있거나 자식이 있어도 병약하거나 창달하지 못한다.(편인은 倒食이라 밥그릇을 엎는다는 의미의 흉신인데 까닭은 財를 生하여 財의 근원 기반이요, 보급로격인 食神을 克하기 때문에 박복한 것이고, 여자는 식상이 자식인 바 자식되는 식상을 편인이 克하는 까닭이다)

• 편인뿐 아니라 인수(정인)도 너무 太旺하거나 많으면 위 편인과 똑같은 작용을 하되 식상을 克하는 강도가 편인보다는 약간 덜한 감이 있는 정도다.

◎ 사주에 편인 정인이 많으면 안하무인(眼下無人)이어서 버릇이 없다.(까닭은 편·정인은 부모, 특히 어머니라 편·정인이 日干을 심히 生해주니 어머니가 자식을 지나치게 귀해주어 뜻만 받아준 상이 되어서다)

◎ 편인이나 정인이 있어 미약하고, 관살이 없으며, 재성이 太旺하거나 많으면 아내가 나의 부모를 구박하는 상이요, 또 아내로 인해 불효자가 된다.

- 편인(偏印) { 남자=서모·계모·이모·조부
             여자=서모·계모·이모·조부·손자녀

- 정인(正印) { 남자=친어머니·종조부
             여자=친어머니·증조부·손자

· 나를 生하는 자 生母라, 내가 되는 日干을 生하는 자는 인성(印星)인데 진정(眞正) 生한 자는 정인(正印)이므로 정인(인수)이 친어머니다. 고로 비진정으로 生하는 자 편인이라, 당연히 친어머니가 아닌 어머니뻘, 즉 서모·계모·이모가 되는 것이다.

또 여자는 인성을 손자녀로 보는 것은 식신이 아들이라, 식신인 아들의 아들은 식신의 정관 편관이라 인성이 바로 정관 편관격이 되는 까닭이다.

[참고]

◎ 육친간의 生克에 의한 관계를 다시 간단히 줄여 설명해 본다.

• 비겁이 너무 많으면 버릇이 없고, 곤궁하며, 부친이나 처첩을 극한다.(식상이 없거나 미약)

• 식상이 너무 많으면 남자는 관운 자식운이 나쁘고, 여자는 남편을 극한다.(재가 없거나 미약)

• 재가 너무 많으면 어머니가 일찍 죽거나 아내의 학대를 받는다.(관살이 없거나 미약)

• 관살이 너무 많으면 몸이 허약하고 형제자매가 없이 고독하다.(인성이 없거나 미약)

• 인성이 너무 많으면 버릇이 없고 곤궁한데 여자는 자식 두기가 어렵다.

• 여자는 日主가 미약하고 식상이 태왕하면 제왕절개 수술해야 애를 낳는다.

용신법과 격국

1. 용신에 대한 상식

(1) 용신의 의의

四柱, 즉 각 개인의 生年月日時는 체(體)요, 그 구성된 체를 유리하도록 역할을 담당한 것이 용(用), 또는 용신(用神)이라 한다. 四柱는 生年, 生月, 生日, 生時가 각각 다르게 태어나 엄밀히 구분한다면 51만 8천4백 종류가 되므로 이를 각각 풀이할 수 없는 것이므로 격(格)과 용신을 정해서 빈부귀천과 행운(行運)의 길흉화복을 추리하는 것이다. 用神은 四柱의 주인공인 日主를 돕고 보호하기 위한 것이다.

용신은 위에 말했듯이 사주, 즉 그 사람의 운명을 유리하게 도와주는 자[五行・六親]로 용신이 유력(有力)하면 발달하고 용신이 무력(無力)하면 발달을 못한다. 그런데 사주상 필요로 하는 용신은 사주 자체에 이미 유력해져 있는 경우도 있고 무력한 경우도 있는바 유력한 용신도 운에서 극을 받으면 그 운에 곤액을 낭하고 무력한 용신도 운의 생조(生助)를 받으면 일약 발달한다.

가령 甲이라는 사람이 乙이라는 사람의 도움만을 의지하고 살아간다면 甲의 행불행은 오직 乙에게 매어 있는바 乙이 능력(재력, 권력 등)이 있으면 甲은 자연 혜택을 받게 되지만 乙이 만일 권세를 잃거나 빈궁해지거나 병들게 되면 甲은 乙의 도움을 받을 수 없어 불행해지는 것과 같다. 이 경우 甲은 체(體-四柱)요, 乙은 용(用)이 된다.

그런데 문제는 과연 四柱 가운데 어떠한 五行이나 육친이 그 四柱를 유리하게 도와주는 자인가를 알아내는 일이다. 즉 무엇이 용신인가를 가리는 것이 가장 어렵다. 고로 용신을 바르게 정할 줄만 알면 四柱學은 거의 터득했다 해도 과언은 아니다. 용신뿐 아니라 육친의 상태, 신살, 형충파해 등 단식판단하는 기준도 실력에 따라 판단기준이 상당히 다르지만 특히 용신은 사람사람이 다르게 주장하는 경우가 많은 것은 그만큼 용신 정하기가 어렵기 때문이다.

용신의 이해를 위해 한 가지 예를 든다면 가령 사주에 官殺이 많거나 太旺하고 日主가 月의 生扶를 못 얻으면 日主는 官殺의 극을 받아 자연 신약(身弱-日主가 쇠약한 것)해져 견딜 수가 없다. 이 경우 인수(印綬-정인·편인)가 사주 가운데 있으면 인수가 용신이다.

인수는 官殺의 生을 받아(官殺 입장으로는 日主를 克하기에 앞서 인수부터 生한다. 이를 貪生忘克이라 한다) 日主

를 生하므로 미약한 일주는 오직 인수에 의지하여 안정이 유지되므로 만약 인수가 克을 받아 맥을 못추는 운이 오면 불행이 이른다.

기타는 아래 용신법에서 이해하기 바라며 이상에서는 용신이 무엇이며 용신의 필요성만 논한 것이다.

(2) 용신의 종류

용신 정하는 법칙은 四柱가 구성된 상황에 따라 수없이 많지만 용신 정하는 형태상의 구분은 오직 다섯가지뿐이다. 첫째는 억부용신(抑扶用神)이요, 둘째는 종(從)이요, 셋째는 병약용신(病藥用神)이요, 넷째는 통관용신(通關用神)이요, 다섯째는 조후용신(調候用神)이다.

○ 억부(抑扶)

抑은 억제, 扶는 生助의 뜻이다. 四柱 구성을 보아 너무 旺(강한 것)해 있는 것을 克制하거나 설기(泄氣)해서 그 힘을 弱化시키고, 힘이 모자란 자를 生助하여 그 힘을 강하게 하여 사주상 강약의 균형을 잡히도록 하는 용신법이다(가장 이상적인 四柱는 五行의 세력이 균등하게 조화된 것이다 ― 글에 太過者는 損之斯成이요, 不及者는 益之則利라 [너무 왕한 것은 그 힘을 덜어야 성공하고, 힘이 모자란 것은 도와주어야 유익하다] 함이 이에 해당한다).

○ 종(從)

從이란 복종·굴복한다는 뜻이다. 웬만큼 강하면 억제함

이 좋고 웬만큼 약하면 도와주어야 되지만 그 세력이 너무 강해서 도저히 대항할 수 없을 때 섣불리 대항하려다 화를 당하느니 차라리 그 세력에 항복하여 복종하면 좋은 것과 같이 사주 가운데 어떤 五行이 판치고 있으면 그를 대항하지 않고 굴복하는 용신법이다.

또 한가지 종(從)하게 되는 경우가 있는데 日主가 몹시 약해서 도저히 존립(存立)하기 어려운 상황일 때 사주 가운데 가장 유력한 세력에 종(從-항복하여 그를 섬김)하는 용신법이니 종하는 형태는 좀 달라도 종의 의의는 같다.

○ **병약**(病弱)

四柱는 格을 정하고 용신을 정해야 하는데 아깝게도 길격(吉格)을 구성하거나 용신을 정하는 데 방해하는 자가 있으면 이 방해하는 자를 병(病)이라 하고 방해하는 자를 제거[克]하는 자를 약(藥)이라 하여 이 경우 약이 용신이다. 비유하건대 사람은 부귀·출세를 위해 노력하는 것이지만 몸에 병이 들면 다른 일은 제쳐놓고 병부터 고치기 위해 약을 쓰는 이치와 같다.

또 이 병(病)은 병통 결점과 같으니 매사에 병통이 생기거나 결함이 있으면 가장 시급한 것이 병통을 고치고 결함을 보충하는 일이기 때문이다. 吉格을 이루는 데 방해하는 자를 「四柱의 病」이라 하고, 用神을 정하는 데 방해하는 자를 「用神의 病」이라 하며, 病을 克하는 자 약신(藥神)이다.

ㅇ **통관**(通關)

　국가·사회·가정을 막론하고 치열한 싸움이 벌어지고 있으면 큰일이므로 만사 폐지하고 싸움부터 말려야 한다. 사주 가운데서 相克관계 되는 두 가지 五行의 세력이 비등하게 강해져 있으면 사주 자체에서 전쟁이 붙은 셈이다. 이래가지고는 되는 일이 없으니 이 싸움을 말려야 하므로 싸움 말리는 일을 담당한 자가 용신이다.

　예를 들어 金木의 세력이 판을 치고 비등하면 金木은 相克관계라, 싸우고 있는 형상이니 이 경우 水가 있으면 金木 相克관계를 水가 相生관계로 조절할 수 있다. 즉 金生水 水生木이라, 水는 金을 달래어(生을 받아) 木과 화해(水生木)시켜주므로 水가 용신이요, 金木의 막힌 관계를 水로 소통시킨다 해서 水를 통관용신(通關用神)이라 한다. 같은 이치로 木土 싸움에 火가 용신이요, 土水 싸움에 金이 용신이요, 水火 싸움에 木이 용신이요, 火金 싸움에 土가 용신이다.

　사주 가운데 통관시켜주는 용신이 없으면 不吉인데 운에서 만나면 그 운에 발복한다.

ㅇ **조후**(調候)

　어떤 四柱를 보면 전부 혹은 대부분이 木火로만 되어 있는 수가 있고 金水로만 되어 있는 경우가 있다. 木火는 난조(暖燥-덥고 메마름)하고 金水는 한습(寒濕-춥고 축축함)한 바 日氣가 너무 가물거나 너무 장마지고 추우면 오곡 만물이 자라지 못하는 것같이 四柱가 木火로만 구성되면 난조하여 못쓰고 金水로만 구성되면 한랭하고 습해서 못쓴다.

난조하면 金水를 用하여 축여주어야 하니 金水가 용신이요, 한랭하면 木火로 데워주어야 하니 木火가 용신이다. 고로 이를 조후용신(調候用神-四柱의 온도와 습도를 조절하는 용신)이라 한다.

[참고] 天干 甲乙丙丁戊는 暖燥하고 己庚辛壬癸는 冷濕하며 地支 寅卯巳午未戌은 燥暖하고 子丑辰申酉亥는 冷濕하다.

2. 용신 정하는 법

(1) 억부법(抑扶法)

억부법은 太旺한 자를 克制 泄氣의 수단으로 힘을 빼고 미약한 자를 生扶하여 도와주는 용신법이다. 그런데 旺이나 弱를 알려면 먼저 다음의 상식부터 알아야 한다.

① 오행의 왕쇠

• 木은 寅卯月에 가장 旺하고 亥子月은 그 다음이며, 申酉月에 가장 약해지고 巳午未戌月이 다음이다.

• 火는 巳午月에 가장 旺하고 寅卯月이 그 다음이며 亥子丑月에 가장 약해지고 辰戌申酉月이 그 다음이다.

• 土는 辰戌丑未月에 가장 旺하고 巳午月이 다음이며 寅卯月에 가장 약해지고 申酉亥子月이 그 다음이다.

• 金은 申酉戌月에 가장 旺하고 巳午月에 가장 약하며 亥子月에 다음으로 약하다. 辰戌未月은 五行上 生은 받으나 별로 旺이라 할 수 없는 것은 辰은 木분야요, 未는 火분야이기 때문이다.

• 水는 亥子月에 가장 旺하고 申酉月이 그 다음이며 辰未戌月에 가장 약해지고 丑寅卯巳午月이 다음이다.

구 분	旺◎	相○	死●	休▲	囚▲
甲乙木	寅卯月	亥子月	申酉月	巳午月	辰戌丑未月
丙丁火	巳午月	寅卯月	亥子月	辰戌丑未月	申酉月
戊己土	辰戌丑未月	巳午月	寅卯月	申酉月	亥子月
庚辛金	申酉月	辰戌丑未月	巳午月	亥子月	寅卯月
壬癸水	亥子月	申酉月	辰戌丑未月	寅卯月	巳午月

旺◎과 相○은 그 힘을 얻어 강성한 것이고 死●는 가장 미약하며 休▲와 囚▲는 그 다음이다.

旺은 比和月, 相은 生을 받는 달, 死는 克을 받는 달, 休는 生해주어 泄氣되는 달, 囚는 克하느라 힘이 빠지는 달이다(이상은 오로지 地支 五行上 生克比和만을 따진 것이나 다음을 알아야 한다).

o **진술축미(辰戌丑未)에 대하여**
• 辰土-3月의 春節이니 木분야의 土요, 申이나 子를 만

나면 水로 化한다.(水를 저장한 土다)
- 未土-6月의 夏節이니 火분야의 土요, 亥나 卯를 만나면 木으로 化한다.(木을 저장한 土다)
- 戌土-9月의 秋節이니 金분야의 土요, 寅이나 午를 만나면 火로 化한다.(火를 저장한 土다)
- 丑土-12月의 冬節이니 水분야의 土요, 巳나 酉를 만나면 金으로 化한다.(金을 저장한 土다)

그러므로 木이 辰月을 만나면 囚라 하나 春木氣가 있어 미약이 아니며 丑月도 囚보다 生받는 의미가 있고, 未月에도 亥나 卯를 만나면 미약이 아니다.

火는 未月에 泄氣라 하나 오히려 旺한 상태요, 辰月에도 은근히 春木의 生이 있어 크게 약화되지 않고, 戌月에도 寅이나 午를 만나면 미약이 아니다.

土는 辰戌丑未 四季月이 旺이다. 그러나 辰月土는 은근히 木氣의 압력이 있고 丑土는 水가 엉킨 凍土라 크게 旺이 못되니 未月과 戌月만이 太旺이다.

金은 辰月의 木氣가 섞여 완전한 生이 못되고 未月은 火분야의 土라 生과 克이 반반이며, 巳月은 火克金이라 심히 미약할 것 같으나 巳中庚金에 長生宮이 되어 그다지 약화되지 않는다.

水는 辰戌丑未 土에 克을 받아 死하나 丑月은 水旺節의 土라, 강도 약도 아니되며 辰月은 土克水라, 水가 死하나 水가 저장된 土로 四柱 가운데 申이나 子를 만나면 도리어

旺해진다. 그러므로

- 木은 亥子丑 寅卯辰月이 旺相이요, 巳午未 申酉戌月이 休囚다.(未月에 亥卯가 있으면 弱이 아님)
- 火는 寅卯辰 巳午未月이 旺相이요, 申酉戌 亥子丑月이 休囚다.(戌月에 午戌이 있으면 弱이 아님)
- 土는 巳午未戌月이 旺相이요, 寅卯申酉亥子月이 休囚다.
- 金은 申酉戌丑月이 旺이요, 寅卯巳午亥子月이 休囚다.(酉丑이 있으면 강해진다)
- 水는 申酉亥子月이 旺相이요, 丑月은 왕도 약도 아니며 寅卯辰巳午未戌月이 休囚다.(辰月에 申子를 만나면 弱이 아님)

○ 오행이 왕(旺)해지는 조건
- 五行이 方局을 이루면 그 세력이 가장 강해진다.

方	寅卯辰全 – 木方全이다.(寅卯・卯辰・寅辰은 木半方이다)	方이 全이면 太强하고 半方을 이루어도 强한 데 속한다
	巳午未全 – 火方全이다.(巳午・午未・巳未는 火半方이다)	
	申酉戌全 – 金方全이다.(申酉・酉戌・申戌은 金半方이다)	
	亥子丑全 – 水方全이다.(亥子・子丑・亥丑은 水半方이다)	

局 ⎧ 巳酉丑全 – 金局全이다.(巳酉·
      酉丑·巳丑은 金半合이다)
      亥卯未全 – 木局全이다.(亥卯·
      卯未·亥未는 木半合이다)   局이 全이면 그
      申子辰全 – 水局全이다.(申子·   세력이 太强하고
      子辰·申辰은 水半合이다)   半局을 이루어도
      寅午戌全 – 火局全이다.(寅午·   强한 데 속한다
      午戌·寅戌은 火半合이다)

 이상과 같은 方이나 局을 온전히 갖추면 하나의 黨이 형성되어 사주 구성 여하를 막론하고 方이나 局全을 이룬 五行의 氣가 가장 旺할 것은 분명하다.
　• 五行이 得令하면 득령된 五行을 강한 자(일단)로 본다. 득령은 다음과 같다.

　　甲乙木이 寅卯月(辰月은 準得令) – 亥子月도 失令이 아니며 旺이며 그 外 月은 失令이라 한다.
　　丙丁火가 巳午月(未月은 準得令) – 寅卯月도 失令이 아니니 旺이며 그 外 月은 失令이라 한다.
　　戊己土가 辰戌丑未月 – 巳午月도 失令이 아니니 旺이며 그 外 月은 失令이라 한다.
　　庚辛金이 申酉月(戌月은 準得令) – 辰戌丑未月도 旺이며 (失令이 아님) 그 外 月은 失令이라 한다.
　　壬癸水가 亥子月(丑月은 水가 丑土의 克을 받으므로 왕

도 약도 아님) - 申酉月도 失令이 아니니 旺이며 그 外 月은 失令이라 한다.

• 이하는 모두 五行의 힘이 튼튼한 것에 해당한다.

득령(得令) - 月令을 얻은 것(例 甲乙木이 寅卯月, 丙丁火가 巳午月 - 위에 설명이 있음)

녹근(祿根) - 天干이 支에 건록(建祿)을 놓은 것(甲寅, 乙卯, 庚申, 辛酉의 예 - 이를 得地라 한다)

착근(着根) - 天干이 支에 同一한 五行을 놓은 것으로 근(根)이라고도 한다.(丙午, 丁巳, 戊辰, 戊戌, 己丑, 己未, 壬子, 癸亥의 예)

통근(通根) - 天干이 地支暗藏(지징암장)에 同一한 五行을 놓은 것(丙寅, 丁未, 己巳, 庚戌, 壬申, 乙亥, 乙未, 辛丑, 甲辰 등의 예)

근(根) - 天干이 他柱의 支에 같은 五行을 만난 것(예 甲乙木이 타에 寅卯를 만난 것, 丙丁火가 타에 巳午를 만난 것, 戊己土가 타에 辰戌丑未를 만난 것, 庚辛金이 타에 申酉를 만난 것, 壬癸水가 타에 亥子를 만난 것)

장생(長生) 및 왕궁(旺宮) - 五行이 장생과 왕을 만난 것.
　　木은 亥가 장생(乙木은 午가 장생),
　　　卯가 왕궁(乙木은 寅이 旺宮)
　　火는 寅이 장생(丁火는 酉가 장생),
　　　午가 왕궁(丁火는 巳가 旺宮)
　　土는 寅이 장생(己土는 酉가 장생),

午가 왕궁(己土는 巳가 旺宮)
金은 巳가 장생(辛金은 子가 장생),
酉가 왕궁(辛金은 申이 旺宮)
水는 申이 장생(癸水는 卯가 장생),
子가 왕궁(癸水는 亥가 旺宮)

장생·왕궁은 십이운성법(十二運星法)에 의한 것인데 天干의 陰陽을 막론하고 그참 따지는 수가(대부분) 있고 음양을 구분하여 따지는 수도 있다.

◎ 日主가 身旺인가 身弱인가를 알려면 위 원칙을 살피라. 日干과 같은 五行이 方이나 局을 이루면 身이 太旺하고, 그 다음은 득령(得令)이며, 그 다음은 준득령(準得令) 生을 받는 달, 녹근(祿根), 장생(長生), 통근(通根), 착근(着根), 근(根) 등이 모두 身旺이 되는 조건이다.

기타는 아래 身强과 身弱의 예에 準하여 五行의 旺衰를 이해하라.

② **신강**(身强)·**신약**(身弱)

나중에 어떤 용신으로 정해지거나를 막론하고 맨 먼저 살필 것이 身强인가, 身弱인가를 가늠하는 문제이다.

다음과 같은 원칙을 따르라.

- 日干이 득령(得令)하였으면 일단 身强이다(比劫月에 出生). 타의 干支에 비겁이 있으면 더욱 旺하다.
- 득령이 아니라도 日主가 生을 받는 달, 즉 印綬月에 출생하면 身强한 데 속한다. 타의 干支에 또 인수나 비겁

이 있으면 더욱 强해진다.
- 日主가 실령(失令-인수나 비겁월에 출생이 아닌 것)하면 일단 身弱이다. 그러나 타에 비겁이나 인수가 많으면 日이 生扶받아 신강해진다.
- 日主가 得令이라도 四柱 가운데 인수 비겁이 없고(있더라도 미약) 官殺 및 財나 食傷이 太旺되어 있으면 身强으로 변하는 수가 있다.
- 日主가 月에 長生되거나(타에 長生을 만나도) 日支에 녹근(祿根)·착근(着根)되거나 타에 근(根) 혹은 통근(通根)되면 신강한 조건에 해당하니 이 경우 인수·비겁을 만나면 신강해지고 위와 같은 상태에 失令하여 관살·재·식상 등이 왕하면 신약에 속한다.

◎ 신약이 되는 조건은 다음과 같다.
- 日主가 失令(官殺·食傷·財月에 출생한 것)
- 日主가 月이나 日支에 十二運星으로 絶·胎·衰·病·死·墓가 된 것(死·絶이 더욱 약화된다).
- 관살이 太旺하면 가장 신약하고 식상·재가 태왕이면 역시 日主의 氣가 뽑혀 쇠약해진다.

◎ 身旺인가 身弱인가 가늠하기 어려울 경우 다음과 같은 요령으로 점수를 계산 0점이면 중간, 0점 이상이면 신강, 0점 이하면 신약이다(0을 평점으로 기준).

◎ 天干이 地支에 根을 얻으면 失令이라도 1점씩 가산한다. 天干이 地支에 녹(根)·착근(着根)하면 득령의 점수를

취하고 根이 없는 天干은 실령에서도 1점을 감한다.

ㅇ 天干 地支에 같은 五行이 다 있으면 실령이라도 干支 합한 숫자에 1점을 더 가산한다.

ㅇ 地支에 全方(예 亥子丑全)이나 全局(예 申子辰全)을 이루었으면 12점가량 계산하고, 半方(子丑・亥子의 예) 半局(申子, 子辰의 예)을 이루어 격하지 않은 것은 6점, 격한 것은 4점을 친다. 단 木五行점수를 또 가산한다.

ㅇ 六合된 경우 가령 寅亥合에 亥水가 4점이라면 半을 감하여 2점을 치고 寅이 4점이면 2점을 가산 6점을 친다.

이상의 점수는 어디까지나 그 대략일 뿐 사주가 구성된 상황에 따라 가감될 수 있다.

ㅇ 신강 신약 배점표

초보자의 이해를 돕기 위해 아래 표와 같이 신강 신약을 이해하는 데 도움이 되도록 편법 작성해 보았다.

+ㅡ없이 0이면 신강도 신약도 아닌 중간점이며 +는 신강, ㅡ는 신약으로 日主의 氣가 충족되면 +, 모자라면 ㅡ로 이해하기 바란다.

年月日時 干支에 매인 六親으로 +ㅡ를 계산하는바 인수와 비겁은 +에 해당하고 식상・재・

年干	인수 +0.5 비겁 +0.5 식상 −0.5 재성 −0.5 관살 −0.5	年支	인수 +0.5 비겁 +0.5 식상 −0.5 재성 −0.5 관살 −0.5
月干	인수 +1.5 비겁 +1.5 식상 −1 재성 −1 관살 −1.5	月支	인수 +2.5 비겁 +4 식상 −3 재성 −2.5 관살 −4

제1편 명리정해(命理正解) 145

日干	+1	日支	인수 +2 비겁 +2.5 식상 -2 재성 -2 관살 -2.5
時干	인수 +1.5 비겁 +1.5 식상 -1 재성 -1 관살 -1	時支	인수 +1.5 비겁 +1.5 식상 -1 재성 -1 관살 -1

관살은 -에 해당한다.

0에서 +3까지는 신강
+4에서 +6까지는 태강
+7 이상은 극왕이 된다.

-1에서 -3까지는 신약
-4에서 -6까지는 태약
-7 이상은 극약이 된다.

신강 신약의 정도에 따라 용신 정하는 원칙이 다르다.

月\日	甲乙	丙丁	戊己	庚辛	壬癸
辰月	+2	-3	+3	+0.5	-3
未月	-2	+1	+4	0	-4
戌月	-3	-2	+4	+3	-3
丑月	-3	-4	+3	+2	0

印局三合全은 +4   半合은 +2
비겁三合全은 +4   半合은 +3
식상三合全은 -4   半合은 -2
재성三合全은 -4   半合은 -2
관살三合全은 -5   半合은 -3

　三合·半合에 辰戌丑未月이면 위 원칙에 +- 1점씩 감산한다.

　단, 辰戌丑未月에 해당하면 바로 위표대로 +- 점수를 계산해야 된다.

　〔참고〕甲申·庚寅을 절처봉생(絶處逢生)이라 한다.

　甲申의 경우 甲木이 十二운성법으로 申宮이 絶地이나 申

中에 암장 亥水가 있어 亥는 甲木의 長生宮이므로 絶이면서도 生을 받고 있음이며, 또 庚寅日의 경우 庚金은 十二운성으로 寅이 絶宮이다. 그러나 寅에는 암장 戊土가 있어 庚金을 生해주니 역시 絶되는 곳에서 生을 받아 소생된다. 그러므로 甲申과 庚寅日은 무조건 絶이 되어 심히 약하다 하지 말고 生하는 의가 있음을 참작 판단하라는 뜻이다.

ㅇ 신강 신약의 예시

◎ 신강(身强)의 예

```
甲申
庚午
丙戌
丁酉
```

이 四柱는 丙日主가 火月인 午月에 生하니 得令이다. 고로 신강인데 午中丁火가 時干에 투출하고 月日 午戌이 半合火局을 이루어 비록 타의 세력이 강해도 두려울 것이 없다. 한편 다른 세력은 金財도 太旺해 있다. 財는 午月에 실령(失令)이라. 일단 약해 보이지만 年支申, 時支酉 日支戌로 申酉戌 金方을 이룬데다 月干에 庚金 투출로 매우 왕강하다. 법식에 어떤 오행이 全方이나 全局을 이루면 그 세력을 도저히 대항할 수 없는 것이지만 이 四柱는 全方을 놓았어도 좀 다르다.

申酉戌 方合을 이루는 사이에 月支 午火가 떡 버티고 있어 방해하고, 또 日支 戌은 方合보다는 午戌로 합하려는 데 마음이 더 이끌린다(왜냐하면 酉戌이 害요, 方合은 같은 마을 사람끼리의 단체라면 三合은 뜻이 같은 사람끼리의 합에 비유되기 때문이다). 그래서 순수한 方合이 못되므로 金財

가 旺할 뿐이지 日主가 저항할 수 없을 만큼 旺한 게 아니다(만약 酉月이라면 문제는 달라진다). 그리하여 身旺財旺이 된 四柱다.

◎ 신강(身强)의 예

이 四柱는 庚金日主가 巳月(火月)에 失令하고 月時干에 丁火, 乙木이 투철하여 일단 身弱이다. 그러나 다시 살펴보면 그게 아니다. 즉 庚金은 巳火의 克을 받으나 한편 長生宮(庚金은 巳中庚金에 長生한다)이요, 日支 申에 祿根하고 時支 酉金이 도와 약화위강(弱化爲强)이다(乙木도 乙庚化金하여 金을 도운다). 身旺이면 財나 官을 用하는바

癸未
丁巳
庚申
乙酉

乙木 財는 살지(殺地)에 앉아 太弱되어 버렸으므로, 丁火 官이 月支 巳에 根하여 用할만하다. 그러나 年干 癸水의 克이 있어 흠같으나 未土 위에 있어 무해하다. 그러므로 丁火가 用이니 火土運이라야 길하다.

◎ 신약(身弱)의 예

丁酉
丁未
壬子
丙午

이 四柱는 壬水가 未月에 生하니 失令이다. 日支 子水에 착근(着根)되고 年支酉金의 生이 있다 하나 旺한 火土의 세력에 미치지 못한다. 未土 득령에 未는 火 분야의 土요, 未中丁火가 年月干 투출이고 또 時支 午火, 時干丙火가 투출로 財旺身弱이 되었다. 그래서 이 예는 身弱한 사주다.

◎ 신약(身弱)의 예

```
丙 申
癸 巳
丙 子
丙 申
```

이 사주는 丙火日이 巳月에 득령하고 巳中丙火가 年時干에 투출하여 신강같이 보인다. 물론 水殺만 왕하지 않다면 신강임이 분명하다. 그러나 살펴보건대 日主 丙火는 日支 子水의 克을 받고 年時上 丙火는 申宮 壬水의 克이요 申은 또 丙火의 病宮(十二운성으로 申은 丙火의 病宮이다)이요, 子中癸水 투출에 申申子로 半合水局을 이루어 日主를 克하니 어김없는 신약이다.

◎ 이상은 신강이 무엇이고 신약이 무엇인지를 우선 이해시키기 위해 예로 설명함이다.

③ **억부법**(抑扶法)

外格(뒤에 설명함)을 제외하고 내격(內格-正格이라고도 한다)은 모두 억부법에 의한 용신을 정한다. 억부법을 쓰는 까닭은 四柱를 中和(五行의 세력을 균등하게 조절하는 것)시키려는 데 있다. 애당초 사주가 中和를 이루었다면 더할 나위없이 길한 사주로 용신을 정할 필요가 없겠으나 대부분 어느 한 가지가 치우치게 旺하면 어느 한 가지는 치우치게 약하기 마련이니 치우치게 왕한 자의 힘을 덜고(이를 抑이라 한다) 치우치게 약한 자를 도와주면(이를 扶라 한다) 사주는 자연 중화되는데 이 역할을 담당한 자가 용신이다.

가령 日主는 너무 旺해도 좋지 않고 너무 미약해도 불가하다. 고로 日主가 太旺하면 官殺 및 식상이나 財로 힘을 빼야 하고, 너무 미약하면 비겁이나 인수로 약한 힘을 도와주어야 한다. 사주 상황에 따라 관살, 재, 식상, 비겁, 인수 가운데서 적당한 자를 용신으로 정한다. 일단 용신이 정해지면 길흉화복이 오로지 용신에 매어 있다.

• 비겁이 많아 身이 태왕이면 관살이나 식상이 용신이다. 이 경우 관살보다 식상이 더 유력하면 식상이 용신이고, 식상이 없거나 인수로 인해 식상이 미약하고 관살이 유력하면 관살이 용이다(신왕에는 식상 용신보다 관살 용신이 귀하다).

• 인수의 生이 많아 日主(身)가 태왕이면 官殺 식상으로 用을 못하고 財가 용신이다. 관살은 인수를 生하여 다시 日主를 生하므로 더욱 신강해지기 때문이고, 식상은 왕한 인수에 억눌려 用 구실을 못할까 염려되어서다. 오직 財는 인수를 克하여 인수가 日主를 生치 못하도록 하기 때문이다. 그러나 財가 없으면 부득이 식상을 용하고 식상도 없으면 官殺을 用할 수밖에 없다.

• 官殺이 太旺하여 신약이면 인수를 용하여 살인상생(殺印相生)시키는 게 가장 좋고, 인수가 없으면 식상을 용하여 식상제살(食傷制殺)해야 하며, 식상도 없으면 비겁(比劫)을 용하거나 관살에 종(從)할 수밖에 없다.

• 식상이 旺하여 身弱이면 인수를 용신한다.

• 財가 太旺하여 身弱이면 비겁을 用해야지 인수로 用을 못한다. 인수는 旺한 재성에 克을 받아 用 구실을 못하기 때문이다. 그러나 비겁이 없고 관살이 있으면 인수를 用해야하니 재는 관살을 生하고 관살은 인수를 生하며 인수는

日主를 生하여 財官印이 相生토록 한다(財는 貪生忘克으로 인수를 克하지 아니한다).

○ 五行生克의 反作用

어떤 오행이 너무 旺하면 克하거나 泄氣시켜야 성취하고, 힘이 모자란 것은 生扶로 보태주어야 유익하다(太過者는 損之斯成이요 不及者는 益之則利라). 이는 오행통변(五行通變)하는 道다.

- 金生水 水生木 木生火 火生土 土生金
- 金克木 木克土 土克水 水克火 火克金

◎ 金은 水를 生한다. 그렇더라도 金이 너무 많으면 도리어 물이 탁해져 나쁘고, 반대로 水가 너무 많으면 金이 물 속에 잠겨 불가하다.

◎ 木은 火를 生한다. 그러나 木이 너무 많으면 불이 꺼지고, 火가 너무 많으면 木이 송두리째 타 없어진다.

◎ 水는 木을 生한다. 그러나 水가 너무 많으면 木이 뿌리를 박지 못하고 洪水에 떠내려가는 상이요, 반대로 木이 너무 많으면 물이 木에 다 흡수되고 만다.

◎ 火는 土를 生한다. 그러나 火가 많으면 土가 燥해서 草木이 不生長하고, 반대로 土가 너무 많으면 火는 빛을 잃는다.

◎ 土는 金을 生한다. 그러나 土가 너무 많으면 金이 흙무더기에 묻히는 상이요 반대로 金이 너무 많으면 土質이 변해 버린다.

- 物의 이치는 生을 기뻐하는 것이지만 정도 문제이지 生

해주는 쪽이나 生을 받는 쪽 가운데 어느 한쪽이 너무 많으면 도리어 좋지 않다는 뜻이다.

金多水濁 水多金沈, 水多木浮 木多水縮, 火多土燥

土多火無光, 土多金埋 金多土變, 木多火滅 火多木焚.

◎ 金이 克木한다. 그러나 木이 단단하면 쇠날이 이그러진다. 木은 土를 克한다. 그러나 土가 단단하면 나무가 부러진다. 土는 水를 克한다. 그러나 水가 많으면 土는 水에 씻겨 떠내려간다. 水는 火를 克한다. 그러나 火가 많으면 물은 불에 증발되거나 졸아서 없어진다. 火는 金을 克한다. 그러나 金이 많으면 도리어 金에 불이 꺼지고 만다.(木多金缺, 土多木折, 水多土流, 火多水乾, 金多火滅)

• 아무리 克할 수 있는 입장에 있더라도 克을 당하는 상대가 太旺하고 보면 克하기는 고사하고 克을 당하는 자에게 克하는 자가 도리어 약해진다는 뜻이니 五行뿐 아니라 世上萬事에 있어서도 마찬가지의 이치라 하겠다.

(2) 종(從)

종(從)이란 간단히 말해서 四柱 가운데 어떤 五行(육친)이 너무 강왕(强旺)해서 도저히 저항할 수 없을 때 그 강왕한 五行에 순종하게 되는 용신법으로 물론 강왕한 자가 用이다.

그런데 종(從)에는 세 가지 형태가 있다. 하나는 사주 전부나 대부분이 인수·비겁으로 되어 日이 극히 旺해 있으면 도저히 他로 억제가 불가능하므로 그냥 日主에 從해버리는 종비격(從比格), 종인격(從印格)이 있고, 하나는 日主가 몹시 미약해진 상태에 日主를 도울 인수·비겁이 없거나 있더라도 인수 혹은 비겁마저 심히 미약해서 日主를 돕기가 어려워지면 日主는 존립(存立)이 불안해진다.

이럴 때 어디엔가 의지[從]해야만 되는 것이 日主의 입장인 바 사주 가운데서 식상이 판치고 있으면 식상에, 재성이 판치고 있으면 財에, 官殺이 판치고 있으면 관살에 종한다. 식상에 從하면 종아격(從兒格), 재에 종하면 종재(從財), 관살에 종하면 종살(從殺)이라 하고, 식상 재 관살의 세력이 비등할 때 눈치를 보아 유리한 세력에 종하는 것을 종세(從勢) 또는 기명종세(棄命從勢)라 한다.

나머지 하나는 化神에 종함이다. 가령 甲日이 己를 甲己로 化土하고 辰戌丑未月에 出生 化神 土가 득령된 가운데 타에도 戊己辰戌丑未의 土가 많으면 사주는 土一色이라 化神土에 종하는 종화격(從化格)이 또 이에 포함된다.

이상 종비격, 종인격, 종재격, 종살격, 종세격, 종화격 등에 대해서는 아래 해당 항목에서 각각 구체적으로 다루겠기에 예시나 설명을 생략하고 다만 종(從)의 이해를 돕기 위해 종강격에 대한 예로 하나만 든다.

```
壬子
甲辰
乙卯
丁亥
```

이 四柱는 水木, 즉 인수 비겁으로 대부분을 차지하고 日主를 돕지 않는 것은 오직 時干 丁火뿐이다. 月支 辰土라, 木의 氣를 빼낼 것 같으나 辰은 木 분야의 土요 또 木이 辰中乙木과 습토에 뿌리박아 이것만 해도 신강이다. 月干 甲木이 투출이요 日支 卯에 녹근(祿根)이며 亥卯로 半合

木局을 이루었고, 또 卯辰도 木半方이다.
 게다가 壬水 子水 子辰水局마저 生木하니 木은 지극히 旺해 있다. 丁火로 木氣를 빼내지 못하는 것은 丁火가 根이 없는데다 水旺하여 克滅해 버렸으니 어림도 없다. 이 사주의 水木을 대적할 자 무엇인가? 아무것도 없다. 고로 그냥 木에 순종해야 되니 이것이 바로 종격(從格) 용신이다.

 (3) 병약(病藥)
 사주의 병통을 病이라 하고 병통인 육친을 克하는 자를 약(藥)이라 한다. 사람에게 病이 있듯이 사주에도 병이 있다. 사람이 병이 전혀 없는 것보다 가끔 병이 생겨야 건강에 주의력이 생겨 몸을 보전하는 것 같이 사주에도 병이 있는 것은 발달의 원인이 된다. 문제는 약이 있느냐 없느냐에 길흉이 매여 있다.
 그러므로 글에서는 「사주 가운데 병도 있고 약도 있어야 바야흐로 귀히 된다. 병이 없는 사주는 도리어 평범한 인물이고, 병만 있고 약이 없으면 빈천 단명하다」하였다.
 그러면 사주상의 병은 무엇인가. 吉格을 놓는 데 그것을 방해하는 자 四柱의 病이고, 용신을 정하는 데 방해하는 자 用神의 病이며, 吉格이나 용신을 방해하지 않으나 사주 자체가 메꿀 수 없는 병통(결함)이 있는 것을 고질병이라 한다. 病神이 왕하면 중병이고 미약하면 가벼운 병이다.
 사주내에 없던 병이 운에서 만나는 것은 체질병이 아니므로 그 운이 지나가면 낫는다. 병을 운에서 생해주면 병이

중해지는 형상이요, 사주내에 없는 약을 운에서 만나면 그 운 한내에 병이 치료되어 발달한다. 病은 克해주거나 설기시켜야 좋고 약은 生扶됨을 기뻐한다.

이 病藥用神은 억부법을 우선한다. 가령 신약에 인수 투출하여 인수격(印綬格)에 인수용신이 불가피한 경우 財가 왕하면 순수한 인수격을 놓기 힘들고 또 인수가 재의 억제를 받아 용신 구실을 제대로 할 수 없다. 이 경우 財가 病이 되고 財를 克하는 비견이나 겁재가 약이 된다.

신약에 인수 용신이라 해서 용을 우선해서는 잘못이고 약을 우선하는 게 옳으니 결과적으로 藥用神을 취하여 비겁을 用해야 한다. 약(비겁)이 없으면 하는 수 없이 인수로 용신을 삼는다.

또한 예로 身旺에 官殺이 있어 官殺을 用할 경우 가령 丙火가 官星이고 丙火 용신일 때 干에 辛金이 있으면 用官인 丙火는 辛金과 丙辛으로 合化水하여 용신 구실을 망각하고 딴 일[合]로 배임하니 이 경우 辛金이 방해자라, 辛金이 사주상(格과 用) 病이다. 藥은 물론 辛金을 克하는 丁巳 午火가 된다(地支가 用인 경우 合을 만나면 用과 合을 이루는 者가 病이다).

이 외로 病이 되는 조건은 수없이 많아 모든 格마다 病의 요인이 있으나 다 예로 들 수가 없다. 각 格局에서 해당 되는대로 보충 설명하기로 한다. 단 아래에 몇가지만 기록, 이해를 돕고자 한다.

• 인수격 및 인수용신에 財가 病이고 비겁이 약이다.

• 종비・종인격 및 비겁용신에 官殺이 病이고 食傷이 약이다.
• 재격 및 財 용신에 비겁이 흉신이고 관살이 약이다.
• 官殺格 및 관살 용신에 식상이 병이고 인수가 약이다.
• 식상격 및 식상 용신에 인수가 병이고 재가 약이다.
• 용신이 合을 만나면 合하는(용신을) 자가 병이고 合하는 자를 冲克하는 자가 약이다.
• 신약에 타에 從할 경우 인수가 있으면 인수가 병이고 비겁이 있으면 비겁이 병이며, 인수・비겁을 克하는 財나 관살이 약이다.
• 化格을 놓을 때 化를 쟁투(爭妬)하거나 化神을 克하는 자가 병이고, 병을 克하는 자가 약이다.

(4) 통관(通關)

상극관계에 있는 두 五行(六親)이 사주 가운데서 같이 旺하여 우열을 가릴 수 없으면 상극되는 두 五行은 치열한 싸움을 벌이고 있는 형태다. 이런 상태에 어떤 五行이 중간에 끼어 있어 相克을 相生관계로 이끌어 주면 싸움은 화해되어 吉해진다. 이것이 바로 통관인바 중간에서 화해시키는(소통) 자가 용신이다.

가령 사주에 비겁이 왕하면 日主는 자연 왕해지는데 官殺 또한 旺해 있으면 日主와 관살은 상극관계라 싸움하고 있는 상태다. 이 경우 인수가 있으면 그 인수는 관살과 日主 중간에서 싸움을 말릴 수 있으니, 즉 인수는 관살의 生을 받아 다시 日主를 生하므로 결과적으로 相克이 相生관계로 변한다.
　五行의 성질(만물이 다 그러하다)은 克보다 生해주기를 더 기뻐한다. 그러므로 生하는 자와 克하는 자 둘이 다 있을 때는 克보다 生을 먼저 탐한다.(生을 탐하여 克하는 것을 잊음) 그래서 관살은 日主를 克하기에 앞서 인수부터 生하고, 인수의 마음은 日主를 生하고 싶어하니 日主는 인수로 인해 관살의 克이 아닌 生을 받는 결과가 되어 좋아진다(殺印相生, 官印相生이 바로 이에 해당한다).
　• 日主와 財의 旺한 세력이 비등하면 식상이 用이다(日主가 財보다 더 旺해야 좋다).
　• 食傷과 官殺이 비등하게 旺하면 財가 用이다(식상이 관살보다 旺함이 더 좋다).
　• 財와 印綬가 비등하게 旺하여 싸울 때는 官殺이 用이다(財가 더 旺함이 좋다).
　• 官殺과 日主가 비등하게 旺하여 싸울 때는 인수가 용신이다(관살이 더 旺함이 좋다).
　五行上으로 설명하면 木土싸움에 火가 用이요, 土水싸움에 金이 用이요, 金木싸움에 水가 用이요, 水火 싸움에 木이 用이요, 土水싸움에 金이 用이다.

| 甲辰 |
| 丙寅 |
| 甲寅 |
| 戊辰 |

　이 四柱는 甲日이 寅月에 득령·녹근(祿根)하고 日支祿을 놓았으며 寅辰木方에 年干 甲木이 투출(透出)이라 比劫旺으로 日主가 심히 왕성하다. 그런 중에 타신을 살펴보건대 財도

되어 있을 때는(木火金水가 조화된 것) 다른 용신법을 적용하는 게 원칙이지만 만약 木火의 난조(暖燥)한 氣로만 구성되었거나 金水의 한습(寒濕)한 氣로만 구성되었으면 신강신약을 논하지 말고 난조한 것은 축여주고 한습한 것은 데워주는 용신법을 적용해야 한다.

그런데 木火로만 구성되었다 해서 무조건 金이나 水로 用하고, 金水로만 구성되었다 해서 무조건 木火로 用하는 조후법(調候法)을 적용한다면 웬만한 실력만 되어도 용신 정하기가 어렵지 않겠으나 실은 용신법 가운데 조후용신인가 아닌가 하는 것을 올바르게 구분하기가 가장 어렵다.

왜냐하면 木火로 日主 極旺한 염상격(炎上格)은 四柱가 너무 덥고 건조해서 난조한 것을 축여주는 조후용신이 可할 것 같고, 또 金水로만 구성되어 日主가 극왕한 윤하격(潤下格)은 사주가 너무 냉하고 습해서 냉습한 것을 데워주는 조후용신이 可할 것같이 보인다.

잘못 用을 정하고 보면 吉凶禍福의 판단이 정반대로 인용되므로 함부로 정하기가 두렵다. 다시 말해 木火一色인 사주를 火에 從하느냐 水로 用하느냐와 金水로 一色인 사주를 水에 從하느냐 火를 用하느냐의 문제가 매우 어렵다는 뜻이다.

그런데 알아둘 것은 종(從)과 조후용신의 기준이다. 웬만치만 난조하거나 한습하거든 조후용신을 말 것이며, 또 火一色, 水一色을 놓아도 조후용신이 불가능하다. 사주가 비록 난조한 데 치우쳐도 웬만큼만 습기가 있거나, 한습한 데 치우쳐도 웬만큼만 녹여주는 것이 있으면 다른 용신법을 쓸것이며 심히 火나 水가 旺해도 從해야지 조후용신을 못한다.
사주가 종격에 해당하면 종격이 우선이다.

辛丑
辛丑
己亥
壬戌

이 四柱는 己土가 十二月에 生하였으니 꽁꽁 얼은 동토(凍土)가 되었다. 土旺에 水財도 旺하니 財로 用할 수 있으나 그보다 급한 것은 四柱가 너무 冷濕하다. 戌中 丁火가 있어 냉습이 해결된 것 같지만 천한지동(天寒地凍)을 녹여주기에는 힘이 모자란다. 고로 戌中丁火로 조후용신이 불가피라 하겠다.

丁亥
辛亥
癸亥
壬子

이 四柱는 年上丁火를 빼놓고는 水一色이라 水가 극왕되었다. 10月 엄동은 아직 아니라도 水氣뿐이어서 丁火로 用해야 될 것같이 생각된다. 그러나 丁火는 꺼진 불이나 다름이 없어 用이 못되는데다 그 어떤 힘으로도 旺水를 막을 길이 없다. 洪水로 물이 범람하면 흙으로 막지 못하고 물이 속이 빠지도록 길을 터주어야 하는 것같이 水에 그대로 순종하는 게 用이다.

丁火의 존재는 대수롭지 않더라도 순수하게 從하는 데 방해물이 되므로 경미(輕微)하나마 四柱의 病이다. 고로 火土運은 불길하고 金水운은 발달한다.(群比爭財 되었으나 潤下格을 놓아 군비쟁재로 보지 않는다)

月令 卯木을 제외하고는 모두 金水로 되고 時干 己土도 습토라 전반적으로 보면 냉습한 데 치우친다. 그러나 이런

| 壬子 |
| 癸卯 |
| 辛亥 |
| 己亥 |

정도를 가지고는 조후용신을 아니한다. 2월은 이미 四陽이 進하는 때라 추위가 물러가고 溫氣가 발하기 때문이다. 그러나 卯木이 用이 되는데 食傷太旺으로 日主의 정기를 다 뽑고 있어 日主가 몹시 약하다. 약하면 生扶가 可하니 己土 인수가 용신될 것 같으나 물에 표류되는 흙에 불과한데다 亥卯木局에 파극당하여 用이 못된다. 하는 수 없이 亥卯로 합해 왕해진 木財에 從해야 할 것이다. 水 식상에 從하지 않음은 水氣가 木에 집중되기 때문이다.

| 甲戌 |
| 丙寅 |
| 戊午 |
| 癸卯 |

寅午戌 火局全에 丙火 투출이니 火의 세력이 사주를 지배하고 있다. 木火旺으로 몹시 暖燥하나 癸水로 적시는 조후용신을 못한다. 나무 위에 맺힌 빗방울에 불과한데다 癸水는 日干 戊土와 干合해서 도리어 火로 化했다. 火인수 太旺이라 어느 것으로도 억제를 못한다. 고로 火에 從하는 사주다.

| 丁卯 |
| 丁未 |
| 丙午 |
| 甲辰 |

이 四柱는 未月을 만나 火生土로 丙火氣가 설기되나 아직 火氣가 훅훅거리는 6월이라 日主 미약하지 않고 卯未合木 午丁火 등이 가세하여 身旺이다. 그런데 전체 구성된 것을 보면 6월 炎天에 木火旺이라 심히 난조(暖燥)되어 조후용신을 적용해야 한다. 時支 辰土는 癸水를 간직한 土라 辰中癸水로 용신한다.

3. 격국(格局)과 용신

　격(格)이란 四柱八字가 각각 구성된 특징을 술어(述語)로 약칭(略稱)한 것이므로 어떤 四柱를 막론하고 다 격(格)을 정하게 되어 있으나 실질적으로 올바르게 격을 정하려면 쉬운 문제가 아닐 뿐 아니라 어떤 격이라고 분명하게 단정지어 명칭할 수 없는 애매모호한 명조(命造-즉 四柱)도 적지 않다. 사실 格을 바르게 정하고 용신을 바르게 잡을 수 있는 수준이라면 이 命學工夫는 거의 터득한 것으로 보아도 가하다. 그만큼 격과 용신을 정하기가 어렵다는 말도 된다.
　사주에는 우선 청(淸)한 사주와 탁한 사주가 있는 바 청한 사주는 격이 뚜렷해서 격과 용신 정하기가 쉽지만 탁한 사주는 애매해서 격과 용신 정하기가 어렵게 된다.
　격을 사주 조직의 특징을 약칭함이라 한바 비유하건대 어떤 건물이 세워졌을 때 우선 그 건물이 튼튼한가 튼튼하지 못한가를 보아야 하고, 이보다 앞서 한옥인가 양옥인가를 구분하고 사무실용, 주택용, 은행, 회사, 관청, 병원, 학교 등의 용도와 건물의 크기, 높이며, 그 건물의 주요자재(철조·목조·블록·콘크리트 등)를 세밀히 살펴보아 그 가치를 판단하는 것같이 사주 구성된 것을 보아 사주의 격이 크고 작고, 귀하고 천하고 튼튼하고 약하고, 무엇이 장점이고 무엇이 단점인가를 살펴 가장 적절한 격을 정해야 하지만 우선은 격 정하는 원칙을 따라야 할 것이다.

격은 내격(內格)과 외격(外格)으로 크게 구분된다. 내격은 정격(正格)이라 하고, 외격(外格)은 내격 이외의 모든 격인 바 어떤 사주든지 먼저 내격부터 정하는 게 원칙이고 내격을 정할 수 없는 경우에 한해서 외격(外格)으로 정해야 한다. 그리고 또 특수격이 있는 바 이 특수격은 내격과 겸하는 수도 있고 외격과 겸하는 수도 있다.

내격(內格)은 정관격(正官格)·편관격(偏官格)·인수격(印綬格) 등 육친(六親)의 명칭으로 정해지는 격으로 이를 정격(正格)이라 하여 어느 한 가지 세력이 치우치게 미약하면 이를 도와주고, 어느 한 가지 세력이 치우치게 왕성하면 이를 억제하는 용신법을 써서 四柱 五行의 세력을 中和시키는 데 목적을 둔다. 즉 억부용신에 해당하는 격이 내격이다.

외격은 이와 달리 어느 한 가지 세력이 심히 미약하거나 심히 왕성하여 도저히 中和시킬 수 없거나, 두 가지 비등한 세력이 싸우고 있거나, 四柱가 너무 난조(暖燥)하거나 한습(寒濕)하거나 해서 中和보다 더 급박한 상태에 놓였다고 판단되면 정격(正格)의 억강부약법(抑强扶弱法)을 무시하고 종격(從格) 혹은 통관(通關) 혹은 조후(調候) 등의 격국 용신을 취하게 되는 것이다.

내격(內格-正格)으로 정할 수 없는 격이 모두 外格에 속하고, 육친의 명칭을 붙이지 않고 특수하게 붙이는 명칭을 특수격이라 하는바 아래 각 항목에서 이해하기 바란다.

(1) 내격(內格)

◎ 격 정하는 원칙

• 月支를 기준한다. 즉 月支에 암장된 干을 보아 암간정기(暗干正氣)가 月이나 時干에 투출(透出)된 것을 위주한다.

• 月支의 암장된 정기(正氣)를 먼저 취하여 干에 투출하였는가를 보아 투출하였으면 투출된 정기의 干이 격이다. 가령 乙日生이 申月支라면 月支 申의 암장된 정기는 庚金이라, 庚金이 月이나 時干에 있으면 庚金을 취용, 庚은 乙日의 정관(正官)이니 정관격(正官格)이라 한다.

• 月支의 正氣가 干에 투출되지 않았으면 月支에 암장된 여기(餘氣)가 투출되었가를 보아 투출된 것으로 격을 정한다. 가령 乙日 申月에 庚金이 없으면 申中의 三合氣인 壬水가 干에 있는가를 보아 壬이 있으면 壬을 취용, 壬水는 乙日의 인수(印綬)라 인수격(印綬格)으로 정하고, 壬이 없이 戊土가 투출이면 戊土는 乙日의 정재(正財)라 하지만 미약해서 격으로 정할 수 없다.

• 그런데 月支의 正氣가 투출되지 않고 여기(餘氣)가 둘이 다 干에 투출되었을 경우가 있는데(가령 乙日 申月에 庚이 없고 壬·戊가 모두 있는 것) 이런 때는 月干에 투출된 것을 취하고 月干에 없으면 時干에 투출된 것을 취용, 격을 정한다.

• 月支의 암간(暗干)이 하나도 투출되지 않은 경우도 많다. 이럴 때는 그냥 月支의 암장된 정기(가령 乙日 申月에 庚壬이 없으면 申의 正氣 庚金으로)로 격을 정하기도 하고

사주 상황을 보아 가장 유력한 자(가령 申月에 亥子가 있으면 水가 有力)로 격을 정한다.

　이상은 어디까지나 원칙일 뿐 꼭 위와 같은 공식만을 따르는 것은 아니다. 대부분은 이상의 원칙에 의하고 기타는 사주 상황에 따라 다를 수도 있다.

　• 月支의 正氣나 여기 暗干이 투출할지라도 비견·겁재는 격으로 정하지 않는다. 가령 壬日生이 亥月이고 壬水 투출이면 月支정기가 투출된 셈인데 壬은 壬日의 비견이라 격으로 정하지 않고 만약 甲木이 있다면 亥中의 여기(餘氣) 甲木이 있으므로 甲木을 취용 식신격(食神格-甲은 壬日의 식신)으로 정한다.

　• 위 원칙에 적용되어 격을 정할 수 있다 할지라도 다음에 해당하면 그 격을 놓지 못하고 다른 격으로 정해야 한다.

　• 日主가 得令하고 비겁 등으로 身이 太旺한 데 가까우면 재격을 놓지 아니한다.

　• 日主가 미약하여 財나 官殺을 감당할 수 없으면 財나 官殺로 격을 못 정한다.

　• 日主가 미약하고 官殺도 미약하면 식신 상관격을 놓지 못한다.

○ **암간**(暗干)
　　子-癸(正)　　　　　　丑-己(正)·辛·癸
　　寅-甲(正)·丙·戊　　　卯-乙(正)
　　辰-戊(正)·癸·乙　　　巳-丙(正)·庚·戊

午−丁(正)・己　　　未−己(正)・乙・丁
申−庚(正)・壬・戊　　酉−辛(正)
戌−戊(正)・丁・辛　　亥−壬(正)・甲

※ 단 丑中癸水, 寅中戊土 辰中癸水 巳中庚金 未中乙木
申中戊土는 月時干 투출이라도 格을 놓지 못한다.

① **정관격**(正官格)

正官星이 月이나 時나 年干에 투출하여 月支에 뿌리를 박고 있으면(正官이 年月時干에 透出而 月支暗藏에 있는 것) 이 격이 성립된다. 가령 甲日生의 正官은 辛金인데 辛金이 月・時 혹은 年干에 있고 酉月(酉中正氣 辛金)이나 丑月(丑中 辛金이 있음)生이면 正官格이라 한다.

그러나 이것은 원칙론이고 命理正宗 등 古書의 例示를 보면 正官이 투출되지 않고 月支나 時支에만 있어도 격을 놓는 수도 있고, 또 月支에 根하지 않고 干에만 있어도 그것으로 格을 정하는 예가 많으니 꼭 투출된 干이 月支에 根해야만 格을 놓을 수 있다는 원칙론만 고집할 필요가 없이 사주가 구성된 상황을 잘 판단해서 格을 정해야 할 것 같다.

正官格뿐 아니라 기타 모든 內格 定하는 요령도 마찬가지로 이에 준한다.

다음은 명리정종(命理正宗)에 例示된 格을 몇 개 골라 설명해 본다.

壬水가 丑月에 生하여 水根이 있으나 四柱에 財와 官殺이 太旺되었다. 그런데 이 四柱가 심히 貴奇한 것은 巳丑

甲午	戊寅
丁丑	己卯
壬辰	庚辰
乙巳	辛巳
	壬午
	癸未

金이 壬水를 生하고, 壬水는 甲乙木을 生하고, 甲乙木은 丙丁火(巳中丙火)를 生하고, 丙丁火는 戊己土(辰中戊土 丑中 己土)를 生하고, 戊己土는 庚辛金(巳中 庚金 丑中辛金)을 生하고, 庚辛金은 다시 壬癸水(日干壬水 丑·辰中 癸水)를 生하니 四柱 가운데 十干이 모두 구비되어 上下가 서로 친밀하고 생생불이(生生不已-끝없이 生해 나감)라. 이렇게 되면 東南西北운이 다 좋은지라, 주인공은 일생 五福을 누리면서 부귀하고 壽도 오래 누렸다 한다.

　丑中己土(月支)로 正官格을 삼고 官殺旺에 身이 좀 약하므로 時文 巳中庚金 印星으로 살인상생(殺印相生)된 것이 아름답다 한다.

辛丑(坤命)	
乙未	丙申
戊戌	丁酉
庚申	

　乙木이 부성(夫星)이요 庚金이 자성(子星)이라, 이를 부명자수(夫明子秀)라 하여 여자는 매우 좋은 사주로 본다. 月干 乙木이 투출하여 正官格을 놓고, 여자는 대개 官이 용신으로 하는 바 乙木 남편격인 正官이 용신이다. 그런데 이 乙木은 未月에 몹시 메말라(水分이 없다) 있는 中 時上 庚申金, 丑中辛金 투출 식상이 왕하여 金克木으로 官星을 克하는 데다 年支 丑中辛金이 그나마 乙木이 뿌리박고 있는 未中乙木을 冲克하여 乙木官 夫星이 너무 克받고 있다.

그래서 일찍 과부가 된 사주며 庚金 자식은 旺하다 하나 남편이 맥을 못추는 상황에 자식을 어찌 두겠는가. 大運 酉運에 들어 용신 乙木을 아주 克해 없애버렸으므로 목매어 자살한 女人의 四柱다.

또 한가지 남편이 일찍 죽은 것은 부성입묘(夫星入墓－夫 되는 乙木이 未를 만나면 夫星入墓라 한다)되어 남편이 무덤 속에 들어 있는 형상이어서다. 壬戌年 22세에 戌刑未 戌未破로 무덤을 열고 들어가는 형상이라 과연 남편이 죽어 무덤을 쓰게 되었다.

○ **부성입묘**(夫星入墓)
甲乙日女－丑(金이 甲乙日의 夫요 金의 墓는 丑이다)
丙丁日女－辰(水가 丙丁日의 夫요 水의 墓는 辰이다)
戊己日女－未(木이 戊己日의 夫요 木의 墓는 未다)
庚辛日女－戌(火가 庚辛日의 夫요 火의 墓는 戌이다)
壬癸日女－戌(土가 壬癸日의 夫요 戊己土가 夫星인바 戌의 墓는 戌이다)

夫星入墓가 된 女子는 그 남편이 무능하거나, 능력이 있더라도 운이 없어 사회활동을 못하거나, 감옥에 갇히거나 심한 경우 죽어 무덤 속에 있는 형상인데 夫星入墓라도 官星이 투출되지 않은 경우는 위와 같은 작용력이 감소된다.

다음 命은 女子의 四柱로 辛金이 寅月에 失令 身弱이나 巳中庚金 申中庚金 酉中辛金에 根할 수 있고 巳酉金局 申

丁酉	女命	癸卯
壬寅		甲辰
辛巳		乙巳
丙申		丙午
		丁未
		戊申
		己酉

酉 金方이 도와주니 약화위강(弱化爲强)되었다. 그래서 官星을 用할 만한데 時上丙火 正官과 年干 丁火 七殺이 寅에 長生하고 투출하니 관살혼잡이 된 셈이다.

여자는 관살혼잡을 매우 꺼리지만 다행히도 거살유관(去殺留官－年干 丁火 七殺은 丁壬化木하여 合去되고 한편 壬水克 丁火로 克制되니 丁火 七殺은 실상 있으나 없는 셈이 된다. 去官留殺도 마찬가지 이치다)되어 時上 丙火 正官만 홀로 남게 되어 丙火 正官으로 格과 用을 삼게 된다. 丙火는 寅中 丙火에 長生하여 用이 튼튼한 셈이지만 身主 金의 세력에 비해 모자라는 편이다. 다행히 南方 丙丁巳午未 火運을 만나 夫(官)가 旺해지니 남편이 출세하여 부귀를 누렸던 사주다.

乙亥		丙午
丁亥		乙巳
己未		甲辰
甲子		癸卯
		壬寅
		辛丑

이 四柱는 太祖 이성계(李成桂)의 命이다. 身旺에 亥中甲木 正官이 時干에 투출하니 身旺官旺으로 貴格이 淸하게 이루어졌다. 亥未官局에 己土 身이 약한 듯하나 木은 月上丁火를 生하고 丁火印은 日主己土를 生하니 그야말로 순수하게 殺印相生格을 이루어 貴하다. 즉 正官用印이다. 더욱 제왕(帝王)이 되기에 부족함이 없는 것은 年月支 亥水는 年上

乙木을 生하고 乙木은 月上 丁火를 生하고 丁火는 日支己土를 生하니 順流되어 財官印이 相生이다. 기라성 같은 子息(八大君)을 둔 것은 자식이 되는 木이 支에 局을 이루어 투출함이요, 일차 상처하게 된 것은 己未日 때문이다.

己未日은 六秀에 해당하여 총명함이요, 또 己土日主는 佛心이 있어 無學大師로 國師를 삼았던 것이 아닌가 한다.

② **편관격**(偏官格)

편관(偏官)이 干에 투출하여 月支에 뿌리를 박고 日主가 太弱한 정도만 아니면 이 격을 놓을 수 있다. 干에 없이 月支에만 있어도 격이 성립되며, 경우에 따라서는 편관이 時支에 암장된 것으로도 격을 정하는 수가 있다.

```
庚辰    丁亥
丙戌    戊子
戊戌    己丑
甲寅    庚寅
        辛卯
        壬辰
```

戊日이 月에 得令하고 火土가 旺하니 日主太旺이다. 그러므로 官星을 用하여 太旺한 日主를 억제하는 게 좋다. 戌中(月支)에는 戊丁辛 비견 인수 재성이 암장되어 있으나 격으로 정할 수 없고 時上 甲木이 時支 寅中甲木에 녹근(祿根)하여 힘이 있으니 甲木 편관이 격이며 用이 된다. 身旺에 時上 偏官이 있는 것을 시상편관격(時上偏官格) 또는 시상일위귀(時上一位貴)라 하여 매우 귀격으로 본다. 日主에 비해 時上甲木 偏官이 미약한 게 흠이다. 다행히 大運에 寅卯辰의 東方木運을 만나 官星이 旺해지니 벼슬이 상서(尚書-장관급)에 올랐던 중국 고인의 四柱다.

辛巳	庚子
辛丑	己亥
乙卯	戊戌
丁亥	丁酉
	丙申
	乙未

이 命은 月上偏官格이다. 乙木이 丑月에 失令, 본 身弱이나 日支 卯木에 祿根하고 亥卯로 木 半三合局을 이루어 乙木 日主를 도우니 印·比의 도움을 받지 않더라도 능히 財官을 감당할만 하다. 丑土財가 있으나 丑財는 巳丑으로 官局을 이루었고, 또 財官이 兩立된 경우에는 財보다 官을 취함이 가하다. 官貴(벼슬)가 있으면 財는 자연히 따르기 때문이다. 月上 辛金이 丑中辛金, 巳丑金局의 根을 얻어 투출하니 月上辛金으로 偏官格을 놓는다. 단 日主에 비해 金이 더 旺하나 時支 亥水가 金氣를 받아 日主를 生하니 殺印相生되어 아름답다. 金運(申酉)에 재상이 되었는데 殺旺하면서도 身을 직접 극하지 않고 金生水 水生木이 되어서다.

◎ 格을 정할 때 身旺이면 먼저 官星을 보고, 다음에 財星을 보아야 한다.

甲午	戊寅
丁丑	己卯
壬辰	庚辰
甲辰	辛巳
	壬午
	癸未

壬水가 水旺하는 丑月에 生하고 辰中 癸水의 自庫에 根할 수 있다 하나 壬辰은 근본이 土라, 도움을 주지 못하고 丑中辛金 인수는 年支 午火 月干 丁火에 파극되어 壬水를 生할 능력이 없다. 그래서 殺은 太旺하고 日主는 미약하여 괴로운바 일찍 寅卯辰 木運에는 殺을 制하여 의식이 족하

게 살았으나 南方火운에 들면서 가산을 파하고 빈궁하게 되었다. 죽지 않았던 것은 干에 辛壬癸가 있음인데 未운에 들면서는 殺이 重하여 죽고 말았다. 이 사주는 土殺이 病이고 木이 약이다. 식신제살(食神制殺)인데 운을 못만난 탓이다.

```
丙戌   辛丑
庚子   壬寅
丁卯   癸卯
丙午   甲辰
       乙巳
       丙午
       丁未
```

丁日이 子月에 生이나(실령) 丙火 비겁이 年時干에서 돕고 支에 午戌 卯戌 火局을 이루어 日主를 도우니 身이 太旺되었다. 財나 官을 用해야 하겠는데 庚金 財는 旺火에 녹아 꼼짝 못하는 형상이고 月支 子中癸水 편관은 득령한데다 庚金이 돕고 있어 財보다는 힘이 강하다.

그래서 부득이 月支 子中癸水 편관으로 격과 용신을 정하게 되는 바 戌土가 旺하여 水를 克하니 제살태과(制殺太過)가 되어 土가 病이고 土를 제압하는 木이 약이며 희신이다. 壬寅 癸卯 甲乙운에 病인 土를 제거하여 부귀가 발하였고 巳午未운에 木이 死하고 병이 중하여 재산을 씻은 듯이 없애고 未운에 土病이 旺한 데다 木이 墓에 들어 죽고 말았다. 이 四柱는 身旺에 子中癸水 편관성을 用하려는데 土 상관이 旺하여 水를 제압하고 있어 癸水가 生扶받는 일보다 괴롭히는 土 상관을 억누르는 게 급선무가 되었다. 그러므로 인수 木으로 약용신한바 병이 중하고 용신이 墓에 드니 죽을 수밖에 없다.

[참고] 다음에 해당하는 편관격을 가장 좋은 귀격으로 본다. 즉 권세를 떨친다.

甲日庚午時　乙日辛巳時　丙日壬辰時　丁日癸卯時
戊日甲寅時　己日乙丑時　庚日丙戌時　辛日丁酉時
壬日戊申時　癸日己未時

이상은 日主가 인수나 비겁월에 득령하거나 기타 身旺되어야지 신약이면 소용없다.

- 己酉 戊辰 癸酉 丙辰 – 살중용인격(殺重用印格) 富命
- 庚午 己丑 壬辰 甲辰 – 身弱에 殺旺格 식신제살
- 壬辰 丁未 辛未 甲午 – 殺旺에 制不足 貴命 水운에 발복 식상제살
- 壬辰 丁未 辛丑 壬辰 – 身旺에 殺弱 制殺太過 盡法無民 水가 病
- 乙酉 丁亥 丙午 己丑 – 制殺太過 金운에 영귀 火운에 사망
- 庚辰 甲申 丁未 丙午 – 身旺에 殺弱, 水운 득권세 火土운 不吉
- 丁卯 甲辰 戊午 癸亥 – 殺重無制 일생 乞人
- 丙子 甲午 己亥 乙亥(女命) – 官殺混離 빈천하고 음란
- 壬辰 己酉 乙未 辛巳 – 多殺에 制 미약, 재상의 부인
- 丙戌 丁酉 乙巳 戊寅 – (女命) 빈천격 制殺太過
- 辛丑 辛丑 乙亥 丙戌 – 殺旺에 制不足 先貧後富
- 戊申 甲子 乙丑 乙酉 – 殺旺에 無制 창녀 기생이 된 사주

o **시상일위귀격**(時上一位貴格)
  • 乙丑 乙酉 辛巳 甲午 — 身旺에 殺이 미약 少年에 登科
  • 丁亥 壬子 辛巳 丁酉 — 去留舒配

③ **정재격**(正財格)

정재격도 원칙상 正財가 투출되어 月支에 뿌리를 박아야 하는 것이지만 꼭 그래야만 되는 게 아니고 干에 정재가 있어 日이나 時 혹은 年支에 根해도 좋고, 또 干에 투출됨이 없이 月支나 時支 혹은 年支에만 있어도 격을 놓을 수 있다. 사실 정재든 편재든 재성은 나만 좋아하는 게 아니고 남도 좋아하게 되어 있으므로 남의 눈에 띄게 투출되면 탈재(奪財-비견이나 겁재는 財를 뺏어가는 작용을 한다)될 우려가 있으므로 지지에 암장되어 있음을 더 기뻐한다.

```
癸卯   丙辰
乙卯   丁巳
庚申   戊午
乙酉   己未
       庚申
       辛酉
```

庚金이 卯月에 生하여 失令으로 身弱이나 日支 申에 녹근(祿根)하고 時支 酉金이 日主를 도우니 身强이 되었다. 身强이면 官이나 財를 用하는 게 원칙이라. 官殺은 柱中에 없고 乙木 正財가 月支 卯에 녹근하여 旺한 중에 年時 卯乙木이 합세하여 日主보다 훨씬 강성해 있다. 財도 적당히 왕해야 다룰 수 있는 것이지 日主보다 지나치게 旺하면 마치 무거운 재물 짐을 빤히 보고도 운반해다 집에 옮겨놓지 못하는 형상이라. 이럴 때는 누구와 같이 운반하여 나눠 갖는 것이 좋다.(즉 누가 거들어 주어야 내 재물을 삼을 수 있다. 그래서 이 경우 비견이나 겁재가 있으면 비견 겁재도 재물에 탐이 나서 서로 모자라는 힘을 합쳐 무거운 재물을 운반해다 나누어 갖게 된다) 고로 財가 太旺하고 日主가 강하더라도 좀 모자라면 비겁으로 用하고, 비겁이 없으면 인수의 生助를 받아야 한다. 전반 巳午未운은 더욱 身弱해져서 세상만사 그림의 떡이 되었고, 未운에 좀 생기를 찾다가 庚申대운에 주식회사를 같이 설립해서 사업을 크게 확장시킨바 있던 사주다.(正財用劫格이다)

• 재다신약(財多身弱)은 인수나 비겁이 용신이다.

辛巳	丙申	
丁酉	乙未	
丙寅	甲午	身旺任財
丁酉	癸巳	
	壬辰	
	辛卯	

丙火가 酉月에 死하나 日支 寅에 長生, 年支 巳에 녹근(祿根)이요 月時 두 丁火가 합세하니 身旺하여 財를 능히 감당할 만하다. 한편 財는 酉中辛金 正財가 득령하고 年支 巳는 月時 支와 巳酉로 金局을 이룬 데다 年干 辛金이 月支에 녹근 투출하니 火의 세력보다 金의 세력이 더 왕성하다. 日主旺이나 金財를 다루기가 벅찬 편인데 南方火운을 일찍 만나 힘을 도와주었으므로 백만장자가 된 사주다. 만일 丙寅日이 아니고 丙子日이었다면 비록 火운을 만나더라도 빈궁을 면치 못하리라. 요는 재를 감당하는 데는 우선이 身旺이라야 하기 때문이다.

```
甲辰    丁丑
丙子    戊寅
己未    己卯
戊辰    庚辰
        辛巳
        壬午
```

己土가 子月에 失令하여 신약같으나 日支 未土에 根하고 時에 戊辰土와 年支 辰土 겁재가 합세하여 身旺이다. 능히 財官을 감당할 수 있는바 年干 甲木 正官은 年干에 멀리 있어 무정해 보이므로 甲木보다는 財에 마음이 간다. 財로 말하면 子辰으로 財局을 놓은 데다 辰은 財庫가 되어 아름답다. 그런데 財보다 戊己 비겁이 旺하여 財를 손상하고 있으니 土가 病이요 年上甲木이 土을 억제하니 藥이며 用이 된다. 일찍 東方木운에 약신인 木이 힘을 얻어 土病을 제거하여 과거에 합격하였다. 만약 原命이 木旺되었더라면 도리어 木운을 꺼리지만 木이 본래 미약함으로써 東方운에 영귀한 것이다. 이 사주는 즉 正財用官格이다.

• 丁卯 乙巳 丙寅 丁酉 – 身旺에 巳酉로 財局, 西方財運에 大貴

• 壬辰 戊申 癸卯 丁巳 – (女命 재상 부인) 財旺하여 官星을 生하여 귀격된다.

④ **편재격**(偏財格)

편재격도 정재격과 같은 원리로 풀이하면 된다. 육친의 구별상 정재 편재로 분류할 뿐 日主의 克을 받는 자가 재성이요 재는 관살을 生하고 인수를 극하는지라 작용력은 마찬가지다. 그러나 학술적인 논리상 구분하여 예시해 본다.

己酉	乙亥	
丙子	甲戌	
壬寅	癸酉	月上偏財格
癸卯	壬申	
	辛未	
	庚午	

壬水가 子月에 生하니 득령되어 身旺이다. 旺者爲格이라 하여 乙木 상관으로 격을 정할지 모르나 상관 자체를 필요로 하지 않는 상황이다. 신왕이면 財官을 우선 보는바 己土 官은 너무 미약한데다 無情하고 月干 丙火 財가 子에 克制되나 寅에 長生하고 旺한 식상의 生助가 있어 간신히 격을 정할만하다. 그러나 길신태로(吉神太露 — 財가 干에 투출된 것)가 되어 日主에 앞서 月支 子水 羊刃(겁재)이 선수를 쳐서 재를 뺏어가는 형상이다. 운이 계속 비겁이 旺하고 財가 미약한 金水운에 들어 간난신고(돈이 궁하고 사업 실패)를 면치 못하다가 午운에야 비로소 財旺운이 되어 한숨을 돌리게 되었다.

己酉	乙亥
丙子	甲戌
壬寅	癸酉
乙巳	壬申
	辛未
	庚午

이 四柱는 위 예와 年月日이 같고 時間만 다르다. 그러나 財는 위 例보다 훨씬 旺한 것은 丙火 편재는 노출되어 月支 겁재에 뺏긴다 치더라도 時支 巳中 丙火 편재는 깊이 암장되어 탈재당하지 않는데다 月干 丙火도 巳에 녹근, 寅에 長生하여 튼튼하다. 초년에 고생하다가 未운부터 발복하여 늦게 부귀를 누렸던 옛사람의 사주다.

아래는 모두 편재격을 놓고 귀히 된 사주다.

• 庚寅 乙酉 甲子 戊辰   • 己未 壬申 丙申 庚寅
• 甲午 丁丑 己未 癸酉   • 乙酉 乙卯 辛卯 辛卯
• 丁亥 戊申 壬申 丙午   • 庚午 戊子 癸卯 丁巳

⑤ **식신격**(食神格)

日主가 生하는 者로 음양이 같으면 식신이고 음양이 다르면 상관(傷官)이다. 식신은 정재(正財)를 진심으로 生하는 한편 日主를 괴롭히는 七殺을 억제한다 해서 수복지신(壽福之神)이란 명칭이 붙고 상관은 벼슬과 직장이 되는 正官을 克하여 남자는 관직의 손해를 보고, 여자는 남편을 극한다 해서 상관(傷官)이라 하였으나 生克관계상 심하고 덜한 미세한 차이는 있겠으나 작용면에서는 식신 상관을 막론하고 식상은 재성을 生하고 官殺을 克하며 日主 및 비겁의 정기(精氣)를 뽑아내는 것은 마찬가지다.

그러므로 식신격이라 해서 길격만이 아니고 상관격이라 해서 흉격이 아니다. 식신이든 상관격이든 부귀빈천의 핵심은 용신의 旺衰에 매였다.(위 관살·재격도 마찬가지다)

식신격을 놓고 식신으로 용하는 것에는 세 가지가 있다.

첫째, 식신용식신격(食神用食神格) - 비견 겁재가 많아 日主가 太旺되어 그 힘을 억제해야 하겠으나 관살이 없고(있더라도 미약) 재가 있어도 역시 日主를 감당 못하면 식신을 用하여 日主나 비겁의 氣를 뽑아낸다.

둘째, 식신생재격(食神生財格) - 인수 비겁으로 인해 日主가 旺하면 당연히 財나 官을 用한다. 그런데 官을 用하자니

官殺이 없거나 있더라도 식신으로 인해 맥을 못추거나 死·絶되면 財를 用하지만 財가 日主에 비해 미약해져 있으면 식신으로 財를 生한다.

셋째, 官殺이 혼잡하거나 태왕하면 日主가 괴로운바 인수가 없어 살인상생(殺印相生)을 못하면 식신을 用하여 殺을 억제한다.

• 日主와 財가 세력이 비등하여 싸우고 있을 때 식신으로 통관시키는 용신법도 있다.

己酉 女命	丙子
乙亥	丁丑
甲寅	戊寅
丙寅	己卯
	庚辰
	辛巳

甲木이 亥에 長生하고 日支에 녹근(祿根)하니 이것만 가지고도 身旺이다. 게다가 時支 寅木과 月上 乙木이 투출하여 합세하니 日主는 太旺이 되었다. 太過者는 損之斯成이라, 日主의 힘을 억제해야 하겠는데 年支 酉金은 외로이 있는데다 寅中 丙火의 克을 받아 旺한 日主를 克하기는 힘이 모자란다. 그래서 時干 丙火로 木의 정기(精氣)를 좀 뽑아내야 한다. 이것을 가리켜 식신용식신격(食神用食神格)이라 한다.

日主의 기운을 빼는 데는 비겁운이 식신을 生助하여 用神이 힘을 얻어 좋을 듯하나 이 경우만은 다르다. 旺한 기운을 빼는 데 用의 목적이 있으므로 日主만 더 旺해져서 식신으로서는 도리어 힘이 벅차 불길하고 오직 식상운 만나는 게 가장 길하다. 인수운이 가장 불길하고 비겁운도 나쁘며 재운 관살운도 무방하다.(재운이 와서 군비쟁재되면 대흉하다) 그러나 원명(原命)에서 운의 도움을 받지 않고도 잘 설기(洩氣)하고 있으면 오직 인수운 만나는 것만 꺼린다.

戊午	庚申
己未	辛酉
戊子	壬戌
庚申	癸亥
	甲子
	乙丑

戊土가 未月에 生하고 戊己午火가 합세하니 身이 太旺이다. 時上 庚金에 土氣를 빼는 것도 좋지만 申子水局을 이룬 財에 마음이 더 끌린다. 그러나 日主 비겁에 비해 미약하다. 그래서 庚金 식신을 用하고 보니 一石二鳥의 효과가 있어 좋다. 즉 日主 비겁의 太旺한 氣를 식신이 빼내어 좀 미약한 財를 生해주니 日은 식신을 生하고 식신은 財를 生하여 식신생재(食神生財)되었다. 운마저 金水운이라 일찍부터 가산이 일어나기 시작하여 재물 근원이 마르지 아니하매 일생 궁한 때가 없이 실컷 쓰고 살아온 사주다.

戊申	戊午
己未	丁巳
癸丑	丙辰
乙卯	乙卯
	甲寅

이 命은 女子의 사주다. 사주 가운데 戊己丑未土가 있으니 그야말로 관살혼잡에 身이 태약이다. 殺에 從해야 하겠으나 時干乙木이 卯에 녹근하여 기세 당당하게 버티고 있으니 從하기보다 乙木 식신으로 관살을 억제하게 된다. 초년 火土운에 官殺이 가중되어 이 남자 저 남자 거치면서 창녀나 다름없는 세월을 보냈고 乙卯운이 들면서 식신제살이 완전히 되어 늦게 부군을 만나 중년 후의 생애는 행복하였다.

⑥ 상관격(傷官格)

　상관격(傷官格)은 진상관(眞傷官)과 가상관(假傷官)으로 구분되는바 처음에 진상관을 이루었다가 가상관으로 변하는 수가 있고, 또 가상관이 진상관으로 변하는 수가 있다. 용신은 후자에 의해 결정된다.

```
戊子    丙辰
乙卯    丁巳
丁巳    戊午
丁未    己未
        庚申
        辛酉
```

　丁日이 卯月(인수)에 生하고 巳午未(午를 끼고 있음)에 丁火 乙木 투출하여 身이 太旺이다. 財官을 用하든가 식상에 설기시켜야 可한데 財는 없고 子水殺과 戊土 상관이 있어 둘 중 하나를 用하게 된다. 그런데 子水殺은 月支卯木을 生하여 다시 日主 丁火를 生하니 간접적으로 旺한 日主를 더욱 旺하게 하는 결과가 되어 마땅치 않다. 그래서 戊土의 억제를 받아 미약해진(生扶가 없다) 子水로서 丁火를 억제한다는 것은 어림도 없다. 때문에 식상을 用하게 되는바 時支 未土는 火를 간직한 土라, 一方으로 午를 挾하여 火를 돕고 있으니 背任할 가능성이 높아 年干 戊土로 用할 수밖에 없다.
　그런데 月干 乙木이 卯에 녹근하여 戊土를 克하니 乙木이 用神의 病이다. 初年 火운에 곤궁하다가 金운에 들어 乙木病을 제거하였으므로 일약 재상의 직위까지 올랐고 癸亥운에 亥卯未 木局을 이루어 病이 重하니 木이 상관을 아주 없애버려 죽고 말았다. 즉 파료상관(破了傷官)으로 설기구가 막혀 죽은 셈이다.

丁丑	己酉 戊申
庚戌	丁未
乙巳	丙午 乙巳
壬午	甲辰

乙木이 秋月에 生하니 時干 壬水가 있으나 身弱이다. 한편 두려운 것은 金旺이라, 얼핏 보면 별로 旺하지 않은 것 같으나 金旺之秋節이요, 巳中庚金 戌中辛金 丑中辛金에 巳丑合 金局이니 金氣太旺에 日弱이다. 고로 金이 病이요, 金을 억제하는 火 상관이 약이 되어 상관으로 用하여 日主가 存하게 된다. 대개 旺弱만을 논하여 무조건 日主를 生하는 것으로 用하는 따위는 어리석은 논리다. 사주에 病이 있으면 약을 用하여 병부터 치료하는 게 차원 높은 방법이다. 일찍 申酉에 病이 得勢하여 고생하다가 一入 丙午丁未의 南方火운을 만나 병을 제거하여 부귀를 누렸던 옛 부귀인의 사주다.

庚子	庚寅 辛卯
己丑	壬辰
壬寅	癸巳 甲午
辛亥	乙未

壬水가 12月 初旬에 生하여 水旺하고, 年上 庚子가 水를 도와주며 또 時支 亥中壬水에 辛金印이 日主를 도우니 日主가 매우 旺洋하다. 생각 같아서는 丑中己土 官星이 月干에 투출하여 身旺官旺이라 해서 己土官으로 用할 것 같으나 凍土에다 一方 庚辛金을 生하여 간접적으로 日主를 더욱 旺하도록 하는 꼴이 되고 또 日時 寅亥合木의 克을 받아 用이 마땅치 않다. 太旺者는 어설프게 克制하는 것보다 순하게 설기(泄氣)함을 기뻐하므로 寅亥合木된 木傷官에 정영

(精英)을 설(泄)하도록 하니 상관이 用이다.
 이 四柱가 貴한 것은 年時干에 庚辛金이 투출하여 은근히 용신 木을 克하니 金이 病이다. 病을 藥으로 치료하면 貴히 된다 하였으니 藥運을 만나 일약 出世하게 되었다. 초년 寅卯운 중 丁卯流年에 衰木이 得局하여 枯木이 비를 얻은 듯이 발연히 흥왕하였고 壬辰癸운에는 水生木으로 木이 生을 받아 도지사급에 올랐고, 巳운에는 金病이 제거되어 재상이 되었다. 申운에 金病이 重하여 죽는 것은 명백하다.

 o **진상관**(眞傷官) · **가상관**(假傷官)
 이상에서 例示로 들어 논한 것은 모두 가상관(假傷官)이다. 진상관과 가상관이 다른 것은 진상관은 상관이 득령(상관月에 出生)하여 있고 타에서 또 상관이 있어 太旺하거나, 상관月에 生하지 않았더라도 지지에 상관이 되는 국(局)이나 方을 놓아 태왕하면 진상관이고, 가상관은 상관月에 出生이라도 심히 旺하지 않거나, 상관이 月이 아닌 타에 있어 좀 미약한 터에 상관으로 用하게 되는 것을 말한다.
 인수와 비겁은 신왕이건 신약이거나를 막론하고 日主를 生扶하여 강하게 하는 作用을 하게 되고 財나 官殺은 日主의 기운을 빼고 克制하여 日主를 弱化시키는 작용력이 있으나 식신 상관은 묘하게도 日主의 힘을 빼기도 하고, 日主를 克하여 日主를 弱化시키고 있는 官殺을 제압(制壓)해서 도리어 日主를 약하지 않도록 보호하기도 한다.
 간단히 말해서 상관이 태왕하면 진상관이고, 상관이 있

어 태왕하지 않고 상관으로 用할 수 있는 것을 가상관이라 한다.

　글에서는 甲乙日生이 巳午未月, 丙丁日生이 辰戌丑未月, 戊己日生이 申酉戌月, 庚辛日生이 亥子丑月, 壬癸日生이 寅卯辰月에 生하면 진상관에 해당한다 하였으나 이에 해당해도 인수가 旺해 있거나 月支에만 홀로 있으면 진상관이 안되는 수가 있고, 위와 같이 상관을 月支에 만나지 않더라도 他에 상관이 있어 旺하면 진상관이 된다. 그래서 진상관이 되려면 꼭 상관월에 출생하기보다는 다음과 같이 되어야 한다고 본다.

　　甲乙日 - 寅午戌 巳午未가 대부분인 것, 또는 巳午月生이
　　　　　 丙丁火가 투출
　　丙丁日 - 辰戌丑未가 대부분인 것, 또는 辰戌丑未月에 生
　　　　　 하여 戊己土가 투출
　　戊己日 - 巳酉丑, 申酉戌이 대부분을 차지한 것, 또는 申
　　　　　 酉月生이 庚辛金 투출된 경우
　　庚辛日 - 申子辰 亥子丑이 대부분을 차지하거나 亥子月에
　　　　　 生하고 壬癸水가 투출
　　壬癸日 - 亥卯未 寅卯辰이 대부분을 차지하거나 寅卯月에
　　　　　 生하고 甲乙木이 투출

　이상에 해당하면 진상관(眞傷官)임은 의심없다. 진상관은 상관태왕이 病이 되어 거의가 인수(印綬)로 用하지만(진상관을 놓고도 상관으로 用하게 될 경우가 있다) 가상관은 四

柱에 상관이 있다해서 무조건 가상관으로 보는 게 아니라 상관으로 用하게 되어야 가상관격을 놓게 되는 것이다. 가상관을 用하게 되는 원리는 ⑤항 식신격과 ⑥항 상관격과 작용원리가 같으므로 例示를 생략하고 아래는 진상관에 대해서만 四柱의 例로 논한다.

甲戌	辛未
庚午	壬申
	癸酉
乙亥	甲戌
丁丑	乙亥
	丙子

乙日生이 午月에 生하고 또 午戌로 傷官局을 이룬데다 丁火 투출이니 진상관이 분명하다. 身弱에 인수로 用해야 될 것 같으나 火土가 旺하여 破印으로 用이 어렵다. 게다가 官星 구실로 못하는 庚辛金이 月干에서 日主를 괴롭히고 있으니 庚金이 病이다. 신약을 補하는 것보다 病을 먼저 제거하는게 당연한 급선무라 상관이 藥이 되어 用이다. 초년 壬癸申酉에 用을 극하고 金病이 重하니 九死一生의 곤액을 겪었고, 그후는 길흉이 번복되었으니 甲乙丙이 用을 生扶하는 한편 亥子水가 用을 克하기 때문이다.

〔참고〕 상식적인 이치로 생각한다면 乙日 신약에 인수가 있고 상관이 旺하니 당연 亥 인수로 用해야 될 것 같다. 庚金은 亥水 印을 生하여 官印相生이 되니 病이라 할 수 없고, 인수는 약한 日主를 生助하는 한편 日主의 정기를 빼내고 있는 旺한 상관을 극해야만 一石二鳥의 효과를 누릴 수 있어 분명 인수로 用이 된다고 보지만 命理正宗에서는 위 四柱를 庚金을 病이라 해서 상관으로 약용신하였으니 아무

래도 납득이 가지 않는다. 필자의 견해로는 당연히 日支 亥 中壬水 인수로 用하여 상관 용인해야 옳을 것 같다.

甲午	丁卯	貴命
丙寅	戊辰	木火通明
乙丑	己巳	
癸未	庚午	재상이 된
	辛未	귀격
	壬申	

乙日生이 寅月에 得令하고 時干 癸印이 있어 身旺이다. 그런데 寅午로 火局하고 丙火 투출이니 진상관이 분명하다. 이 四柱는 목화통명(木火通明)이라 火는 木의 生을 받아 존립하고 木은 火에 의하여 光明을 얻으니 피차 相濟의 得이 있어 吉하다 함이다. 고로 상관 火를 用하면 당연 癸水가 病이다. 戊己운에 水病이 제거되고 南方 火운에 火가 득세하여 方伯이 되었다. 만약 이 사주에 癸水가 없었다면 火운에 泄氣로 신약해지는 것이 두려울 것이다. 그러나 癸水가 있으므로 해서 日主 강해지고 火는 약해지므로 火운을 기뻐하는 것이라 하였다.

戊午	庚申
己未	辛酉
丙戌	壬戌
己亥	癸亥
	甲子
	乙丑

이 사주는 상관용인(傷官用印)이다. 丙火日이 未月에 生하고 타에 土가 旺하니 진상관이 분명하다. 丙火가 午戌未로 旺하나 戊己未戌土에 火의 精이 泄(새는 것)하여 처음에 旺했다가 弱化되었다. 그래서 亥中甲木 인수를 用하는 바 亥水는 甲木을 生하고 甲木은 丙日主를 生하니 亥는 이 命의 貴神이다. 일찍 金運에 인수 木을 克하여 不利하였고 戌운은 상

관 태왕이라 손해가 컸으며 水운에 用神木이 旺해져서 부귀를 얻었다.

［참고］이 四柱를 火氣 盛이라 해서 調候로도 보기 쉬운데 만일 조후용신이라면 金운도 좋았을 것인데도 金운에 불리하였던 것으로 보아 조후용신이 아니다. 실상 日時干 己土는 습토(濕土)요 原命에 亥水가 있어 이미 暖燥한 것은 해결되어 있다.

己巳	壬申
癸酉	辛未
	庚午
戊申	己巳
丙辰	戊辰
	丁卯

戊日生이 酉月에 생하고 巳酉金 申酉 合金으로 金旺하니 진상관이 분명하다. 戊辰土와 年時에 己辰土가 있어 身旺이나 그 정기가 金 상관에 다 빠져나가고 있으므로 日主의 精英이 金에 몰리고 보니 日主는 약해지고 상관만 팽창해진 셈이다. 그래서 丙火 인수를 用하는 바 이것이 바로 상관용인(傷官用印)이다. 상관용인이면 당연히 土를 忌하고 木火를 기뻐하는 것이지만 이 경우는 土운(상관운)에 도리어 부귀하였으니 무슨 까닭일까?

그것은 다름아닌 病弱原理가 작용됨이다. 즉 丙火 인수로 用하고 보니 月支酉金의 生을 받고 있는 月干 癸水가 病이 된다. 사주에 用神이 있고 병이 있는바 用을 生扶하는 것보다 病부터 치료하는 게 우선으로 삼는다. 그래서 이 경우는 土가 水病의 藥이 되어 土운에 발복하였던 것이다. 물론 용신이 生扶되는 운도 길하다.

[참고] 상관격에는 진상관, 가상관으로 구분하여 진상관격을 놓으면 인수운에 발복하고 상관운에 재앙이 이르며, 가상관격을 놓으면 인수운에 파료상관(破了傷官) 혹은 상관상진(傷官傷盡)이라 하여 재앙이 이르고, 상관운에 발복한다. 명확한 논리를 세운바 있으나 위의 예에서 보듯이 꼭 그런 것만은 아니다.

 진상관격은 인수가 용신이고 가상관격은 상관이 용신임은 일반적 용신법이다.

 상관으로 用하지 않을 때는 사주 가운데 상관이 있더라도 가상관이라 하지 않고 다른 격의 명칭을 붙인다.

 상관이 지극히 旺하고 日主가 태약하여 상관에 從하게 되는 격은 진상관격이라 하지 않고 종아격(從兒格)이라 한다.

- 壬子 丙午 乙亥 丁亥 — 상관을 너무 制한 예, 傷官이 用 土木火吉, 金水不吉
- 丙寅 庚子 壬子 辛亥 — 가상관 庚辛이 病, 木火운 부귀
- 乙巳 癸未 戊子 癸丑 — 가상관 火가 忌神 公侯 부귀
- 辛卯 辛丑 丁卯 癸卯 — 가상관 制太過 貴命
- 丁丑 丁亥 壬子 癸卯 — 가상관 빈천명
- 丙寅 甲午 甲戌 辛未 — 진상관 음천하고 克夫한 女命
- 己丑 己巳 丁丑 己酉 — 진상관 孤貧한 女命
- 丙子 辛丑 己卯 庚午 — 진상관 孤寡女

⑦ **인수격**(印綬格)

인수격을 엄밀히 구분하면 정인격(正印格)·편인격(偏印格) 혹은 도식격(倒食格)으로 나눌 수 있지만 五行上의 生克作用은 차이가 없으므로 같이 인수격으로 다루기로 한다.

이 格도 이상의 正格과 마찬가지로 月支에 根한 干이 투출된 것으로 于先하여 格을 붙이지만 역시 원칙론이고 실질적으로 格을 정하는 데는 원칙보다 四柱가 구성된 상황에 의해 격을 정해야 可하다.

四柱에 인수가 투출하거나 인수가 많거나 인수로 용신한다 해서 무조건 인수격을 놓는 게 아니다.(다른 정관·편관·재격·식신·상관격도 마찬가지) 그러나 대개는 인수로 용신하게 되는 인수격이 대부분이고, 日主가 인수로 인해 신왕된 것 등이 인수격을 정할 수 있고 財가 太旺하여 破印되거나 이미 비겁으로 인해 身이 太旺되어 있으면 인수가 있어도 인수격을 놓지 않는다.

丙子　壬寅
辛丑　癸卯
壬戌　甲辰
辛丑　乙巳
　　　丙午
　　　丁未
　　　戊申

이 命은 壬水가 아직 水旺하는 丑月의 水氣를 타고 生이라 하나 原丑戌土 官殺이 克身하니 다시 弱해진다. 그러나 丑中 辛金이 月時干에 투출하여 一方 土의 生을 받고 一方 日主를 生하니 殺印相生을 이루어 辛金 인수가 用이다. 고로 인수격이 이루어지는 데 初年 木운은 인수를 克하는 丙火 財를 生하여 不吉이고 中年 巳午丙丁운은 財旺운이라 탐재괴인(貪財壞印)이 되어 되는 일이 없이 도리어 돈 때문에 망신하다시피 살아왔는데 56세 未운이 들면 土生金으로 生印하여 名望이 오르다가 未운 申酉金운에 旺印하여 一生 품어온 뜻을 펴리라고 본다.

```
壬戌    癸卯
壬寅    甲辰
丁卯    乙巳
戊申    丙午
        丁未
        戊申
```

丁火가 寅月의 生을 받는다 하나 입춘 2, 3日 뒤의 出生이라 아직 추위가 남아 火는 쇠하고 木은 맥을 못추는데다 年月 兩壬水가 克火하고 木을 습하게 한다. 한편 時支 申金이 寅卯木을 冲克하고 時干 戊土가 年支 戌에 根하여 壬水를 克하며 丁壬이 化木하여 인수를 돕고 있어 그런대로 인수를 用한다. 그런데 운이 巳에 들면서 申中庚金이 巳中庚金에 長生 힘을 얻어 寅中甲木 인수를 冲克하니 즉 탐재괴인(貪財壞印)으로 큰 죄를 짓고 사형된 고인의 사주다. 위 예에 탐재괴인 운에 죽지 않은 것은 原命 인수의 根이 튼튼하였기 때문이다.

```
乙亥    壬午
癸未    辛巳
丁卯    庚辰
甲辰    己卯
        戊寅
        丁丑
```

丁火가 未月 火旺節에 生이나 一方은 未中己土에 설기되어 그다지 旺이라 할 수 없고(물론 未月丁火는 弱이 아니다) 月干癸水가 年支亥水 時支 辰中癸水에 根하여 克丁火하니 木 인수의 生을 의뢰하지 않고는 신약되어 견디기가 어렵다. 그러나 막상 상황을 다시 살펴보건대 四柱 대부분이 木 인수다. 즉 亥卯未로 木局全이요 卯辰 木方에다 甲乙木이 長

生 祿根하니 木의 生을 기뻐하기는 고사하고 木多火滅(木이 너무 많으면 불이 꺼진다)이 되어 木이 忌神이다.

고로 인수용재(印綬用財)해야 되겠으나 사주 가운데 金財가 없다. 木운에 사는 것이 죽는 것만 못하였다가 그 운을 못넘기고 죽었는데 초년 庚辛운은 金克木으로 호강하며 살았다.(초년에 부모가 지나치게 뜻만 받아주어 부모 생전에는 호강하였으나 부모가 죽은 뒤 부모의 지나친 사랑이 사람구실을 못하는 폐인으로 만들어 재산 탕진에 버릇없이 살아가다가 위병으로 죽게 되었으리라)

辛卯	壬辰	
辛卯	癸巳	女命
戊寅	甲午	官殺用印
壬子	乙未	去官留殺
	丙申	
	丁酉	

戊土가 卯月에 身弱(太弱)이나 金木이 上爭하는데다 寅中丙火 長生地에 앉아 從을 못하고 丙火 인수를 用하게 된다. 卯寅木 관살혼잡(官殺混雜)이라서 女命에 크게 불길이나 다행히도 年月支 卯木 官星은 年月干 辛金에 제거되고 오직 寅中 甲木 七殺(편관성) 하나만 남으니 관살혼잡이 삭제된 셈이다. 다만 身弱이 걱정이라 寅中丙火 인수로 用하니 살인상생(殺印相生－寅中甲木殺은 寅中丙火 인수를 生하고 丙火 인수는 日干 戊土를 生한다)이 되어 아름답다. 南方운(午未)에 인수 용신 旺으로 남편 자식덕을 보며 부귀를 누리다가 申운을 만나 申이 용신 寅을 冲破함으로써 재앙을 만났던 옛 女人의 사주다.

(2) 용신 정하는 원칙

① 신강용신(身强用神)

내격(內格)의 용신은 특별한 예를 제외하고는 거의가 신강이냐 신약이냐에 따라 결정된다.(日主가 지극히 미약하거나 지극히 왕한 경우는 내격에 포함하지 않고 外格의 從格에서 다루기로 한다)

신강이면 억제하고 신약이면 도와주는 게 당연한데 어떻게 억제하고 어떻게 도와주어야 하는가에 대해서는 사주에 차지하고 있는 육친의 동태(입장)를 잘 살펴야 한다.

신강이면 재(財)나 관성(官星)을 用하는 것으로 우선한다. 그런데 財나 官星은 日主의 힘을 약화시키므로 신강에 이를 用하는 게 당연하지만 財·官을 用하는 의의의 차이가 있다.

財는 사업이요 官은 벼슬이나 직장에 비유된다. 그리고 신강하다는 것은 몸이 건강하고 재능이 풍족한 것에 비유되니 사람이 건강하고 재능이 있으면 마땅히 사업을 경영하거나 관직에 종사하게 되는 바 사업이 환경에 맞으면 사업에 종사하고, 관직이 유리하면 관직에 오르는데 신강하고 財와 官이 다 旺할 때 어느 것으로 用하느냐가 문제인데 사주가 식상생재하였으면 財를 취하고 재생관살(財生官殺)하였으면 官殺을 취하되, 무엇을 用할까 애매모호할 때는 財보다 官을 취하는 게 좋다. 왜냐하면 사람이 귀히 되면 재물은 자연 따르기 때문이다.

또 한 가지 身太旺에 財나 官을 用하는 의의는 財나 官을 취득하려는 데 목적이 있는 게 아니고 日主 太旺, 즉 비유하건대 몸이 너무 비만(肥滿)되어 體重이 지나치게 무거우면(너무 많이 먹어 배가 팽창해진 것에도 비유됨) 거북스러울 뿐 아니라 갖가지 질병이 생길 우려가 있으므로 살을 빼고 체중을 줄이며 부른 배가 꺼지도록 해야 몸이 편하고 건강이 유지되는 것같이 財나 官星을 用하여 太旺한 日主를 弱化시키려는 데 있다.

• 身旺이면 財나 官을 用한다.(身旺財旺되거나 身旺官旺을 가장 이상적인 사주로 본다)

印綬가 많아 身이 太旺이면 財를 用하여 인수의 힘을 억제하고 비겁으로 인해 日主 太旺이면 官殺을 用하여 비겁의 힘을 억제해야 한다. 전자를 **인수용재격**(印綬用財格)이라 하고 후자를 **비겁용관격**(比劫用官格)이라 한다.

• 인수로 인해 日主 太旺이면 財用이나, 財가 四柱內에 없든지 있어도 破克되어 用이 불능이면 하는 수 없이 官殺이나 식상(食傷)을 用해야 한다. 이 경우 官殺이 약하고 식상이 왕하면 官殺用이 불가(식상에 官殺이 억제되므로)하고 식상으로 용해야 하고, 식상이 미약하고 官殺이 旺하면 관살로 用한다. 전자(식상용)를 **인수용식상격**(印綬用食傷格)이라 하고 후자(관살용)를 **인수용관격**(印綬用官格)이라 한다.

• 비겁으로 인해 日主 太旺인데는 우선 官殺이 用이지만 官殺이 없거나 있더라도 합거(合去-用될만한 것이 타와 干合 혹은 支合을 이루어 他 五行으로 化하면 다른 데 마음이 쏠려 背任하는 상이어서 用으로 정하기가 마땅치 않다)하였

거나 旺한 식상에 눌려 있으면 식상에 泄氣함이 좋으니 식상으로 用해야 한다. 이를 **식상용식상격**(食傷用食傷格)이라 한다.

• 비겁이 많아 日主 太旺인데 억제하는 官殺도 없고 설기하는 식상도 없이 오직 재성(財星)만 웬만큼 힘을 지탱하고 있으면 하는 수 없이 財를 用하여 日主의 힘을 빼야 한다. 이를 **비겁용재**(比劫用財)라 한다.

이상은 모두 身强된 경우에 用神 정하는 법칙이며 요령이다.

② **신약용신**(身弱用神)

五行의 상호 생극관계 및 旺衰法에 의하여 日主가 미약하다고 판단되었을 경우에는 다음과 같은 요령에 의하여 용신을 정한다.

• 일반적으로 身弱이 된 사주는 비견·겁재나 인수로 용신하는 게 원칙이니 日主를 生助하는 것은 비겁 및 인수뿐이기 때문이다.

• 비겁도 있고 인수도 있을 때 신약에 무엇으로 用하는가를 사주 상황을 보지 않고는 단적으로 논할 수 없지만 이치로만 따진다면 관살왕에는 인수로 用하고, 財旺에는 비겁으로 用해야 용신이 상하지 않는다.

• 신약에 生扶를 요할 경우 인수만 있거나 비겁만 있으면 우선 있는 육친으로 用하는 게 당연하나 인수 비겁이 모두 있을 때는 첫째 有力(旺)한 자로 정하고, 힘이 비등하면 有

情(日主와 가까이 있고 合·沖 등의 결점이 없는 자)한 육친으로 정한다.(물론 관살·재의 동태를 참작함도 잊지 말아야 한다)

　日主 자체로 볼 때 우선은 신약이 아니었는데(得令 인수·비겁·장생·根 등이 있어) 타의 세력, 즉 財나 官殺이나 食傷이 旺한 탓으로 身弱해진 경우는 그 신약되게 한 육친(원인)의 힘을 억제[克]하거나 빼내는[泄氣] 방법으로 用神을 정한다.

　• 官殺이 旺하여 身弱인 경우 인수나 식상으로 用하는데 인수가 있으면 인수를 用하여 살인상생(殺印相生) 또는 관인상생(官印相生)이 되게 하고, 인수가 없고 식상이 있으면 식상을 用하여 官殺을 억제해야 한다. 전자를 **살중용인격**(殺重用印格) 또는 관인상생·살인상생격이라 하고 후자를 **식신제살**(食神制殺) 또는 **식상제살격** 혹은 **상관제살**(傷官制殺)이라 한다.

　• 食傷이 太旺하면 日主의 정기를 뽑아내어(泄氣) 身弱해진다. 이 경우 比劫을 用하면 비겁이 식상을 生하여 더욱 식상이 旺해지므로 인수를 用해야 한다. 그 인수는 一方으로 미약한 日主를 돕고 一方으로 식상의 힘을 억제하여 日主의 氣를 빼내지 못하게 한다. 이를 **식상용인격**(食傷用印格)이라 한다.

　• 財가 太旺하면 인수가 있어도 財에 억제되어 日主를 生하지 못한다. 그래서 자연 신약해지는데 비겁이 있으면 비겁을 用하여 財를 克制함이 좋다. 이를 **재왕용겁**(財旺用劫)

또는 **득비이재**(得比理財)라 한다. 그런데 財旺에 비겁을 用하는 게 원칙이나 비겁이 있더라도 官殺에 억눌려 있거나 비겁이 없는 경우는 인수를 用하는 수밖에 없다. 인수는 日主를 生하는 동시에 식상을 극하여 재를 더 이상 生하지 못하도록 한다. 이를 **재다용인격**(財多用印格)이라 한다.

③ 격과 용신의 합칭
- 일강용재(日强用財) – 日主 强(身旺)에 財를 用하는 것, **재용재격**(財用財格)
- 정관용관격(正官用官格) – 身旺에 정관격을 놓고 정관으로 用하는 것
- 관살용관살격(官殺用官殺格) – 比劫 多로 日主太旺이면 官殺로 억제한다.
- 정관용인(正官用印)・관살용인격(官殺用印格) – 日主 弱에 官殺도 있고 인수도 있을 때 이를 **관인상생**(官印相生) 또는 **살인상생격**(殺印相生格)이라고도 한다.
- 정관용재(正官用財)・관살용재(官殺用財) – 身旺에 官을 취하려는 경우 官殺이 좀 미약하면 財를 用하여 미약한 관살을 도와주도록 한다.
- 재자약살격(財滋弱殺格) – 관살용재와 용하는 목적이 같다.
- 재관인구족격(財官印俱足格) – 身旺이면 官殺이 用인데 官殺이 미약하면 財로 用한다. 財官印이 모두 있고 身弱이면 印을 用하며, 身旺이고 財와 印이 같이 강해 있으

면 인수로 用해야 하니 이를 **재인불애**(財印不碍)라 한다.
- 식신제살격(食神制殺格) - 身 不弱에 殺이 太强이면 식상으로 殺을 制한다.
- 제살태과(制殺太過) - 食傷이 旺하고 官殺이 弱한데 財와 印이 없는 것.
- 살인상생격(殺印相生格) - 身弱에 官殺이 太旺한 경우 인수도 있고 식상도 있으면 식상으로 관살을 克하는 것보다 인수를 用하여 殺印相生 시켜야 한다. 어설피 식상으로 克하려다가는 旺神怒發로 재앙을 초래한다. 印이 없으면 식상은 자연 약하지 않으리니 능히 官殺을 억제할 수 있다.
- 살인상정격(殺印相停格) - 日主 미약(太强하지 않으면 해당한다)에 殺이 旺하면 身을 克하여 日主 더욱 약해지므로 불길이다. 그런데 이 경우 양인(羊刃-즉 겁재)이 있으면 이 격이 이루어진다. 예를 들어 甲木의 七殺은 庚金이다. 四柱日弱에 庚金殺이 旺하여 克身하는 데 만일 羊刃인 卯가 있으면 卯中乙木이 乙庚으로 合하여 庚金이 甲木을 克하지 못하도록 한다.

庚金殺은 卯中乙木과 合하는 데 정신이 팔려 甲木을 克하지 않으므로 日主는 卯羊刃 때문에 살의 克을 받지 않으니 편해진다. 이를 인간관계에 비유하면 자기를 괴롭히던 어떤 사람이 누이동생과 연애나 혼인하게 되면 그 자는 나의 매부가 되어 도리어 나를 도와주는 입장이 되는 것과 같다. 양인은 六親관계로 따질 때 누이동생이 되고 七殺은 妹夫가 되기도 한다.
　이 殺刃相停이 잘 이루어지면 법관(法官) 무관(武官)으로 出世하는 데 가장 이상적인 격이라 한다. 단 羊刃은 劫財로되 羊刃으로 칭하는 것은 반드시 陽干日生만이 이 格을 이룰 수 있는 것이고 陰干日生은 格이 성립되지 않는 까닭이다.

- 득비이재(得比理財)·용겁이재(用劫理財)－비견이나 겁재가 있어 日主 약하지 않으나 財가 많아 財를 감당할 힘이 모자랄 때는 비견이나 겁재를 用한다. 즉 비겁의 힘을 얻어 旺한 財星을 다루는 용신법이다.
- 인수용재격(印綬用財格)－인수가 많아 日主가 너무 旺해질 때, 水多木浮 金多水濁 土多金埋 火多土燥 木多火滅이 되기 쉬울 때 財를 用하여 변한 인수를 억제한다.
- 식상용인격(食傷用印格)－식상이 日主를 너무 泄氣시키므로 身弱되면 印을 用하여 日을 生하면서 식상을 억제토록 한다.
- 식상생재(食傷生財)·식신생재격(食神生財格)－日主 旺에 財를 취하려는 데 재가 미약하고 식신이나 상관이 있으면 식상을 用하여 미약한 財를 生해주도록 한다.
- 식상용식상격(食傷用食傷格)－비겁이 많아 日主 太旺하고 官殺 인수 식상이 모두 있을 때는 官殺用보다 식상으로 用하는 게 원칙이다. 왜냐하면 印이 끼어 있는 官殺은 印을 生하여 印은 다시 日을 生하니 도리어 더

身旺해질 가능성이 있다. 식상으로 日主 비겁의 정기(精氣)를 순히 빼는 게 아름답다. 또 官殺 印이 모두 없어도 식상으로 用하여 막힌 氣를 소통함이 좋다.

- ○ 인수용인 - 살인상생, 인수용인, 식상용인, 관살과 日干이 비등한 세력으로 싸울 때
- ○ 상관용겁 - 식상 태왕에 인수가 없을 때
- ○ 식상용인 - 식상용식상, 식상제살, 식상생재 日主 재를 통관
- ○ 재용신 - 재자약살, 인수용재, 비겁용재, 식상 관살을 통관
- ○ 관살용신 - 관살용관살격, 재와 인수를 통관
- ○ 양인용신 - 살인상정(殺刃相停)

(3) 외격(外格)

① 종격(從格)

강한 자에 從한다는 뜻인데 식상·재·관살에 종한다는 게 아니라 인수(印綬)나 비겁(比劫)에 종하게 되는 것을 말한다. 종격이란 어떤 五行·六親의 세력이 지극히 왕성해 있어 타로서는 그 세력을 감당할 수 없을 때 놓는 것으로 인수에, 비겁 인수에, 식상에, 재에, 관살에 종하는 여러 가지 형태가 있는 바 인수에 종하는 것을 종인(從印) 또는 종강(從强), 비겁에 종하는 것을 종비(從比), 식상에 종하는 것을 종아(從兒), 재에 종하는 것을 종재(從財), 관살에 종하는 것을 종살(從殺)이라 한다.

그런데 종아, 종재, 종살을 제외한 종인 종겁은 日主가 지극히 왕해서 日主 자신의 五行에 종하는 것인데 인수가 사주의 대부분을 차지함으로써 日主가 심히 왕한 경우와 비겁이 전부 혹은 대부분을 차지하여 日主가 몹시 旺한 경우 결과적으로 日主가 지극히 旺하다는 점은 같지만 용신의 이해관계와 격(格)의 성격은 약간 다르다.

인수가 많아 종격을 놓을 수 있는 것은 종인격(從印格)이라 하는 게 합당하고, 比劫이 대부분을 점령함으로써 종격을 놓는 경우는 日干에 따라 고유의 명칭을 붙이도록 되어 있다. 즉 곡직격, 염상격, 가색격, 종혁격, 윤하격으로 구분된다.

○ **종인**(從印)

종인(從印)은 인수가 태왕하여 타[財]로 억제가 불가능하면 그냥 인수에 종해야 하니 이것을 종인(從印) 또는 순모지리(順母之理)라 한다. 그런데 인수에 종하는 데 있어 用法이 다른 게 있으니 사주 일색이 인수로만 되어 있으면 비겁으로 그 氣를 빼내는 것보다 인수를 生扶함이 도리어 좋으니 관살운과 인수운을 만나야 길하고, 이 경우보다 약간 덜 왕하면 비겁운을 기뻐한다.

간단히 말해 인수가 태왕하여 재로 억제 못하면(비겁이 있고) 비겁으로 순히 빼내야 하고(인수가 웬만큼 왕해야 재로 인수를 억제할 수 있다) 인수가 지극히 왕하면 비겁으로 빼내지 못하고 그냥 인수에 從해야 한다.

아래는 인수가 태왕해서 비겁을 用하는 예다.

戊申	癸卯	丙戌	壬子
庚申	甲寅	戊戌	辛亥
癸酉	丁卯	辛丑	甲子
丙辰	壬辰	戊戌	乙亥

이상은 인수태왕에 재로 억제 불가하므로 그냥 비겁으로 순히 빼내야 한다.

戊戌	壬子
戊午	壬子
辛未	甲子
戊戌	癸酉

이상은 인수 지극히 왕하여 그냥 인수에 종해야 하니 관살 인수운이 길하다.

○ **종비**(從比)

인수와 비겁으로 사주 대부분을 차지하여 日主가 지극히 왕하면 그냥 비겁에 從해야 하니 이것을 종비(從比)라 한다.

四柱의 전부 혹은 대부분을 한 가지 五行이 차지하여 독장치고 있으면 다른 五行은 도저히 이를 저항할 수 없게 된다. 고로 독장치고 있는 五行에 고분고분 종(從)해야 한다. 日主가 극왕하면 종비(從比)요, 인수가 극왕이면 종인(從印), 식상이 극왕은 종아, 재가 극왕이면 종재, 관살이 극왕이면 종살한다.

● 곡직격(曲直格)

甲乙日生이 사주 대부분이 水木으로 구성되고 金이 없으면 이 格이 성립된다.

```
甲寅
丁卯
乙未
丙子
```

乙日 卯月에 年干甲木이 年支 寅에 根하여 투출하고 卯未寅卯로 木半方半局을 이루어 日主 太旺이다. 고로 木에 從하는데 丙丁火가 투출 木氣를 잘 뽑아내고 있다. 水木火운 吉이다.

```
壬寅
癸卯
甲子
戊辰
```

甲日이 卯月得令이오 壬癸辰子의 生을 받아 木의 형세가 심히 왕하다. 타로 제어불능이므로 그냥 木에 從해야 한다.

● 염상격(炎上格)

丙丁日生이 日主가 지극히 旺하면 이 격이 이루어진다.

```
乙未
辛巳
丙午
甲午
```

丙日이 巳月에 득령이요 巳午未로 火方全을 이룬 데다 甲乙木의 生까지 있어 日主가 지극히 왕하다. 고로 火에 순종해야 한다.

```
甲寅
丙寅
丁巳
丙午
```

丁火가 寅月에 生을 받고 寅午巳午로 火半方 半局을 이루었으며, 木이 生火하니 천지가 모두 불길이다. 고로 旺火에 순종해야 한다. 이 염상격은 木火土운이 吉하고 金水운은 불길하다.

● 가색격(稼穡格)

戊己日生이 火土로 대부분을 차지하여 土가 지극히 왕하면 이 格이 이루어진다.

```
戊戌
戊午
戊辰
癸丑
```

戊日生이 午月에 生하고 時干癸水만 제외하고는 모두 土로 되어 있어 日主가 심히 왕해져 있다. 고로 旺한 土의 세력에 그냥 從해야 한다.

```
壬寅
癸丑
己丑
戊辰
```

己日生이 丑土月에 生하고 時干戊土, 日時支 丑辰土가 있어 日主가 심히 왕하다. 그래서 土에 從하게 되는데 年支寅木이 年月干 水의 生을 받아 土를 克하고 있으니 木이 病이다. 火土운보다 金운이 약운이라 더 吉하다.

● 종혁격(從革格)

庚辛金日生이 卯比로 인해 日主가 심히 왕하면 이 격이 성립된다.

```
壬申
己酉
庚申
辛巳
```

庚日酉月에 득령이요 申에 녹근하고 年時申辛金이 합세하여 순수한 金의 세력이다. 時支

巳火가 방해될 것 같으나 巳는 金의 장생궁이요 또 酉가 있어 巳酉로 金局하니 病이 되지 않는다. 고로 종혁격이 진으로 이루어진다.

| 辛酉 |
| 戊戌 |
| 辛酉 |
| 丁酉 |

辛日이 秋月에 旺하고 酉戌半方에 辛酉金이 합세요 土卯이 또 生하니 종혁격이 이루어진다. 단 時干丁火가 用金을 克하고 있어 이 丁火가 이 四柱의 病이다.

● 윤하격(潤下格)

壬癸水日生이 인수·비겁으로 사주 대부분을 차지하고 있어 日主가 몹시 旺하면 이 格이 이루어진다.

| 庚子 |
| 庚辰 |
| 壬申 |
| 辛亥 |

壬日生이 四柱가 모두 金水로 되어 日主가 심히 왕하다. 月支辰土가 病되어 이 격을 놓을 수 없을 것 같으나 이 경우의 辰土는 申子辰으로 水局을 이루어 水로 化함으로써 방해되지 않는다.

| 壬辰 |
| 壬子 |
| 癸亥 |
| 癸丑 |

모두 水로 되어 있고 水를 克하는 것은 年時支 丑辰土가 있어 방해될 것 같다. 그러나 辰土는 子辰으로 化水하고 丑土는 亥子丑으로 水全方을 이루어 전부 水로 化했으니 순수한 水에 從하게 된다.

② 종세(從勢)

종세란 강한 세력에 항복하여 굴종(屈從)한다는 뜻이다.

종세격이 이루어지려면 日主가 심히 약해져 있는 상태에 生扶해주는 인수나 비겁이 없거나, 인수나 비겁이 있더라도 그(인수·비겁)도 미약해져 있어 日主를 도와주기는 고사하고 제 감당도 어려운 처지에 놓여 있으면 그냥 사주 중에 식상이 왕하면 식상, 재가 왕하면 재, 관살이 왕하면 관살에 항복 종해야 하니 식상에 종하는 것을 종아(從兒-식상은 日干이 生하는 자라 자식격이 되어 兒라 한다), 재에 종하는 것을 종재(從財), 관살에 종하는 것을 종살(從殺)이라 한다.

日主가 심히 미약해져 있는 상태에 식상이 대부분을 차지하여 식상이 태왕하면 식상에 종하고, 재가 대부분을 차지하여 재가 태왕하면 재에 종하며, 관살이 대부분을 차지하여 관살이 태왕하면 관살에 종하게 된다.

그러나 日主가 심히 약해져 있어 어디엔가 종해야 할 형편인데 식상·재가 비슷하게 왕하거나, 재·관살이 비슷하게 왕하거나, 식상·재·관살이 모두 비슷하게 왕하면 어디에 종해야 되는가인데 식상·재가 비슷하게 왕하거든 재에 종하고, 재·관살이 비슷하게 왕하거든 관살에 종하고, 식상·재·관살이 비슷하게 왕하거든 재에 종하고, 식상·관살이 비슷하게 왕하거든 식상에 종해야 한다.

이와 같이 日主가 심히 미약하여 인수·비겁이 있더라도 그 도움이 신통치 않아 인수나 비겁의 도움(生扶)을 포기하고 식상·재·관살 중에서 有力한 자나 세력판도를 장악하고 있는 육친에 종하는 것을 기명종세(棄命從勢)라 통칭하고, 재(財)에 종하게 되는 것을 기명종재(棄命從財), 관살에 종하는 것을 기명종살(棄命從殺)이라 한다. 단 식상에 종하는 것은 나(日干)의 자식에 종하는 것이므로 종 가운데서 가장 기쁘게(언짢은 마음이 없이) 종할 수 있다해서 기명(棄命)이란 말을 쓰지 않고 그냥 종아(從兒)라고만 한다.

ㅇ **진종**(眞從)·**가종**(假從)

　종(從)이란 종비격(自身의 日主에 從하는 것, 즉 곡직·염상·가색·종혁·윤하격)을 제외하고는 타(재·관살)에 항복·굴종하는 것이므로 웬만큼 견딜 수만 있으면 타에 복종하고 싶지 않은 것이 만물의 상정이다. 진종은 日主가 심히 미약하고 일점의 인수·비겁이 없거나 있더라도 인수는 재에 파극되고 비겁은 관살에 파극되어 없어진 거나 다름없으면 아예 아무 주저없이 재성이건 관살이건 왕한 자에 진정으로 종(항복)하는 것이다. 가종은 日主가 심히 미약해서 견딜 수가 없는 상태에 인수나 비겁이 있어 인수나 비겁의 生扶에 의지해 보려는 마음이 간절하면서도 인수·비겁의 도움으로는 도저히 왕성한 재나 관살의 세력을 감당할 수 없다 생각되어 하는 수 없이(미련을 남긴 채) 종하는 것을 말한다.(이때 인수·비겁은 종격의 病이 된다)

　〔참고〕日主가 심히 미약할 때 陽干日보다 陰干日이 더 잘 종한다. 陽干日은 의에는 굽혀도 세력에는 굽히기 싫어하고, 陰干日은 세력은 따라도 의는 버린다는 음양간의 특성이 있음을 참작하라.

● 종아격(從兒格)

日主가 심히 미약해져 있는 상태에 식상이 사주의 대부분을 차지하여 他로 억제가 불가능하면 그냥 식상의 세력에 從해야 하니 이것이 종아(從兒)다. 兒란 日干이 生하는 자로 자식에 해당, 붙인 이름이다.

```
丙戌
甲午
甲午
丙寅
```

甲木이 時支寅에 녹근하여 從이 안될 것 같으나 그 寅은 寅午戌 三合 火局으로 化하고 丙午火로 火 太旺하여 순수한 종아격이다.

```
戊辰
乙卯
壬寅
甲辰
```

壬日이 根할 데 없어 심히 미약하므로 어디엔가 從해야 한다. 甲乙木이 각각 녹근한 데다 寅卯辰 木全方을 이루어 木 식상이 판을 치고 있으니 식상에 從하게 된다.
인수 관살운은 불리하다.

● 종재격(從財格)

日主가 미약하고 財가 심히 왕한 중 인수 비겁의 生扶가 없으면 財에 종하는바 이를 종재(從財) 또는 기명종재(棄命從財)라 한다. 印·比운 불리하고 식상 재 관살운이 길하다.

```
癸巳
丁巳
癸巳
丁巳
```

```
戊辰
乙丑
乙丑
辛巳
```

日干癸水를 돕는 것은 오직 年干 癸水뿐이다. 게다가 두 癸水는 모두 巳에 절(絶)하여 명맥도 유지하기 어렵다. 한편 財인 火는 年月日時에 다 차지하고 月時干丁火가 투출이

니 火의 세력뿐이다. 고로 火財에 종하는 데 망설일 것이
없다.

　身弱에 財가 심히 왕하여 역시 財에 종한다.

● 종살격(從殺格)

　日主가 몹시 미약해져 있는 상태에 관살의 세력이 강성해
있으면 관살에 종하게 되는데 이것을 종살(從殺) 또는 기명
종살(棄命從殺)이라 한다. 종살격을 놓으면 재·관살운이라
야 길하고 인수 비겁 식상운을 꺼린다.

```
庚申
辛巳
乙丑
乙酉
```

　　　　　乙日이 실령하고 타의 生扶가 없어 日主가 심
히 미약하다. 時干乙木은 酉金殺地에 앉아 日主
를 도울 힘이 없다. 한편 사주에는 金殺로 꽉 차
있으니 즉 巳酉丑金殺局全에 庚申辛金이 합세
하여 金一色이다. 그래서 金에 從해야 하니 이
것이 바로 종살(從殺)이다.

● 종세(從勢)

　日主 미약하여 견디기 어려울 때 한두 개의 印이나 비겁
이 있더라도 그 힘에 의지할 수 없거나 그나마 없을 경우
어디엔가 유리한 편에 종해버리는 것을 칭한다. 위 종격은
식상·재·관살이 편중되게 旺하여 무조건 편중된 세력에
從하는 것이지만 종세격은 식상·재·관살 중 비슷하게 왕
하여 있을 때 三者나 二者 中 적당한 세력을 골라 종한다는
점이 다르다. 즉 日主가 太弱에

식상
재성-財에 從
식상
관살-食傷에 從
재성
관살-관살에 從
식상
재성-財에 從
관살

```
丁 酉
庚 戌
甲 申
辛 未
```

신약에 재 관살 왕이니 殺에 종한다.

③ **종화격**(從化格)

화격은 日干이 干合을 만나 이루어지는 것으로 반드시 化한 오행이 旺함을 요하며 그 旺한 化神에 從한다 해서 종화격(從化格)이라고도 한다. 그러므로 日干이 干合을 만났더라도 化한 오행이 旺하지 않으면 화격은 성립되지 않는다.

ㅇ **화격표**(化格表)

格 名	화격이 성립되는 조건
甲己化土格	甲日에 己가 있거나 己日이 甲이 있고, 辰戌丑未月에 生하여 柱中에 土가 많은 것
乙庚化金格	乙日에 庚이 있거나 庚日이 乙이 있고, 申酉戌月에 生하여 他에 도 辛申酉金이 많은 것
丙辛化水格	丙日이 辛이 있거나 辛日이 丙이 있고, 亥子丑月에 生하여 他에도 壬癸亥子의 水가 많은 것
丁壬化木格	丁日이 壬이 있거나 壬日이 丁이 있고, 寅卯辰月에 生하여 他에도 甲乙寅卯木이 많은 것
戊癸化火格	戊日이 癸가 있거나 癸日이 戊가 있고, 巳午未月에 生하여 他에도 丙丁巳午火가 많은 것

格 名	가 화(假化)	대운·세운	
		길운	흉운
甲己化土格	甲이나 己가 또 있거나 乙寅卯木이 있는 것	火土金	水木
乙庚化金格	乙이나 庚이 또 있거나 丙丁巳午火가 있는 것	土金水	木火
丙辛化水格	丙이나 辛이 또 있거나 戊己辰戌丑未土가 있는 것	金水木	火土
丁壬化木格	丁이나 壬이 또 있거나 庚辛申酉金이 있는 것	水木火	土金
戊癸化火格	戊나 癸가 또 있거나 壬子亥水가 있는 것	木火土	金水

화격(化格)을 놓으려면 日干이 干合이 있고 干合化한 五行月에 生해야 하며 타에 化神이 많고, 化神을 克하는 者와 쟁합(爭合-甲己合에 甲이나 己가 또 있는 것)이 없어야 진화이고, 극하는 자, 쟁합 있으면 가화다.

日	진 화 격(眞化格)		
甲己日	甲午 戊辰 己巳 壬戌 甲辰 甲辰 己巳 己巳		甲日·己日生이 각각 甲己合土에 土月生이며(火月生도 무방) 사주에 土가 많고 木이 없으니 진화격이다. 위 예에 甲己가 또 있으나 그 甲己는 따로 干合하여 쟁합하지 않는다.
乙庚日	癸酉 癸酉 庚申 壬戌 乙丑 乙酉 辛巳 庚辰		乙日 庚日生이 乙庚化金하고 秋月生이며 타에 金이 많고 化神을 극하는 丙丁巳午火와 쟁합하는 乙·庚이 없으니 진화격이 순수하게 이루어진다.

日	진 화 격(眞化格)			
丙辛日	壬申 辛亥 丙子 壬辰	壬子 壬子 辛卯 丙申	甲子 乙亥 丙子 辛卯	이상 모두 丙辛化水에 水月生이며 土가 없고 쟁합이 없으니 진화격이다.
丁壬日	癸亥 乙卯 壬寅 丁未	丁未 壬寅 丁亥 壬寅		丁壬日生이 丁壬으로 化木하고 卯寅月生이며 타에 木이 많고 金이 없으니 化格이다. 아래 丁·壬이 또 있으나 따로 丁壬合하여 합을 질투하지 않는다.
戊癸日	丙戌 癸巳 戊午 丁巳	壬午 丁未 癸巳 戊午		戊癸日生이 戊癸合化火하고 巳午未月中에 生하였으며 化神火를 克하는 壬亥子水와 合을 방해하는 戊나 癸가 또 없으니 진화격이다.

日	가 화(假化)	
甲己日	癸亥 己未 甲子 己巳	甲日이 己와 甲己로 합하는데 月時가 쟁합하고 亥未木局이 또 化神을 克하여 化格의 파격이다. 甲己化土에 土月이고 土가 많다해서 무조건 화격을 놓아서는 안된다. 이 예는 방해가 이중이라 가화도 안된다.
乙庚日	庚午 乙酉 乙巳 庚辰	乙日이 庚과 乙庚合金하고 金月生이며 타에도 金이 많으나(巳는 巳酉金局하여 무방) 年支午火가 化神을 克하니 가화격이다. 年月乙庚은 따로 干合쟁화 않는다.
丙辛日	壬子 壬子 辛未 丙申	辛日이 時干丙과 丙辛으로 化水하고 子月生이며 水가 많으니 화격은 분명하다. 그러나 日支未土가 化神水를 극하므로 진화가 못되고 가화다.

日		가 화(假化)
丁壬日	甲辰 丁卯 壬辰 丁未	壬日이 丁壬化木하고 卯月生이며 化神을 克하는 金이 없고 木이 많아 분명화격이다. 그러나 月時 두 丁火가 合을 다투므로 진화가 못되고 가화격이다.
戊癸日	辛酉 癸巳 戊午 庚申	戊日이 癸를 만나 戊癸合火하고 巳月生이라 화격 같이 보이나 火가 미약하여 화격이 안된다. 쟁합과 水가 없다해서 화격(가화도 안됨)으로 보면 잘못이다.

④ 독상·양상·삼상격

○ **일행득기격**(一行得氣格)

일행득기격은 원칙상 四柱 전부가 日干五行과 같은 비겁(比劫)으로 순수하게 이루어져야 한다. 그러나 인성이 섞여도 같은 격으로 포함하는데 그것은 인수는 日干과 비겁을 生하는지라, 그 氣가 日干과 비겁에 모이게 되어서다.

壬申
壬子
壬辰
辛亥

四柱가 전부 순수한 水로 구성되어 일행득기격이 분명하며 오행 명칭상 윤하격(潤下格)이다. 고로 從比하게 되니 인수·비겁 식상운이 吉하고 재·관살운은 불리라 하나 관살운은 인수가 있어 살인상생으로 나쁘지 않고 재운만 꺼린다.

戊申
辛酉
辛丑
戊戌

오른쪽 예는 위와 좀 다르다. 즉 인수 비겁으로 日主 太旺이다. 역시 종혁격(從革格)을 놓아

從比한다. 순수한 일행득기는 못된다.

o **양신성상격**(兩神成象格)

오행이 대부분 두 가지로 四柱를 차지하되 日干五行을 포함해서 相生관계를 이루고 있으면 이 격을 놓을 수 있는 것이다. 즉 인수와 비겁, 비겁과 식상관계가 木火 火土 土金 金水 水木으로 이루어지면(반반세력으로) 이 격이 성립된다. 그러나 엄밀히 구분한다면 인수 비겁이 반반으로 이루어진 것은 종비격(곡직·염상·가색·종혁·윤하격)을 놓아야 하고 비겁 식상으로 반반 구성된 것을 양신성상으로 놓는 게 가할 것이다.

甲子
丁卯
甲午
丙寅

사주가 木火로만 순수하게 구성되어 양신성상이 분명하다. 인수 비겁 식상 재운 길하고 오직 관살운만 꺼린다.

丁巳
丁未
丁丑
丙午

火土로 양신성상을 이루었으나 火에 비해 土가 모자라 균형을 못이룬 게 흠이다. 이 경우는 인수 비겁보다 식상운이라야 더욱 길하다.

o **삼신성상격**(三神成象格)

상생관계를 이룬 세 가지 五行이 비슷한 세력분포를 이루고 있으면 이 격이 성립되나 반드시 日干五行이 이 세력에 포함되어야 한다. 즉 木火土, 火土金, 土金水, 金水木, 水木火로 비슷한 세력균형을 이루어야 하며 관살 인성 비겁으로 되거나 인수 비겁 식상으로 되거나 비겁 식상 재로 구성되어야 한다.

| 甲子 |
| 壬申 |
| 乙卯 |
| 甲申 |

이 사주는 金水木(金生水 水生木)으로 삼신성상을 이루었다. 月支申金은 時支 申金과 합세하여 왕하고 月干壬水는 月支 申에 長生하여 申子水局과 합세로 왕하며 日干乙木은 日支 卯에 祿根이요 子水의 生을 받은 甲木과 합세하여 金水木이 비등하고도 淸하게 이루었으니 官印相生이요 氣가 순하게 흐르고 있으니 심히 吉貴한 사주다.

⑤ 기격(奇格)과 특수격

기격(奇格)이란 사주가 기이신비하게 구성되어 길격 작용을 하는 것인데 다음과 같다.

o 천원일기격(天元一氣格)

| 乙丑 |
| 乙酉 |
| 乙亥 |
| 乙酉 |

年月日時의 干이 모두 같은 것
丑中辛金, 月時 두 酉中辛金이 三殺로 日主乙木을 克하나 日支 亥中 壬水 印을 用하고 보니 殺印相生(金生水 水生木)이 되어 吉貴하다.

| 甲子 |
| 甲戌 |
| 甲寅 |
| 甲午 |

四柱가 寅午戌火局에 眞傷官이요 木火로 심히 덥고 조하다. 年支 子水印을 用하여 식상을 누르고 더운 것을 식혀야 한다. 曰 상관용인(傷官用印)인데 子印이 미약한 가운데 일찍 亥子丑 水운이 들어 영귀하였다.

○ **지신일기격**(地辰一氣格)

| 甲子 |
| 丙子 |
| 戊子 |
| 壬子 |

年月日時의 支가 모두 같은 것
재다신약(財多身弱)이다. 巳午未 南方火운에 크게 발복한다.

| 丁丑 |
| 癸丑 |
| 乙丑 |
| 丁丑 |

丑中辛金이 月干癸水를 生하고 癸水는 日主 乙木을 生하여 멀리서부터 財官印이 相生이다. 더욱 乙木은 丁火를, 丁火는 丑土를, 丑土는 丑中辛金을, 辛金은 月干癸水를, 癸水는 日干乙木을, 乙木은 丁火를 生하고 生함이 끝이 없다.

○ **사주동일격**(四柱同一格)

四柱의 干支가 모두 같은 것으로 대부분 귀격인데 오직 四甲戌과 四辛卯는 흉격으로 본다.

甲戌	己巳	乙酉	庚辰	丙申
甲戌	己巳	乙酉	庚辰	丙申
甲戌	己巳	乙酉	庚辰	丙申
甲戌	己巳	乙酉	庚辰	丙申

辛卯	丁未	壬寅	戊午	癸亥
辛卯	丁未	壬寅	戊午	癸亥
辛卯	丁未	壬寅	戊午	癸亥
辛卯	丁未	壬寅	戊午	癸亥

○ 사위순전격(四位純全格)
　　寅申巳亥全　남자-大貴, 여자-不吉
　　子午卯酉全　남녀 모두 빈천격
　　辰戌丑未全　남자-대귀, 여자-고독

丁巳	丙辰	辛酉
辛亥	乙未	辛卯
庚申	甲戌	壬子
戊寅	乙丑	丙午

朴正熙 前 大統領
남자-大貴, 여자-不幸
남녀 패가망신

○ 천간순식격(天干順食格)

丙辰
戊戌
庚戌
壬午

丙火生戊土
戊土生庚金
庚金生壬水
天干이 年에서 月日時로 生해오되 陽은 陽끼리, 陰은 陰끼리 生해야 한다.

乙亥
丁亥
己卯
辛未

丁火로 殺印相生
즉 亥卯木은 生丁火印하고 丁火印은 日干己土를 生하도록 한다.
乙木生丁火　丁火生己土, 己土生辛金(辛金生亥水　亥水生乙木)

○ 오행구족격(五行俱足格)
年月日時 四柱干支에 五行(木火土金水)이 다 갖추어 있

는 것.

乙卯	木木	木生火
壬午	水火	火生土
辛未	金土	土生金
丙申	火金	

또는 胎月을 합쳐 五柱에 납음오행이 다 있는 것.

年支에서 時支로 生해가니 더욱 기이하다.

胎月	己亥	평지	木
年	丁卯	노중	火
月	戊申	대역	土
日	乙丑	해중	金
時	丙子	간하	水

이는 胎月(태월)까지 포함 五柱에 매인 납음오행이 다 구비된 사주로 역시 길격에 포함된다.

태월에서 生時까지 木火土金水로 生해 내려옴으로써 더욱 기이하다.

時支子水印으로 用殺印相生

o 양간부잡격(兩干不雜格)

天干이 甲乙·丙丁·戊己·庚辛·壬癸의 五行이 같고 음양이 다르게 이룬 것.

甲子	庚戌	丙午	壬寅	戊午
乙亥	辛巳	丁酉	癸卯	己未
甲子	庚子	丙寅	壬寅	戊申
乙亥	辛巳	丁酉	癸卯	己未

o 금신격(金神格)

甲己日生이 巳酉丑時에 出生

즉 甲子 甲戌 甲申 甲午 甲辰 甲寅日과 己巳 己卯 己丑
己亥 己酉 己未日生이 己巳 癸酉 乙丑時에 출생이고 사주
구성이 나쁘지 않으면 귀격으로 본다.
甲日
　乙丑時－비겁 재성　　己巳時－재 식신
　癸酉時－인·관성
己日
　乙丑時－관·비견　　己巳時－비견 인성
　癸酉時－재·식신

ㅇ **시묘격**(時墓格)
時에 辰戌丑未를 놓은 것
身旺이라야 하고 墓(辰戌丑未)를 冲함이 좋다.

ㅇ **괴강격**(魁罡格)
庚辰·庚戌·壬辰·壬戌日生
괴강은 많을수록 좋고 身旺이라야 귀격이다.
단, 여자는 八字가 세다.

ㅇ **시마격**(時馬格)
時支에 財星을 놓은 것(財를 馬라 한다)
甲乙日－辰戌丑未時　　丙丁日－申酉時
戊己日－亥子時　　　　庚辛日－寅卯時
壬癸日－巳午時
　단, 日主가 旺해야 한다.

○ 전재격(專財格)
時干에 正財를 놓은 것
甲日己巳時 丙日辛卯時 戊日癸亥時 己日壬申時
辛日甲午時 壬日丁未時 癸日丙辰時
기타는 時支가 비겁이라 不用이다. 身旺에 財官운을 기뻐하고 비겁운을 꺼린다.

○ 건록격(建祿格)
月支에 日干의 建祿을 놓은 것으로 財나 官을 기뻐하며 冲을 꺼린다.
甲日寅月 乙日卯月 丙日巳月 丁日午月 戊日巳月
己日午月 庚日申月 辛日酉月 壬日亥月 癸日子月
재관보다 왕하면 재관운이 길하고 재관보다 약하면 인수 비겁운이 길

○ 전록격(專祿格)
日支에 日干의 建祿을 놓은 것
甲寅日 乙卯日 庚申日 辛酉日
祿을 冲함이 나쁜데 財·官을 기뻐한다.
壬辰年 庚戌月 辛酉日-專祿 庚寅時의 예다.

○ 귀록격(歸祿格)
時支에 日干의 建祿을 놓은 것으로 身旺하면 財官을 기뻐하고 祿을 冲하는 것을 꺼린다.
甲日丙寅時 乙日己卯時 丙日癸巳時 丁日丙午時

戊日丁巳時　己日庚午時　庚日甲申時　辛日丁酉時
壬日辛亥時　癸日壬子時

○ **일인격**(日刃格)
日支가 양인(羊刃)인 것
丙午 · 戊午　壬子日
正格이 있으면 正格을 우선하고 正格이 없으면 이 格을 놓되 刑冲破害와 合을 만나면 파격이다. 桂中에 七殺이 있으면 살인상정(殺刃相停)을 이루어 大貴한다.

○ **일귀격**(日貴格)
日支에 日干의 천을귀인을 만난 것, 즉
丁酉 · 丁亥 · 癸巳 · 癸卯日
刑冲破害 · 공망 · 괴강운을 꺼린다.
이 격도 물론 四柱에 正格을 놓고 格이 좋아야 귀격으로 작용된다.

○ **일덕격**(日德格)
甲寅日, 丙辰日, 戊辰日, 庚辰日, 壬戌日
刑 · 冲破害를 꺼리고 財官이 旺해도 마땅치 않으며 공망 · 괴강운 만나는 것을 꺼린다.
역시 正格이 있으면 正格을 우선한다.

○ **교록**(交祿)
柱中에 建祿이 없고 日干祿은 時支에, 時干祿은 日時에

바뀌어 있으면 서로 자기(日時干) 祿을 바꿔 갖게 되므로 귀격을 이룬다 함이다.

丙子日 – 丙의 祿은 巳
癸巳時 – 癸의 祿은 子
> 서로 교환

庚寅日 – 庚의 祿은 申
甲申時 – 甲의 祿은 寅
> 서로 교환

丙日의 건록이 巳時에 있고 癸의 祿이 日支에 있어 각각 자기가 필요로 하는 것을 취하게 됨으로써 귀격의 의의가 있다.

戊午日 丁巳時도 해당함

○ **공록격**(拱祿格)

柱中에 없는 日干의 건록을 日과 時 사이에 끼고 있으면 귀격으로 보는 바 반드시 柱中에 건록이 없어야 이에 해당한다.

癸亥日
癸丑時 > 子를 拱

戊辰日
戊午時 > 巳를 拱

癸丑日
癸亥時 > 子를 拱

丁巳日
丁未時 > 午를 拱

己未日
己巳時 > 午를 拱

이상 다섯가지 日時에 해당하고 건록이 없어야 한다.

ㅇ 공귀격(拱貴格)

日과 時支 사이에 正官 및 天乙貴人을 끼되 年月支에 正官 및 천을귀인이 없어야 이에 해당한다.

甲申日
甲戌時 〉 正官 酉를 끼고 있음

甲寅日
甲子時 〉 天乙貴人 丑을 끼고 있음

乙未日
乙酉時 〉 正官·귀인을 끼고 있음

丙戌日 丙申時－酉(천을귀인)
戊申日 戊午時－未(천을귀인)
壬辰日 壬寅時－卯(천을귀인)

ㅇ 협구공재격(夾丘拱財格)

日과 時支 사이에 財庫를 끼되 年月支에 財庫가 없어야 한다. 또 이에 해당해도 財庫를 끼고 있는 日時가 각각 沖을 만나지 않아야 하고 身旺을 요한다.

癸酉日 癸亥時－癸日의 財庫 戌을 끼고 있음
甲寅日 甲子時－甲日의 財庫 丑을 끼고 있음
己卯日 己巳時－己日의 財庫 辰을 끼고 있음
庚午日 甲申時－庚日의 財庫 未를 끼고 있음
丙寅日 戊子時－丙日의 財庫 丑을 끼고 있음

○ 세덕부살격(歲德扶殺格)

```
壬申
乙巳
丙戌
甲午
```

日主가 旺하고 他에는 官殺이 없이 오직 年干이나 年支에 七殺(偏官)을 놓은 것.

丙日巳月 득령하고 午戌火局에 月時干 두 印이 日을 生하니 身이 太旺이다. 다행히 年干 壬水七殺이 申에 長生하여 有氣라 用이 된다.

○ 세덕부재격(歲德扶財格)

日主가 旺하고 오직 年干에 財를 놓아 財가 根하면 이에 해당한다.

```
丙寅
乙酉
壬子
辛丑
```

壬日 酉月에 生을 받고 日支에 根이요 辛金印이 生하니 身旺이다. 年干財丙火가 미약한 듯 하나 寅에 長生하고 水生木 木生火로 氣가 財에 몰려 用이 된다.

○ 정란차격(井欄叉格)

庚子 庚辰 庚申日生이 申子辰을 놓고 寅午戌이 없으면 이루어진다.

乙卯	壬子	辛亥
甲申-(寅)	壬子-(午)	庚子-(午)
庚子-(午)	庚辰-(戌)	庚申-(寅)
庚辰-(戌)	甲申-(寅)	庚辰-(戌)

이상과 같이 되면 申은 寅을 冲하여 寅中甲木으로 財를 삼고, 子는 午를 虛冲하여 午中丁火로 官星을 삼고 辰은 戌

을 虛沖하여 戌中 戊土로 印을 삼으니 申子辰이 庚日의 財官印을 얻는 셈이라 이로써 귀격의 의의를 삼는다.

○ 합록격(合祿格)

이 格이 이루어지려면 우선 柱中에 正官이 없어야 한다. 官星이 없고 身旺에
- 時干과 干合되는 者가 日干의 正官일 때
- 時支와 六合되는 者가 日干의 正官일 때

이렇게 되어도 干이나 支가 沖이 없어야 한다.

|壬午
己酉
戊午
庚申|

戊日의 官星인 乙木이 없고 戊土는 年日時와 月干己土의 生扶로 身旺이다. 時干 庚金이 干合 하느라 乙木(乙庚合)을 불러오므로 그 乙은 戊日 의 正官으로 쓰게 되므로 귀격이라 한다. 꺼리는 甲庚沖이 없어 진격이다.

|癸酉
乙丑
癸丑
庚申|

癸日의 正官은 戊土로 柱中에 戊土가 없고 庚申酉丑 金印의 生을 받아 身旺이다. 時支 申이 巳申으로 六合하니 巳中戊土가 따라와 癸日의 正官으로 작용한다. 뿐만 아니라 巳中丙火財가 있어 財官을 함께 얻으니 더욱 귀하다. 寅이 있

으면 寅申沖이고 巳가 있으면 암합(暗合)의 의의가 상실, 이 格을 놓지 못한다. 戊가 있어도 그러하다.

○ 형합격(刑合格)

柱中에 없는 官星을 無形(暗)으로 刑出해서 日干의 官으

로 쓰는 데 귀격의 의미가 있다.

이 세가지 경우에만 이 刑合格에 해당된다. 그렇더라도 柱中에 戊己巳辰戌丑未庚申이 없어야 한다.

| 癸酉日 甲寅時 — 寅刑巳 |
| 癸卯日 甲寅時 — 寅刑巳 |
| 癸亥日 甲寅時 — 寅刑巳 |

庚은 寅中甲木을 甲庚沖, 巳는 暗으로 刑出할 의미가 없고, 申은 寅申沖이라. 暗刑을 못하고 戊己辰戌丑未는 官星이 明으로 있어 이 格을 놓을 필요가 없다.

위 세 가지에 해당하고 戊己辰戌丑未巳庚申이 없으면 時支 寅字는 巳를 寅刑巳로 刑出하여 巳中戊土로 癸日의 正官으로 쓰게 된다.

癸巳 癸丑 癸未日의 甲寅時는 癸巳는 明刑에 巳中戊土가 이미 있고 癸丑 癸未日은 丑未가 癸日의 偏官이 되어서다.

○ **자요사격**(子遙巳格)

子字가 본시 柱中에 없는 官星을 먼 곳에서 불러다 쓰는데 貴奇한 격으로 삼는다.

| 甲子日 |
| 甲子時 |

오직 甲子日 甲子時에만 해당하되 반드시 庚辛申酉와 丑午가 없어야만 이 격을 놓을 수 있다.

왜냐하면 甲子日 甲子時면 子中癸水가 그 남편이 되는 戊土를 그리워하여 戊土를 간직하고 있는 巳를 멀리서 불러오면 그 巳 속에 함께 있는 巳中丙火는 巳中戊土가 子中癸水와 연애(戊癸로 干合)하는 것에 충격을 받아(부러워) 자기(丙)도 아내격인 辛金을 불러오게 되는데 이 辛金인즉 甲日의 正官이라 四柱에 없던 辛金正官을 子로 인해 간접적으로 얻음으로써 귀격을 놓을 수 있다는 것이다.

그러나 甲子日甲子時라도 柱中에 庚辛申酉가 있으면 官星을 멀리 불러올 필요가 없고 丑이 있으면 그 子는 子丑으로 六合하여 巳를 부르지 않고 午가 있으면 子午로 相冲하여 그 子는 역시 巳를 불러오지 못하므로 파격이다.

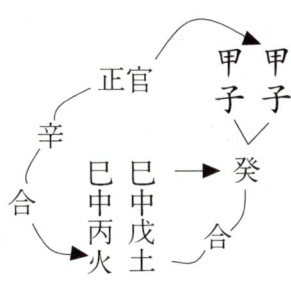

○ **축요사격**(丑遙巳格)

丑字가 柱中에 없는 官星을 멀리서 불러다 쓰는 데 귀격의 의의가 있는데 아래 경우에만 이 격이 이루어질 수 있다.

辛丑日生이 丑이 많고 丙丁巳 子未가 없는 것
癸丑日生이 丑이 많고 戊己巳子未가 없는 것

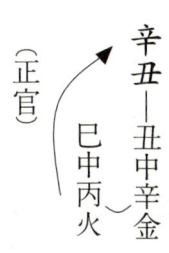

즉 辛丑日生이 丑字가 많으면 丑中辛金은 그의 남편격인 丙火와 부부가 되기 위해 그 丙火를 간직하고 있는 巳를 멀리서 불러온다. 이렇게 되면 日干辛金은 본시 柱中에 없던 正官을 丑 때문에 얻은 셈이 된다. 그러나 丙丁巳가 있으면 柱中에 官이 明으로 있어 이 격이 안되고 子는 子丑合, 未는 丑未冲이 되어 丑은 合冲에 방해받아 巳中丙火를 불러오지 못하므로 파격이다.

癸丑日生이 丑이 많으면 丑中辛金이 巳中丙火를 그리워하여 멀리서 巳를 불러들이면 巳中에 함께 있는 戊土도 따라오는바 이 戊土는 癸日의 正官으로 쓰게 된다. 그러나 戊己巳가 이미 있으면 官이 柱中에 있어 이 격의 의의가 없고 子는 子丑合, 未는 丑未冲이라 丑字가 合冲에 방해되어 巳를 불러오지 못한다.

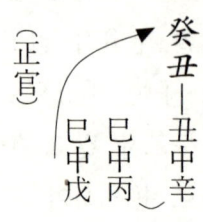

○ **비천녹마격**(飛天祿馬格)

柱中에 없는 財官을 虛로 冲出해 쓰는 데 귀격을 삼는 의의가 있다.

壬子日生이 子가 많고 戊己丑午가 없는 것
辛亥日生이 亥가 많고 丙丁 寅巳가 없는 것
癸亥日生이 亥가 많고 戊己寅巳가 없는 것
丁巳日生이 巳가 많고 壬癸申亥가 없는 것
丙午日生이 午가 많고 壬癸子未가 없는 것
庚子日生이 子가 많고 丙丁丑午가 없는 것

가령 壬子日生이 子가 많으면 그 子는 午를 虛로 冲出하여 午中丁火로 壬日의 財를 삼고 午中己土로 官星을 삼아 柱中에 없는 財官을 子로 인해 얻어쓴다.

그러나 戊己가 있으면 戊己는 官殺이라 이 格의 의의가

없고, 丑은 子丑으로 合해 虛冲을 못하고 午는 子午로 實冲이라 이 격이 성립되지 않는다.

　子-午를 虛冲 午中丁火 己土
　亥-巳를 虛冲 巳中丙火 戊土
　巳-亥를 虛冲 亥中壬水 甲木
　午-子를 虛冲 子中癸水

○ **육갑추건격**(六甲趨乾格)

甲日生이 亥時(戌亥는 乾)를 만나거나 亥字를 많이 만나고 寅巳가 없어야 한다.

甲日亥時, 또는 타에 亥가 많은 것(寅·巳가 없어야)

甲日生에 亥時生이거나 타에 亥字를 2개 이상 만나면 그 亥는 寅을 虛合(寅亥合)으로 불러온다. 이렇게 되면 그 寅은 甲日의 祿(건록)을 얻어 길하다. 즉 亥는 甲日의 長生宮이요 천문(天門)이라 길한 데다 또 亥로 인해 녹(祿)까지 얻게 되어 귀격을 놓을 수 있다는 것이다. 그러나 寅이 있으면 이 격의 의미가 없고 또 巳가 있으면 巳亥로 冲하여 合祿을 못하므로 이 격이 성립되지 않는다.

○ **육을서귀격**(六乙鼠貴格)

六乙이란 乙日이요 서(鼠)는 子, 귀(貴)는 관성(官星)인데 乙日生이 子로 인해 柱中에 없는 관성을 얻어내어 귀격으로 쓸 수 있다는 뜻이다.

이에 해당하는 것으로는 오직 아래 두 가지 경우뿐이다.

乙亥日 丙子時
乙未日 丙子時
　　　　　　子中癸水 — 巳中戊土
　　　　　　　　合〈　　　(官星)
　　　　　　申中庚金

위에 해당하고 庚辛申酉와 巳丑이 柱中에 없어야 한다. 乙亥 乙未日 子時면 子中癸水가 巳中戊土와 戊癸로 干合하기 위해 巳를 불러오면 그 巳는 또 자기의 짝(支合)인 申을 이끌어들인다. 이렇게 되면 申中庚金은 乙日의 正官으로 작용한다.

庚辛申酉와 巳는 관성이 이미 있어 안되고 丑은 子丑合이 되어 파격이다. 乙巳 乙丑 乙卯日은 巳中庚金 丑中辛金 酉中辛金에 子卯刑이라서 못쓴다.

ㅇ육임추간격(六壬趨艮格)

六壬이란 壬日生이요 艮은 丑寅宮인데 여기에서는 寅을 취용한다. 이 격이 이루어지려면 반드시 壬日에 寅이 많고 亥가 없어야 한다. 壬의 祿(건록)은 亥인바 寅이 많고 亥가 없으면 寅이 寅亥로 支合하기 위해 亥를 불러들이면 그 亥는 壬日의 祿이 되어 귀격으로 쓰게 된다는 것이다.

壬寅
壬寅
壬寅　　寅이 亥를 虛合, 亥는 壬日의 建祿으로 쓰인다
壬寅

이 四柱는 干支同體에 양신성상(兩神成象)이며 육임추간

격(六壬趨艮格) 등 세 가지 귀격을 겸했으므로 大貴格이라 할 수 있다.

 ο **육음조양격**(六陰朝陽格)

六陰은 辛이요 陽이란 子를 칭함인데 朝陽은 子에서 一陽이 始生함을 인용한 것이다. 즉 辛日子時에 丙丁巳午와 丑午卯가 없어야 한다.

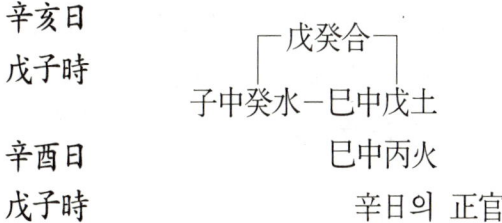

辛亥日
戊子時

辛酉日
戊子時

즉 辛巳 辛未日은 巳中丙火 未中丁火官이 들어있어 못쓰고 辛丑日은 子丑合이요 辛卯日은 子卯刑이라. 巳中戊土를 부르지 못해 이 격에서 제외되는 것이다. 즉 辛亥 辛酉日 子時면 子中癸水가 巳中戊土와 干合하기 위해 柱中에 없는 巳를 불러오면 그 巳에 함께 따라오는 丙火가 있으므로 이 丙火를 辛日의 官星으로 쓰는 데 귀격의 묘가 있는 것이다. 丑은 子丑合, 午는 子午冲, 卯는 子卯刑이라 못쓰고 丙丁巳午는 官이 이미 있어 의의가 상실된다.

 ο **임기용배격**(壬騎龍背格)

壬이 용(龍)을 타고 있다는 뜻이니 용은 辰이라, 壬辰日生이 辰字가 많고 戌이 없어야 한다.

壬辰日에 辰이 많은 것(戌이 없어야)

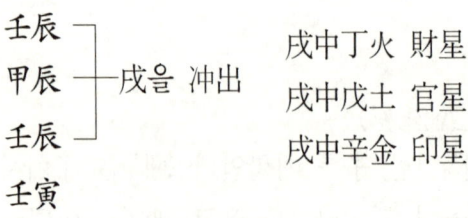

```
壬辰 ┐
甲辰 ├ 戌을 冲出    戌中丁火 財星
壬辰 ┘            戌中戊土 官星
壬寅              戌中辛金 印星
```

즉 壬辰日生이 辰字가 많고 戌이 없으면 戌을 虛로 冲出하여 戌中丁火로 財를 삼고, 戌中戊土로 官을 삼고, 戌中辛金으로 印을 삼으니 辰字 때문에 財·官·印을 동시에 얻어냄으로써 귀격을 놓을 수 있다는 것이다.

○ **현무당권격**(玄武當權格)

현무는 北方의 水神이라, 즉 壬癸日生이요, 권(權)은 財官인데 壬癸日生이 寅午戌 財局全이나 辰戌丑未 土局全을 놓으면 이에 해당한다.

단 身旺하여 財官을 감당할만해야 吉하고 身弱하거나 財·殺局을 冲破됨을 꺼린다. 고로 月支에 比劫이나 印을 만남이 좋다.

```
庚戌
壬午
壬寅
辛亥
```

壬日이 財局全(寅午戌)을 놓고 壬日이 亥에 祿根이요 年時 兩印의 生을 받아 財를 감당할 만하다.

```
辛未
辛丑
壬辰
庚戌
```

壬日이 丑月 水旺節에 生이요 年月時 三印이 殺印相生을 이루어 능히 旺한 官星을 감당할만하다. 이 경우 식상 재운이 不利요 殺·印·比운이 吉이다.

o **구진득위격**(句陳得位格)

구진(句陳)은 中央土에 속하니 戊己日生이요, 得位란 地支에 財나 官의 方局을 놓은 것이다.

즉 戊己日生이 申子辰全이나 亥子丑全을 놓으면 財의 方局을 놓은 것이고 寅卯辰全, 亥卯未全을 놓으면 官殺方局을 놓은 것이다. 身旺하여 財나 官을 감당할 수 있어야 吉하고, 그렇지 못하면 차라리 日主가 太弱하여 財에 從하거나 官殺에 從함이 좋다. 從財면 비겁운을 꺼리고 從殺이면 식상운을 꺼린다.

丁亥	壬辰
丁未	辛亥
己卯	戊子
戊辰	庚申

身弱하여 財에 從한다.
신왕하여 官을 감당한다.

대운과 세운

1. 대운(大運)

　身旺에 官殺이 미약하면 財운 관살운에 크게 발달한다.
　위와 반대로 신약에 관살이 왕한 사주는 관살운을 만나면 빈곤과 질병으로 고생한다. 이 경우 인수운을 만나면 살인(殺印)이 상생이니 귀인의 도움으로 전화위복된다.
　관살이 쇠약한 사주에 식상운을 만나면 하극상(下克上)의 원리가 적용되어 관직을 박탈당하거나 국법을 어기고 형무소에 들어간다.
　인수가 왕하여 신왕해져 능히 관살을 用하게 되는 사주는 관살운에 발달한다.
　신약에 인수로 用하는 경우 인수가 좀 미약한 사주에 재운이 오면 이는 탐재괴인(貪財壞印－재물을 탐하다가 배임죄에 걸림)이라 뇌물을 먹고 관직을 삭탈당하거나 재물 혹은 여자를 탐하다가 망신하는 상이다.
 甲乙日에 亥子月에 나고 타에 水가 또 있으면 木이 물에 뜨는 상이라 재운인 土운이 와야 도리어 길해진다. 이렇게 되면 일약 출세하리라.
 재다신약(財多身弱)이 된 사주는 인수나 비견 겁재운에 돈을 번다.
 반대로 日主旺에 재성이 미약하면 식상이나 재운에 부자가 된다.
 재다신약이 된 경우 또 재운을 만나면 패가망신 당한다. 혹은 여자나 아내로 인해 신세를 망치는 수도 있다.
 비견 겁재가 많고 財가 적으면 군비쟁재(群比爭財)라 하는 바 財運이 오면 큰 재앙이 발생한다. 이 경우는 관살운이라야 좋다.(비견 겁재가 많고 財가 없으면 군비쟁재가 아니지만 재운이 오면 운에서 군비쟁재를 이루어 투쟁, 시비, 송사, 살상극이 생긴다)
 비견 겁재가 왕하고 재가 미약한 경우 비견, 겁재 운이 오면 재앙이 크게 이른다. 즉 처첩을 잃게 되고 재물이 몽땅 없어진다.
 식신이 태왕하여 日主가 설기 태심되면 인수운이 발복한다.
 신왕하여 식상에 설기용신한 사주는 인수운을 만나면 빈곤해진다.
 가상관격(假傷官格)은 식상운에 크게 발달하고, 인수운에 위태롭다.
 진상관격(眞傷官格)은 인수운에 발복하고 식상운은 기진

맥진 흉조뿐이다.

식상이 태왕하여 인수로 用한 경우 재운을 만나면 크게 실패한다.

비견·겁재가 用이면 관살운이 가장 나쁘니 관재, 질병 기타의 재앙이 이른다.

財用에 비겁운이 오면 경쟁에 지고 재산상의 손실이 막대하다.

羊刃殺이 旺하면 偏官이 用이니 편관운이 대길하고 양인운이 오면 부친을 이별하거나 상처하고 사업은 크게 실패한다.

일귀격(日貴格)은 刑冲運을 꺼린다.

형합격(刑合格)은 寅·申運을 꺼리고 戊己巳운 만나면 횡액 재앙이 있다.

일덕격(日德格)은 空亡·刑冲을 꺼린다.

괴강격(魁罡格)은 刑冲운이 가장 나쁘다.

갑일금신격(甲日金神格)은 火運이 발달하고, 己日金神格은 金水운에 부귀한다.

시묘격(時墓格)·잡기재관격(雜氣財官格)은 刑冲하는 운에 발달한다.

시상(時上) 편재격은 비겁운 만나면 상처하고 재산 손실이 있다.

시상(時上) 편관격은 재관운에 出世한다.

자요사격, 축요사격, 공록격, 공귀격, 육을서귀격, 육음조양격은 진실(塡實)되는 운에 길한 것이 감소된다.

정란차격(井欄叉格)은 東方운이 나쁘고 壬癸운과 寅午戌 운에 발복한다.
 귀록격(歸祿格)은 녹을 刑冲하는 운과 비겁운을 꺼리고 식신운에 財官을 다 얻는다.
 육갑추건격(六甲趨乾格)은 寅巳운이 나쁜데 身旺이면 財운이 좋고 身弱이면 印운 吉이다.
 임추간격(壬趨艮格)은 申亥운을 꺼리는 바 身旺운이 길하다.
 구진득위격(句陳得位格)에 刑冲空亡을 꺼리는 바 從財면 財旺운 從殺이면 殺旺운이 발달한다.
 현무당권격(玄武當權格)은 刑冲운이 불행하고 財殺운이 발달한다.
 윤하격(潤下格)은 金水운에 발복하고 火土운에 멸망한다.
 곡직격(曲直格)은 水木운 大吉이요, 金운에 곤액을 당한다.
 가색격(稼穡格)은 火土운에 부귀하고 木운에 재앙이다.
 염상격(炎上格)은 木火운에 발달하고 水운에 패망한다.
 종혁격(從革格)은 金운이 吉하고 火운이 불행하다.
 종재격(從財格)은 식상 재운에 발복하고 인수 비겁운은 곤액이 중중하다.
 종살격(從殺格)은 재 관살운에 부귀하고 인수, 비겁, 식상운에 패망, 파직, 신액이다.
 종아격(從兒格)은 인수운을 크게 꺼린다.
 화격(化格)은 化神을 克하거나 쟁화(爭化)하는 운이 불행하고 化神이 生助받는 운이 大吉하다.

四柱에 病이 있는 경우 藥運이 오면 벼락같이 발달 出世하지만 病을 生助하는 운을 만나면 重病이 들거나 헤아릴 수 없는 재앙이 닥친다.

• 인수가 용신이면 재성이 기신, 인수운 대길 비겁운 차길(약) 재운 대흉 식상운 차흉
• 비겁이 용신이면 관살이 기신, 인수 비겁운 대길 식상운 차길(약) 관살운 대흉 재운 차흉
• 식상이 용신이면 인수가 기신, 식상운이 대길 재운 차길(약) 인수운 대흉 관살운 차흉
• 재성이 용신이면 비겁이 기신, 식상 재운 대길 관살운 차길(약) 비겁운 대흉 인수운 차흉
• 관살이 용신이면 식상이 기신, 재성 관살운 대길 인수운 차길(약) 식상운 대흉 비겁운 차흉

2. 세운(歲運)

• 歲支가 日支를 刑冲하면 크게 다쳐 피를 흘리는 일이 있거나 사는 곳을 옮기거나 직장을 옮기게 된다.(日支는 主人公이 앉은자리, 의자와 같아 앉은자리에 충격을 가하는 상이 되어서다)
• 칠살운(七殺運) 혹은 日干을 冲하는 운도 관재 송사 부상을 주의하라.

• 財官이 왕한 사주에 財官年을 만나도 관재・송사・신액이다.

• 日干이 歲干을 극하거나 日支가 歲支를 克하면 신하가 임금을 이기려하는 상이니 下克上하다가 관직을 박탈당하거나 법을 어기고 관액을 당할 우려가 있다.

• 身旺한 사주에 비겁운을 만나면 처액과 손재가 있고 라이벌로 인해 어려움을 겪는다.

• 財旺하고 인수가 미약한 사주에 인수운을 만나면 문서상의 액이 있으리니 문서관계 주의하라.

• 財가 매우 미약하거나 없고 비겁이 많은 사람이 재운을 만나게 되면 여자 싸움(치정관계)으로 망신당하거나 재산 싸움 있으리니 양보해야 망신 곤액을 면한다. 재운이 아니고 비견 겁재운도 마찬가지다. 그러므로 財가 미약하거나 없고 비겁이 많은 사주에는 재운도 나쁘고 비겁운도 나쁘다.

• 식신이 투출하여 식신생재로 用하거나 식신제살로 용하거나 비겁왕으로 식신설기로 用하는 사주에 편인운을 만나면 밥그릇이 깨지거나 엎어지는 상이니 사업, 재산을 망하거나 먹지 못하는 병에 걸려 고통을 받는다.

• 巳酉丑生이 亥역마가 있으면 亥卯未年, 巳가 역마면 巳酉丑年, 寅역마는 寅午戌年, 申역마는 申子辰年에 해외여행 해본다. 또는 역마나 地殺을 刑冲하는 해에 出國으로 본다.

• 身旺에 官이 미약한 경우 상관년을 만나면 직장을 그만두게 된다.

• 子生이 子年, 子日生이 子年 등 年支나 日支와 같은 해

를 만나면 좋은 일보다 나쁜 일이 많다.
 • 인수격에 財年이 오면 뇌물을 먹거나 남의 돈을 썼거나, 여자관계 등으로 파직·망신·명예손상을 당한다.
 • 庚辛日 신약사주에 財官이 왕하고 財官年 만나면 치질증 코피흘리는 병으로 고생한다.
 • 甲乙日生이 壬癸年, 丙丁日生이 甲乙年, 戊己日生 丙丁年, 庚辛日生 戊己年, 壬癸日生이 庚辛年을 만나면 새로 사업을 시작하거나 집을 짓거나 부동산을 마련하게 된다.(즉 인수년 만난 것)
 • 상관이 旺한 여자가 상관년이 오면 과부 되기 쉽다.
 • 여자가 관살이 투출되어 旺한 중에 다시 관살년을 만나면 다른 남자와 인연을 맺는다.
 • 대개 日支를 刑冲하거나 상관년에 몸을 크게 다치거나 수술하게 된다.
 • 여자는 신약에 식상이 왕한 경우 식상년에 임신하면 인공유산하게 된다.
 • 여자는 식상이 미약한 사주에 인수격을 놓고 인수년을 만나면 자녀가 액을 당한다.
 • 여자 庚辛日生이 財官이 왕한 터에 丙丁年이 오면 월경불순 등 생리병을 앓게 된다.
 • 여자 壬癸日生이 亥子丑寅卯辰月이고 金木水년이 오면 월경불순 있게 된다.
 • 여자 甲乙日主가 春冬月에 生하고 壬癸甲乙年이 오면 월경불순 대하증이 있다.

◎ 탐재괴인(貪財壞印) - 인수 용신에 財운 財年을 만난 것
 이렇게 되면 관직자는 뇌물을 먹다가 관직을 박탈당하고, 일반인은 여자 돈 때문에 망신당하며, 처첩에 빠져 부모에게 불효하거나 부모를 망각하며 여자·돈으로 인해 명예가 추락된다.
◎ 진법무민(盡法無民) - 身旺에 좀 미약한 관살로 用한 경우 식상운, 식상년 만난 것
 이 운이 오면 국법을 어기거나 하극상하거나 항명죄에 걸리거나 여하튼 법에 저촉되는 일을 하여 구속되거나, 근무하는 회사가 망하거나 정변으로 퇴직당하거나 구속되거나 사망한다.
◎ 파료상관(破了傷官) - 식상으로 用한 경우 인수운 인수년을 만난 것
 관직은 박탈당하고, 사업은 도산 위기에 처하며 도와주던 사람이 사라지고, 식도 수술, 억울한 누명, 질병의 악화, 심한 경우 파산되거나 사망한다.

3. 수한(壽限)

• 甲乙日生이 巳午未月에 生하여 木이 메말라 있는 中 丙丁운과 寅午戌년 만난 경우
• 日主旺으로 財를 用한 경우 겁재 羊刃운을 만나거나 財가 絶운에 임한 것

• 인수로 用한 경우(身弱으로) 柱中에 財가 있어 病이 되고 운에서 財운을 만나거나 인수가 대운 세운에 死·絶·墓되면 위험하다.

• 官殺이 혼잡된 사주에 대운 세운에 재운 관살운을 만난 경우

• 가상관(假傷官－日主太旺에 상관으로 설기시키기 위해 用한 것)에 인수운을 만난 것

• 己日 身弱에 財·官 및 傷官운이 오면 위장병으로 신음하다 세상을 뜬다.

• 丙申日生이 壬水가 있어 신약하고 從殺이 안되는 사주에 水운을 만난 경우

• 己亥日生이 乙木七殺이 있고 운에서 財와 殺(水木)을 만날 때 황천객이 된다.

• 庚寅·庚午·庚戌生이 寅巳午月에 生하되 從이 안되고 財官운을 만나면 상여를 탄다.

• 庚辛日生이 寅卯巳午月에 生하고 亥卯未, 寅午戌, 木火局을 놓은 中 대운 세운에서 木火(財殺)를 만나면 세상을 뜬다.

• 甲乙日生이 土弱에 金水가 旺한데 水운을 만나면 水多木浮로 나무가 떠서 황천강 건넌다.

• 비겁 羊刃이 旺한데 官殺이 없이 운에서 羊刃 비겁을 만나면 위험하다.

• 제살태과(制殺太過)에 식상운 만난 것

• 인수 太旺에 다시 인수운 만난 것

• 종살격, 종재격에 미약한 인수가 있어 假從인 사주에 인수운 만난 것

◎ 사주에는 用神과 喜神, 忌神이 있고 病과 藥神이 있다. 用神을 生하는 자 喜神이요 克하는 자 忌神이며, 用神을 방해하거나 어떤 吉格을 놓는 데 방해되는 자 病이고, 病을 克하는 자 藥이다. 不幸이 닥치는 것은 用神이 克制되거나 病이 生助받는 운으로 보아야 한다.

ㅇ 용신과 행운(行運) 관계

용신법	인수가 태왕하고 재가 없을 때 재다신약 신약용인에 재왕 관살왕에 인수가 없음 종강격	일반적인 신약 관인상생 살인상생 식상미약에 관살중중 관살용신에 식상왕	신태왕에 관살무 식상생재 식상제살, 종아격 신왕에 재가 미약	신왕재왕 인수가 태왕 신왕 관살용에 관살미약 종재격	신왕관살왕 비겁이 많아 신왕 재용에 비겁이 왕 인수용신에 재왕 졸살격
용 신	비겁	인수	식상	재성	관살
비겁운	대길	재왕이면 발복 식상이 왕해 인수용신하였으면 불리	식상제살은 길함 신왕하여 설기용신이면 불리 식상생제도 불리	군비쟁재 시 비 소송 손재 대흉	불리

인수운	대길	대길	파료상관 상관상진 이니 큰 재앙이 있다. 식도 질환, 손재	불리	식상이 병이면 대길 비겁태왕이면 불길
식상운	관살이 왕하면 길 재가 왕하면 불길함	불리	대길	식신생재라 사업 번창 기타 대길	대흉 제살태과 관재, 횡액
재 운	불리함	탐재괴인 관리는 뇌물먹다 파직, 구속 여자 탐하다 망신 돈 벌려다 실패	식상제살은 불리 인수왕이면 대길 관살왕도 불리	대길	재성생관 재자약살 대길
관살운	대흉 관재 송사 사고 질병	재가 왕하면 유리 식상왕이면 길 관살왕이면 불리	불리함	비겁왕이면 대길 인수왕이면 불리	대길

10간일(十干日)의 특성

이하의 글은 거의가 추명가에서 인용된 내용이므로 과장이 심하고 극단적인 길흉으로 표현한 것 같으니 어디까지나 참작 정도로 가볍게 이해하라.

1. 갑을일(甲乙日, 木日)

[남자의 경우]
o 성격 – 의지가 굳고 심사가 튼튼하여 시종일관 변함이 없다. 책임감이 있고 부지런하며 신용이 있다. 단 사근사근한 맛이 없고 무뚝뚝하다.
　　　四柱 사운데 水가 많으면 인정 베풀기를 좋아하고, 日主가 强한데다 설기(泄氣)가 부족하면(火 식상이 없거나 있더라도 심히 미약) 위인이 답답하다.

o 부모 - 酉戌時에 출생하면 養父를 섬기거나 2母를 섬길
 수다.
 亥子年이나 亥子月의 출생자는 해외출입하여 본다.
o 질병 - 日主가 太弱이면 정신이상, 혹은 간질·풍병에 걸
 리기 쉽다.
 亥子月生은 주풍(酒風)·중풍(中風)을 조심해야
 한다.
 金殺을 많이 만나면 근골통(筋骨痛)을 앓는다.
o 직업 - 寅卯, 巳午, 亥子月生은 종교가·철학가·사상가가
 많이 나온다.
 戌亥時는 법계(法界)에 진출하는 이가 많고 아니면
 의약계에 종사한다.
 春夏月生은 의약업 종사요 혹은 역술가(易術家)다.
 秋冬月生은 교직자요, 四柱에 인수·식상이 모두
 있으면 전자업으로 성공

[여자의 경우]
o 성격 - 생활력이 강하고 숫기가 좋으며 무뚝뚝하고 참을성
 이 있다.
o 재액 - 四柱中 火가 旺하면 숨찬 병이 있고 남편 덕이
 없다.
 金이 약하고 水가 많으면 남편이 술에 취해 익사
 (溺死)할 우려가 있다.
 申宮이 刑을 만나면 남편이 술고래 혹은 마약중독

자다.
壬癸亥子의 水가 많으면 子女의 액이 있거나 시력이 좋지 않다.

O 직업-곡직격(曲直格)은 기악(器樂)에 능하고 日主 旺은 주단 포목 의류 취급
상관이 旺하면 성악가.
官殺이 미약이면 양은그릇 장사하면 득리
春夏月生은 교육자 아나운서 吉.
亥子丑月生은 교사
日時가 戌亥면 의약계.
寅卯夏月生도 의약계 종사자 많다.

갑일생(甲日生, 陽木)
辰月 午時나 冬月 庚時(午時)生은 時上偏官格인데 日主强에 偏官도 강하면 大貴한다.
巳午未月에 生하고 木이 枯燥(水氣가 없는 것)면 실명(失明)이요, 柱中에 巳가 있으면 水厄이 있으니 조심하라.
亥時生이고 巳가 없으면 육갑추건격(六甲趨乾格)

을일생(乙日生, 陰木)
辰月 巳時나 冬月辛時는 大貴
地支에 巳酉丑을 놓으면 內務次官급
六乙서귀격을 이루면 총명 文章 出世

申時生은 자식을 많이 둔다.
子를 보면 익수살(溺水殺)
四柱에 金이 많으면 仁義가 없다.
女子는 庚金이 있으면 자식 때문에 남편과 이별하는 수가 있다.

◇ 갑자일(甲子日)
  ○ 卯月生人은 의약계 종사(男女 同)
  ◎ 육갑추건격(六甲趨乾格) - 亥時에 生하고 年月에 巳字가 없어야 한다.
  ◎ 자요사격(子遙巳格) - 子時에 生하고 庚辛申酉와 丑午가 없으면 이 格이 이루어진다.

◇ 갑술일(甲戌日)
  ○ 身弱에 財殺이 旺하면 失明
  ○ 春夏月生은 기침, 숨찬 병으로 고생
  ○ 공업이 吉
  ○ 月時가 戌亥면 의약계 종사
  ○ 日時가 戌亥면 易術人
  ○ 四柱에 巳午戌亥가 있으면 중, 신앙인, 수도자
  ◎ 육갑추건격 - 巳가 없어야

◇ 갑신일(甲申日)
  ○ 申酉月生은 교육자, 언론인 혹 문예 방면에 종사한다.

ㅇ寅巳면 의약업
● 女는 秋月生이면 언론인, 교사, 방송인
ㅇ寅巳를 만나면 의약계 종사
ㅇ절처봉생일(絕處逢生日)
◎ 육갑추건격 – 巳가 없어야

◇ 갑오일(甲午日)
ㅇ春夏月生은 해수병, 숨찬 병이 있다.
ㅇ四柱 가운데 巳午戌亥가 있으면 승도, 신앙인, 수도자가 된다.
● 여자는 독수공방수가 있는 日辰이다.
◎ 육갑추건격 – 巳가 없는 경우

◇ 갑진일(甲辰日)
ㅇ백호대살일(白虎大殺日)
ㅇ부친이 자살, 횡사할 우려가 있다.
ㅇ財가 있고 비견, 겁재가 旺하면 처첩이 음독 자살기도 하여 본다.
◎ 육갑추건격 – 巳가 없는 경우

◇ 갑인일(甲寅日)
ㅇ春夏月生은 大貴, 기침, 숨찬 병
ㅇ巳申이 있으면 의약업, 이에 재다신약되거나 신왕에 財弱이면 처첩에게 흉액이 있다.

ㅇ 柱中에 巳午戌亥 있으면 중·신자·수도자
● 女子는 고독한 운명
ㅇ 전록격(專祿格)
◎ 육갑추건격 – 巳가 없어야

◇ 을축일(乙丑日)
ㅇ 身弱에 財殺이 旺하면 시력이 어둡거나 심한 경우 상실한다.
ㅇ 午未戌이 있으면 자살 기도하여 본다.
  (이상 여자도 同一함)
ㅇ 乙丑日生은 두집 사위 노릇하기 쉽다.

◇ 을해일(乙亥日)
ㅇ 巳字가 있으면 망명, 감금 등 刑厄을 한차례 당한다.
ㅇ 四柱 中에 戌辰이 있으면 역술가로 성공한다.
◎ 육을서귀격(六乙鼠貴格) – 子時에 生하고 庚辛申酉와 巳丑이 없어야 이 격이 성립된다.

◇ 을유일(乙酉日)
살지(殺地)에 앉아 신약될 가능성이 높다. 그러므로 亥子月에 出行을 요한다.
酉月生은 크게 부상을 당해보거나 수술대에 올라보는 수가 있다. 乙酉日에 申酉月生이고 亥子水가 없으면 차라리 종살(從殺)해야 좋다.

여자는 남편을 깔고 앉은 상이다.

◇ 을미일(乙未日)
  ㅇ 백호대살(白虎大殺)
  ㅇ 부친이 비명에 횡사할 우려 혹은 상처
  ㅇ 春夏月生은 기침, 숨찬 병이 있다.
  ㅇ 사주에 巳午戌亥가 있으면 중·신앙인·수도자
  ㅇ 비겁과 財가 旺하면 처첩이 음독자살 기도한다.
  ● 여자는 독수공방
  ● 남자는 두집 사위
  ◎ 子時生에 金과 巳丑이 없으면 육을서귀격(六乙鼠貴格)

◇ 을사일(乙巳日)
  ㅇ 春夏月生은 기침, 숨찬 병이 있다.
  ㅇ 寅申刑이 있으면 의약계 종사(男女 同)
  ㅇ 巳午戌亥가 있으면 중·신앙인·수도자
  ● 여자는 庚辛金이 있으면 첩살이, 아니면 아기 낳고 살다가도 정부따라 집을 나간다.

◇ 을묘일(乙卯日)
  ㅇ 전록격(專祿格)
  ㅇ 時에 비견·겁재를 만나면 처를 사별(死別)할 가능성이 있다.

2. 병정일(丙丁日, 火日)

[남자의 경우]
o 특성 – 구변이 좋고 예의가 바르며 양보심이 많으나 편중되고 참을성(말)이 없다.
　　　　寅卯月生은 신앙심이 두텁고, 春夏月生은 말이 침착하지 못하고 조급하다.
　　　　四柱 中에 財殺이 많은 이는 신경질을 잘 부린다.
　　　　식신격(食神格)을 놓은 이는 체구가 대개 비만하고 식상이 旺하면 키가 작다.
o 부모 – 乙未時 出生人은 養父母를 섬길 수가 있다.
o 질병 – 日主가 太弱이면 정신이상이 될 우려가 있거나 간질, 풍병에 걸릴까 두렵다.
　　　　四柱 中에 水가 없으면 소화불량, 침이 마르고 갈증이 심한 증세가 있다.
o 직업 – 철물 취급하는 업종이 좋다.
　　　　春月生은 교편을 잡는다.
　　　　辰戌丑未月生은 성악을 전공하면 성공한다.
　　　　염상격(炎上格)을 놓으면 출세하여 위세를 떨친다.

[여자의 경우]
o 특성 – 명랑하고 예의가 바른데 성질도 잘 내고 풀리기도

잘하며 구변이 좋다.
성질이 조급한 시어머니를 만난다.
巳午未月 중에 출생이면 독수공방 수가 있다.
ㅇ 재액 – 水木이 있고 財가 旺하면 수산물로 이익을 본다.
ㅇ 직업 – 正 2~3月 중 出生女는 선생하기 쉽다.
地支에 巳酉丑 財局을 놓은 이는 돈놀이로 성공한다.
상관(傷官)이 旺하면 성악가가 되기 쉽다.
財가 있어 미약하면 金銀보석을 다루거나 양은그릇을 취급하라. 돈을 번다.

병일생(丙日生, 陽火)

申이 있으면 水厄을 조심하라.
庚金을 만나면 목소리가 찌렁찌렁하다.
木火가 旺하면 과단성이 있고 용감하다.
亥時生은 자식을 많이 둔다.
인수·식상이 다 있으면 木工業에 종사
四柱 가운데 戌亥가 있으면 의약계 종사
夏月辰時, 春月壬時生은 時上偏官格이라 大貴한다.

정일생(丁日生, 陰火)

戌字를 보면 익수(溺水)의 액이 있다.
春夏月生이 卯時生이면 大貴한다.
財官格을 놓은 이는 法官이 많이 나온다.

女는 秋月生이고 壬水를 만나면 시어머니 때문에 풍파를 겪는다.

◇ **병인일**(丙寅日)
- 巳申이 있으면 자살기도 해보는 데 의약계 종사면 吉하다.
- 春夏月生은 참을성이 없어 자살기도
- 申時면 처가 임신중 사망하는 수가 있다
- ●여자 春夏月生은 남편 때문에 병 생긴다.
- 申月 女는 교사
- 巳申을 만나면 의약계

◇ **병자일**(丙子日)
- 음양차착살(외숙이 패망)
- 바람둥이요 미인 처를 얻는다.
- 格이 이루어졌으면 재상급
- ●여자는 小室命이요 남편이 바람둥이
- 亥子丑月生은 남편 때문에 병 생긴다.

◇ **병술일**(丙戌日)
- 工業家
- 日主가 미약하고 申酉戌丑月生이면 처첩이 자살을 기도한다.
- 財도 있고 印도 있으면 인쇄업·문방구·서예 그림·필

방 취급이 유리
- ○戌亥丑寅이 있으면 역술가로 성공
- ●여자는 인수가 있으면 타자직이 유망하다.

◇ **병신일(丙申日)**
- ○格을 못이루고 身弱이면 중상을 입어 불구자 되기 쉽다.
- ○두집 사위
- ○寅巳가 있으면 의약업
- ○格이 이루어지면 재상(秋冬月生이고)
- ○寅時면 처가 임신중 사망
- ●亥子丑月生女는 남편 때문에 병 생긴다.
- ○刑殺이 있으면 의약계 종사, 수술 부상수 있다.

◇ **병오일(丙午日)**
- ○사주 가운데 丑辰午가 있으면 자살기도하여 본다.
- ○時에 비겁은 상처수
- ○음양차착살
- ○春夏月生은 참을성이 없어 자살기도 해본다.
- ○酉時生人은 두번 장가든다.
- ●여자는 독수공방, 남편이 바람피운다.
- ○春夏月生은 남편 때문에 병 생긴다.
- ○申月生은 교사직
- ○丑午辰이 있으면 음독해 본다.
- ◎ 비천녹마격(飛天祿馬格)-午字가 많고 未壬癸가 없어

야 격이 성립된다.

◇ 병진일(丙辰日)
  ○ 身旺에 官殺이 없으면 역술가
  ○ 四柱에 財도 있고 인수도 있으면 출판, 인쇄, 문방구, 서점, 사식
  ○ 귀격을 놓으면 재상급
  ● 여자는 亥子丑月生이면 남편 때문에 병이 생긴다.
  ○ 인수가 있으면 타자직, 교정직

◇ 정묘일(丁卯日)
  ○ 巳申이 있으면 의약계
  ○ 金이 많고 丑時면 화가로 성공
  ○ 春夏月生은 성질이 급하고 참을성 없어 자살기도 해본다.
  ● 亥月生女는 교육계 진출

◇ 정축일(丁丑日)
  ○ 음양차착살(외가가 안됨)
  ○ 酉月生人 교육자
  ○ 日主 미약이고 申酉戌丑月生은 처가 자살할 우려
  ● 여자는 남편이 바람둥이
  ○ 亥子丑月生은 남편 때문에 병 생긴다.
  ○ 午未戌月生은 부부불화로 자살기도 해본다.
  ○ 酉月生은 교사 아나운서

○ 인수가 있으면 타자직

◇ **정해일(丁亥日)**
○ 戌亥 丑寅이 있으면 역술가
○ 柱中에 巳字가 있으면 망명·감금
● 여자는 첩노릇
○ 官이 투출하고 暗官도 있어 合을 이루면 남편이 의처증
○ 亥子丑月女 남편 때문에 병 생긴다.
○ 財官이 투출(官만 투출도)이면 정부를 따라 도망친다.
○ 亥月生은 교사직

◇ **정유일(丁酉日)**
○ 두집 사위 노릇하기 쉽다.
○ 四柱에 財와 印이 같이 旺하면 출판·인쇄·필경·문 방구 경영·타자, 식자 등의 업종으로 성공한다.

◇ **정미일(丁未日)**
○ 음양차착살(외숙이 안됨)
○ 辰戌이 있으면 의약계
○ 春夏月生은 참을성이 없어 자살기도 해본다.
○ 2, 3 妻妾
● 여자는 독수공방, 남편이 바람둥이
○ 春夏月生은 남편 때문에 병 생긴다.
○ 인수가 있으면 타자직

○ 亥月生은 교사
○ 辰戌이 있으면 의약계

◇ 정사일(丁巳日)
○ 寅申이 있으면 의약계 종사
○ 丑月生은 금융계 종사
○ 時가 비겁이면 상처수
○ 財印을 같이 만나면 역술가
○ 春夏月生은 참을성이 없어 자살기도
● 여자는 독수공방
○ 春夏月生은 남편 때문에 병 얻는다.
◎ 비천녹마격(飛天祿馬格) – 巳字가 많고 申子가 없어야 하며 壬癸가 있으면 진격이 못된다.

3. 무기일(戊己日, 土日)

[남자의 경우]
○ 특성 – 自身의 言行을 반성하는 습관이 있고, 군자다운 풍모가 있다. 결단력과 배포도 있으며 편협심도 있어 잘해주는 사람에게는 아까운 줄 모르고 한없이 잘해주지만 별로 이해관계가 없는 이에게는 가혹하리만큼 냉정하다.
신앙심이 두텁다.

柱中에 火土가 많으면 후중 원만하여 남과 타협을
잘한다.
官殺이 미약이면 생것, 신것을 즐긴다.
身弱者는 재물이 인색하다.
身旺者는 코가 크고 입이 각지다.
○ 부모 - 寅卯時生은 양부(養父)나 두 어머니를 섬기게 된다.
○ 재액 - 身弱에 傷官用財 못이루면 일마다 허망된 것이 많다.
金水木이 太旺하면 횡사하거나 익사(溺死)할 우려
가 있다. 비위도 허약하다.
財나 殺局을 이루면 다리 불구될 가능성이 있고, 燥
하면 변비증으로 고생한다.
日支가 刑을 만나면 胃 수술하여 본다.
戌時生도 産厄(아내가)이 있다.
柱中에 子未가 있고 또 비견 겁재를 만나면 아내의
산액(産厄)이 있다.
○ 직업 - 寅巳午未月生은 교직자니 格이 淸하면 대학교수의
명이다.
申月酉月生도 교직자다.
月이나 時에 戌亥를 만나면 의약계 종사한다.

[여자의 경우]
○ 특성 - 노련하여 어른스럽고 심지가 깊다. 미신을 숭상하
는 경향이 많고 대체로 어떤 종교건 신심(信心)이
깊다. 편협하고 이기적인 면도 있다.

괄괄하고 시원시원한 시어머니를 만난다.
ㅇ 재액 - 巳午未月生은 독수공방할 운이다.
   官殺(木)이 미약한 중 水가 많으면 남편이 술에 취해 익사할 명이다.
ㅇ 직업 - 寅巳午月生은 미용업이다. 아니면 교사직이다.
◎ 구진득위격(句陳得位格) - 地支에 申子辰 亥子丑 亥卯未 寅卯辰의 財나 官殺의 方局을 놓고 身旺이라야 한다.

무일생(戊日生, 陽土)

地支에 三刑이 다 갖추면 다리를 전다.
卯字가 있으면 水厄을 조심하라.
癸年 壬月生은 부부 해로가 어렵다.
巳午月에 甲時(寅時), 辰戌丑未月에 甲時는 身旺에 偏官旺이니 횡적인 出世로 大貴한다.

기일생(己日生, 陰土)

年月時 가운데 巳가 있으면 水厄을 조심하라.
財官格을 놓으면 법관이 많이 나온다.
柱中에 寅申이 있으면 의약업이 좋다.
巳午月에 丑亥時, 辰戌丑未月에 丑亥時는 身旺에 時上 偏官인 乙木이 투출이니 대귀하는 命이다.

◇ 무진일(戊辰日)
  o 공업인이 되면 성공한다.
  o 金水가 많으면 역술가
  o 辰戌을 만나면 官厄이 따른다.
  o 時에 비겁을 놓으면 상처수 있다.

◇ 무인일(戊寅日)
  o 음양차착살(외가가 잘 안된다)
  o 年月時에 申巳가 있으면 의약계에 종사하는데 한때 자살기도 해본다.
  o 火가 많으면 남을 비방 잘한다.
  o 巳午戌亥가 있으면 수도자·신앙인·중
  o 寅午戌月生은 술고래
  o 丑時에 金이 많으면 화가
  ● 여자는 남편이 바람둥이
  o 寅字가 많으면 부부불화로 독약 마신다.
  o 巳申이 있으면 의약계

◇ 무자일(戊子日)
  o 의약계 종사(寅巳申刑이 있는 것)
  o 金水가 많으면 역술가
  ● 여자는 寅巳申刑이 있으면 독극물 주의, 의약계, 매사에 겁이 많다.
  o 늙은 남편 섬기고 소실팔자, 아니면 年下의 남자와 산다.

◇ 무술일(戊戌日)
  ㅇ공업가
  ㅇ月時가 戌亥면 의사 약사
  ㅇ辰이 있으면 官厄
  ㅇ時에 비겁을 만나면 상처수
  ㅇ戌亥가 있으면 역술가
  ㅇ火가 많으면 남을 비방 잘한다.
  ㅇ寅午戌月生은 好酒家
  ㅇ巳午戌亥를 만나면 승도, 신앙인, 수도자다.

◇ 무신일(戊申日)
  ㅇ음양차착살(외가가 잘 안됨)
  ㅇ寅巳가 있으면 의약계
  ㅇ金水가 많으면 역술가
  ㅇ巳寅이 있고 재다신약되거나 신왕재약이 되면 처첩이 흉사
  ●여자는 독수공방, 남편이 바람둥이
  ㅇ寅巳가 있으면 의약계 진출한다.

◇ 무오일(戊午日)
  ㅇ年月에 辰酉가 다 있으면 절름발이
  ㅇ火가 많으면 남의 비방 잘한다.
  ㅇ巳午戌亥가 있으면 술고래, 중·신앙인·수도자
  ㅇ寅午戌月生은 술고래

○ 2~3妻 운
○ 丑辰午가 있으면 자살기도
● 여자는 丑辰午가 있으면 음독자살 기도할까 두렵다.

◇ 기사일(己巳日)
○ 亥가 있으면 사고, 부상, 망명, 刑厄으로 구속되어 본다.
○ 寅申이 있으면 의약계 종사
○ 巳午戌亥가 있으면 독실한 신앙인·중·수도하는 사람
● 여자도 寅申이 있으면 의약계 종사한다.

◇ 기묘일(己卯日)
● 여자는 己卯日에 신약이 되면 신(神)들리기 쉽다.

◇ 기축일(己丑日)
○ 時에 비겁이 있으면 상처수
○ 月時에 戌亥가 있으면 의약계(女도 同)
● 여자는 午未戌이 있으면 부부싸움하다가 음독 자살기도 해본다.

◇ 기해일(己亥日)
○ 巳가 있으면 刑厄 부상당할 우려
○ 巳辰戌亥가 있으면 역술인
○ 官星이 투출이면 아내가 자식까지 두고도 바람나서 나간다.

- 여자는 官星 투출에 暗官이 合을 이루면 남편이 의처증
  o 첩노릇
  o 물장수에 길하다.
  o 신약이면 神들리기 쉽다.
  o 月時 戌亥면 의약계
  o 官星이 투출이면 간부와 情을 통하고 달아난다.

◇ 기유일(己酉日)
- 여자는 독수공방수요 신약(身弱)이면 神들리는 수가 있다.

◇ 기미일(己未日)
  o 四柱 가운데 巳午戌亥가 있으면 승도·신앙인이요, 또는 수도자가 된다.
  o 年·時가 丑戌이면 一子가 자살한다.
  o 時에 비견·겁재를 만나면 상처수 있다.

4. 경신일(庚辛日, 金日) — 義를 主宰한다

[남자의 경우]
o 특성 — 과단성이 있고 강직하며 냉정하다. 자주 개혁하기를 좋아한다. 그래서 환경을 자주 바꾼다.
　　　　冬月生은 애국심이 농후하다.

秋冬月生은 종교나 철학 계통에 관심이 높다.
또 冬月生은 술을 좋아한다.
冬月生이 丁火가 투출하면 키는 작아도 체구가 다부지다.

o 부모 - 申時나 亥時生은 의부를 섬기거나 두 어머니를 섬기게 된다.

o 질액 - 火가 많으면 해수병, 숨찬 병이 있고, 또는 혈질(血疾)로 고생한다.
亥子月生은 체증으로 고생하는 수가 있고, 주풍(酒風)·중풍(中風)을 앓는다.
火가 旺하면 두드러기, 종기, 피부병으로 고생한다.
火局은 눈 장애인 자식 두기 쉽다.

o 직업 - 종혁격(從革格)을 놓은 이는 귀히 되어 위세를 누린다.
寅卯巳午未月生은 전기, 공업 계통에 종사한다.
火旺이면 木材業에 성공
亥子丑月生은 교육자요, 辰戌丑未月生도 교육자가 된다.
木火가 旺하면 畵家로 이름이 있다.
寅巳午未戌月生 및 지지에 寅午戌 火局을 놓은 이는 의약업에 종사한다.

[여자의 경우]

o 특성 - 깔끔하고 알뜰하고 냉정하며 시샘이 많고, 약간 허영심과 바람기가 있다.

o 시모 – 무뚝뚝한 시모를 섬긴다.
o 남편 – 亥子丑月은 독수공방수가 있다. 혹 나이 많은(늙은) 남편을 만난다.
o 질병 – 春夏月生에 木火(財官)가 旺하면 경수(經水)가 乾하다.(매우 적게 나옴)
　　　　冬月이나 夏月에 출생이면 대하증(帶下症)이 있다.
o 직업 – 印綬가 미약하고 財가 旺하면 주단 포목으로 돈을 번다.
　　　　亥子辰戌丑未月生은 교사직이 적합하다.
　　　　巳午未月生은 화가(畵家)로 이름을 얻는다.
　　　　상관용재격(傷官用財格)을 놓으면 요식업(料食業)이 길하다.

경일생(庚日生, 陽金)
　子가 있으면 익수살(溺水殺)이다.
　庚日生이 月時干에 丁火를 만나면 음성이 찌렁찌렁하다.
　干에 丙丁을 만나면 과단성있고 용감하다.
　地支金局은 행정자치부 차관급
　丑月生 또는 丁丑時生은 은행인이 된다.
　申酉辰戌丑未月生이 丙時면 身旺에 時上一位貴라, 大貴하는 命이다.

신일생(辛日生, 陰金)
　四柱에 申이 있으면 익수살(溺水殺)이다.

申酉戌月生이 酉時, 辰丑未月生의 酉時는 丁酉時라, 身旺에 時上官星 투출이라, 이는 時上一位貴格이 성립되어 大貴한다.

女子는 辰戌丑未月에 生하고 丙火를 만나면 모친 때문에 남편과 이별하는 수가 있다.

寅卯巳午未月生은 신경쇠약에 걸린다.

◇ 경오일(庚午日)
 ● 寅卯巳午未月生은 치질, 맹장 걸려보고 장질부사 예방하라.
 ● 여자 寅巳午戌月生이면 의약계 종사

◇ 경진일(庚辰日)
 ○ 工業이면 성공
 ○ 申亥子月生이면 양조업
 ○ 庚辰時는 子女가 익사할 우려. 辰戌을 만나면 관액, 부상의 액이 있다.
 ● 여자는 물장수 길, 남편궁 불리로 남편이 납치, 구속, 횡액 등의 불상사
 ○ 인수가 있으면 타자직
 ◎ 괴강일(魁罡日)
 ◎ 정란차격(井欄叉格) - 水局全에 寅午戌壬癸巳午를 만나지 않아야 한다.

◇ 경인일(庚寅日)
  o 金多에 丑時면 화가
  o 申亥子月生은 양조업
  o 巳申이 있으면 의약업, 巳申이 있고 財多身弱이면 처첩 자살. 또 財多신약이나 身旺, 財弱이면 처첩 흉사로 두 집 사위노릇
  o 寅卯夏月生은 치질, 장질부사
  ● 여자는 巳申刑이 있거나 寅午戌月生은 의약계

◇ 경자일(庚子日)
  o 申亥子月生은 양조업이 길
  ● 여자는 독수공방수, 물장수가 吉
  ◎ 비천녹마격(飛天祿馬格) - 子字가 많고 丑이 없어야 한다.(丙丁이 있으면 진격이 못된다)
  ◎ 정란차격(井欄叉格) - 申子辰水局全을 놓고 寅午戌壬癸巳午가 없어야 한다.

◇ 경술일(庚戌日)
  o 공업인(工業人)이면 성공한다.
  o 寅卯巳午未月生은 치질, 맹장, 장질부사 앓는다.
  ● 여자는 夫宮 不利니 남편 횡액 두렵다.
  o 인수가 있으면 타자직
  o 寅巳午戌月生은 의약계 종사
  ◎ 괴강일(魁罡日)

◇ 경신일(庚申日)
　ㅇ 申亥子月生은 양조업
　ㅇ 巳寅이 있으면 의약계 종사
　ㅇ 身旺에 寅時면 아내가 눈 어둡다.
　ㅇ 寅時면 아내가 임신중 사망할 우려가 있다.
　ㅇ 巳寅이 있고 財多身弱되거나 身旺財弱이면 처첩 흥사
　● 여자는 독수공방, 물장수
　ㅇ 寅巳 있으면 의약계
　◎ 전록격(專祿格) - 申이 庚日의 건록
　◎ 정란차격(井欄叉格) - 水局全에 寅午戌壬癸巳午를 만나지 않아야 한다.

◇ 신미일(辛未日)
　ㅇ 巳午月生은 火傷당하거나 총탄, 파편에 부상당할 우려가 있다.
　ㅇ 寅卯巳午未月生은 치질·맹장염 앓는다.
　ㅇ 四柱가 身旺이면 독선적이고 잘난 체하여 사교력이 부족함.
　● 여자 冬月生은 의사·약사·간호원이요, 巳午未月生도 의약계에 종사한다.

◇ 신사일(辛巳日)
　ㅇ 寅卯巳午未月生은 치질, 맹장염
　ㅇ 亥를 만나면 부상, 사고 형액 조심

○月時가 辰戌이면 한의사
○官이 투출이면 아내가 자식까지 두고 바람나서 나간다.
○寅申이 있으면 의약계 종사
●여자는 官星이 투출하고, 또 暗官이 合을 만나면 남편이 의처증
○첩노릇
○干에 官이 있으면 바람나서 나간다.

◇ 신묘일(辛卯日)
○음차일(외가가 안된다고 함)
○고집세고 독선적이며 잘난 체하나 사교력이 좀 모자라는 편임
○두집 사위노릇
○寅卯巳午未月生은 치질·맹장염
○月時가 辰戌이면 한의사
●女子는 음탕하고 그 남편이 바람둥이
○인정에 끌린다.
○巳午未月生은 의약계

◇ 신축일(辛丑日)
●고집세고 완고하고 잘난 체하고 독선적이므로 사교력이 결핍
○辛卯時는 小室 몸에서 자식을 둔다.
●冬夏月女는 의사·약사·간호사

ㅇ 午未戌을 만나면 부부싸움 끝에 자살기도 해본다.
◎ 축요사격(丑遙巳格) - 丙丁巳午子가 없어야
◎ 육음조양격(六陰朝陽格) - 子時生에 丙丁巳午丑卯가 없어야 한다.

◇ 신해일(辛亥日)
ㅇ 月時가 辰戌이면 한의사
● 여자는 독수공방수
ㅇ 亥子巳午未月生은 의약계 종사
◎ 비천녹마격(飛天祿馬格) - 亥子가 많고 寅을 만나지 말아야 한다.(丙丁이 있으면 진격이 못됨)
◎ 육음조양격(六陰朝陽格) - 子時生에 丙丁巳午丑卯가 없어야 한다.

◇ 신유일(辛酉日)
ㅇ 음양차착살 - 외가가 안된다고 함
● 女子는 독수공방수 있고 그 남편이 바람둥이
◎ 전록격(專祿格)
◎ 귀록격(歸祿格) - 丁酉時
◎ 육음조양격(六陰朝陽格) - 子時生에 丙丁巳午丑卯가 없어야 한다.

5. 임계일(壬癸日, 水日)— 智를 主宰한다

[남자의 경우]
o 특성 – 신경이 예민하고 비판적이며 자상한데 낭만적이고 낭비벽에 바람기가 있다.
　　壬癸日生이 中和를 못 이루면 약지 못해서 어리석어 보인다.
　　秋冬月生은 종교·철학 기타 학문을 탐구하려는 의욕이 많다.
　　水日에 官殺이 미약하면 단것을 좋아한다.
　　식상이 없으면 인색하다.
o 질액 – 酉·戌時生은 養父나 두 어머니를 섬기게 된다.
　　日主가 太旺하고 柱中에 丁巳가 있으면 눈이 어둡다.
　　水木이 많으면 오줌싸개다.
　　亥子丑月生은 바람피우다 곤액을 당하거나 여자로 인해 난처한 일을 당한다.
　　官殺이 미약하고 상관이 旺하면 말 못하는 자식 두기 쉽다.
　　火土가 너무 많으면 치질·임질 걸리고 코막히는 질환이 있다.
　　亥子丑寅卯辰月生이 火가 없으면 귀먹거나 해수병이 심하다.

四柱가 冷寒하면 설사병이 잦다.
○ 직업 – 戌亥時 출생인은 法官이 많이 나온다.
申酉戌 亥子丑月生은 교육자라야 적합하다.
윤하격(潤下格)을 놓은 이는 총명하여 문학으로 출세한다.

[여자의 경우]
○ 특성 – 활발하고 시원스러우며 재치가 있는데 남편한테는 순종적이다.
○ 시모 – 수다 떠는 시어머니를 만나기 쉽다.
○ 재액 – 寅卯辰月生은 한때라도 독수공방을 면치 못한다.
官星이 白虎大殺이면 그 남편이 객사하거나 횡사한다.(癸丑日 壬戌日)
官殺이 미약한 중 金水만 旺하면 남편이 술에 취해 익사한다.
壬癸日女가 水가 太旺하면 화류계가 된다.
○ 직업 – 申酉月生은 교사직에 진출한다.
冬月生은 입끝에서 돈이 생기니 아나운서·가수·교사직이 적합하다.

임일생(壬日生, 陽水)
戌이 있으면 물조심하라.
身旺이면 해상무역(海上貿易)이 길
官殺이 미약이면 음식장사 좋다.

亥子丑月生이 申時면 大貴한다.
申酉月生이 申時(戌時)도 大貴한다.
◎ 임추간격(壬趨艮格) – 寅時에 亥가 없어야
◎ 현무당권격(玄武當權格) – 壬癸日生이 地支에 寅午戌 火局을 놓거나 辰戌丑未 土局을 놓고 身旺이라야 格이 성립된다.

계일생(癸日生, 陰水)
四柱 가운데 卯가 있으면 물조심하라.
亥子丑月生이 未時
申酉月生이 未時
이상은 身旺에 一位貴(時上偏官格)를 놓았으므로 大貴하는 命이다.

◇ 임신일(壬申日)
 ㅇ 무역업, 여관, 숙박업이 좋다.
 ㅇ 巳寅이 있으면 의약업
 ㅇ 身旺에 寅時면 아내가 눈 어둡다.
 ● 여자는 요식업이 좋고, 寅巳가 있으면 의약계
 ㅇ 申酉亥子丑月生은 바람기가 심하여 일부종사하기 어렵다.
◎ 임추간격(壬趨艮格) – 寅時에 亥가 없는 것

◇ 임오일(壬午日)
  ○ 巳午未月生이 戌亥가 있으면 의사・약사
  ○ 丑午辰을 만나면 자살기도 해본다.
  ● 財殺이 旺하면 기관지염을 앓는다.
  ◎ 임추간격(壬趨艮格) – 寅時에 亥가 없는 것

◇ 임진일(壬辰日)
  ○ 음양차착살
  ○ 괴강일(魁罡日)
  ○ 무역업 아니면 숙박업이 유리
  ○ 혹은 工業人이다.
  ○ 冬月生은 의약업
  ● 女子는 夫宮이 不吉(납치・형액)
  ○ 또 남편이 바람둥이
  ○ 夏月生은 의약계
  ○ 壬辰日女는 요식업이 길하다.
  ◎ 임기용배격(壬騎龍背格) – 辰이 많고 戌戌酉가 없어야 성립
  ◎ 임추간격(壬趨艮格) – 寅時에 亥가 없어야

◇ 임인일(壬寅日)
  ○ 巳申이 있으면 의약업 종사, 또는 자살기도 해본다.
  ○ 日時에 金이 많으면 화가
  ○ 卯時生은 재취수

○ 巳申이 있고 재다신약(財多身弱)이면 처첩이 자살기도
● 여자는 八字가 순탄치 못하다. 부부불화
○ 財殺이 약하면 기관지염
○ 寅巳 있으면 의약계
◎ 임추간격(壬趨艮格) — 寅時에 해가 없는 것

◇ 임자일(壬子日)
  ○ 무역업 · 숙박업 · 수산물 취급
  ○ 時에도 비겁을 만나면 상처수
  ○ 처가 말끝마다 죽고 싶다 한다.
  ● 女가 金水月生이면 음란하여 일부종사 못함.
  ○ 여자는 요식업이 吉하다.
  ◎ 비천녹마격(飛天祿馬格) — 子가 많고 丑이 없어야. 戊己가 있으면 효력이 적다.
  ◎ 임추간격 — 寅時에 亥가 없는 것

◇ 임술일(壬戌日)
  ○ 괴강일(魁罡日)
  ○ 음양차착살
  ○ 戌亥 丑寅이 있으면 복술가
  ○ 辰을 또 만나면 刑厄
  ● 女子는 남편이 납치되거나 기타 횡액을 당할 수
  ○ 夫가 바람둥이
  ○ 財殺이 旺하면 기관지염, 남편이 객사

◎ 백호대살(白虎大殺)
◎ 임추간격(壬趣艮格) - 寅時에 亥가 없는 것

◇ 계유일(癸酉日)
● 女子는 申酉亥子丑月에 生하면 음란하여 일부종사 못한다.
◎ 형합격(刑合格) - 寅時에 낳고 타에 庚辛申 戊己辰戌丑未가 없어야 한다.

◇ 계미일(癸未日)
○ 노상 횡액(교통사고) 조심
○ 巳午未月에 戌亥가 있으면 의사
○ 甲寅時는 교통사고의 우려 있다.

◇ 계사일(癸巳日)
○ 음양차착살 - 외숙이 망한다.(교통사고, 노상 횡액을 당한다)
○ 寅申이 있으면 의약계 종사한다.
● 女子는 官이 투출이면 정부따라 도망가기 쉽다.
○ 남의 첩노릇
○ 남편이 바람둥이
○ 透官 暗官이 合을 만나면 남편의 의처증이 심하다.

◇ 계묘일(癸卯日)
　● 女子는 八字가 순탄치 못하다.
　◎ 형합격(刑合格)-寅時에 生하고 戊己辰戌丑未庚辛이 없어야 한다.

◇ 계축일(癸丑日)
　o 甲寅時면 교통사고 주의
　● 女子는 남편이 객사, 사고로 피흘리고 사망할 우려(白虎大殺인 까닭)
　o 午戌未가 있으면 부부불화로 자살기도 해본다(여자)
　◎ 축요사격(丑遙巳格)-戊己巳午가 없는 경우

◇ 계해일(癸亥日)
　o 음양차착살-외숙이 망한다.
　● 秋冬月 女는 음란하여 일부종사 못한다.
　o 그 남편도 바람둥이를 만난다.
　◎ 형합격(刑合格)-寅時生이 戊己庚辛辰戌丑未巳가 없으면
　◎ 비천녹마격(飛天祿馬格)-亥字가 많고 寅을 만나지 않으면. 丙丁이 있으면 吉이 감소된다.

제2편 命理問答
명 리 문 답

일러두기

　이 명리문답(命理問答)은 제1편 명리정해(命理正解)의 복습을 효과적으로 익히도록 하기 위함이다.
　명리정해 내용은 기초에서 끝까지 정독(精讀)하거나 강사로부터 차례대로 강의를 받았다면 명리학에 대한 원리를 어느 정도 터득할 수 있을 것이다. 그러나 전문가의 수준에 이르려면 오랜 세월이 필요하며, 설사 세월이 오래 지났다 할지라도 학문연구에 끊임없는 노력을 해야 된다.
　명리문답을 문제만 따로 앞에다 수록한 것은 까닭이 있다. 될 수록 답을 보지 않고 문제의 답을 터득하라는 뜻이다. 만약 본 문답의 문제를 다 풀고 이해하고 기억한다면 이 학문은 어느 정도 완성된 것이며, 전문가의 수준에 이르렀다 해도 지나친 과장은 아니라 생각된다. 아무쪼록 명리정해의 내용을 익힌 뒤 본항의 198문제를 다 터득하기 바란다.

목 차

1. 육갑법(六甲法)

[1문] 천간(天干)의 명칭을 순서대로 써라. 294
[2문] 지지(地支)의 명칭을 순서대로 써라. 294
[3문] 천간과 지지의 음양을 각각 분류하여 써라. 294
[4문] 육십갑자(六十甲子)를 순서대로 써라. 294
[5문] 천간의 합(合)과 충(沖)을 논하라. 295
[6문] 지지에는 합과 충과 형(刑)과 파(破)와 해(害)와 원진(怨嗔) 등이 있다. 이를 답하라. 295

2. 오행(五行)

[7문] 오행의 명칭을 쓰라. 296
[8문] 오행의 상생과 상극관계를 논하라. 296
[9문] 오행의 소속을 써라. 296

3. 사주(四柱)

[10문] 사주란 무엇인가? 297
[11문] 팔자(八字)란 무엇인가? 297

〔12문〕 태세(太歲)란 무엇인가? 297
〔13문〕 태세가 교체되는 기준은 무엇인가? 298
〔14문〕 월건(月建)과 월건이 교체되는 기준을 논하라. 298
〔15문〕 다음 사주를 사주 정하는 원칙에 의하여 정하라(그리고 大運 干支와 大運數까지 기록하라). 301
〔16문〕 십이지시(十二支時)를 정할 때 표준시 변동은 어떻게 생각하는가? 302
〔17문〕 일(日)의 간지가 교체되는 시각은? 303
〔18문〕 야자시(夜子時)와 정자시(正子時)를 구분하는가? 304
〔19문〕 月支가 교체되는 절(節)에 한해서 월별로 기록하라. 304
〔20문〕 정월법(定月法)과 정시법(定時法)의 공식을 써라. 304
〔21문〕 시각(時刻) 따지는 법에 초(初)와 정(正)이 있고 각(刻)과 분(分)이 있다. 이를 설명하라. 305
〔22문〕 지역과 시차관계를 논하라. 305
〔23문〕 사주의 구획(區劃)이란? 306

4. 신살(神殺)

〔24문〕 신살이란 무엇인가? 306

〔25문〕 신살의 종류는 다 따지면 백여종의 길흉신이 있다.
이 모든 신살의 작용을 다 적용해야 되나? 아니면 대개
어떤 신살을 참작하나? 307
〔26문〕 그렇다면 중요 신살의 정국과 작용력에 대해서 간단히
말하라. 307
〔27문〕 십이살(十二殺)의 명칭과 순서, 그리고 따지는 법을
답하라. 310
〔28문〕 포태십이신(胞胎十二神)의 명칭과 순서, 그리고 정국을
써라. 311
〔29문〕 십이운성(十二運星)의 정국을 설명하라. 311

5. 육친(六親)

〔30문〕 육친이란? 312
〔31문〕 육친 정하는 원칙을 써라. 313
〔32문〕 지지암장이란 무엇인가? 314
〔33문〕 육친을 정할 때 지지는 음양오행을 무엇으로 정하는가?
314
〔34문〕 육친에 붙인 명칭의 의(義)를 간단히 써라. 314
〔35문〕 육친에는 가족과 가까운 친인척, 그리고 사회적 배경이

매어져 있다. 이를 답하라. 316
〔36문〕 육친간의 생극비화 관계를 논하라. 317
〔37문〕 사주에 한 가지 육친이 편중되어 있으면 다른 육친에
　　　　영향을 미친다. 이에 대한 답을 간단히 써라. 317

6. 격(格)

〔38문〕 격이란 무엇인가? 320
〔39문〕 격은 여러 가지로 분류한다. 어떻게 분류하며 대개 어떤
　　　　격이 있는가? 320
〔40문〕 내격(內格) 정하는 원칙을 설명하라. 320

7. 용신(用神)의 상식

〔41문〕 용신이란 무엇인가? 321
〔42문〕 용신에는 몇 가지가 있는가? 321
〔43문〕 용신을 정하는 순서에서 먼저 알아야 할 중요한 것이
　　　　있다. 무엇인가? 322
〔44문〕 신강 신약이란 무엇인가? 322

8. 신강·신약

〔45문〕 신강 신약의 조건은? 322
〔46문〕 그렇다면 무조건 득령이면 신강이고, 실령이면 신약이라 단정해도 좋은가? 323
〔47문〕 다음은 신강 신약을 가늠하는 데 중요한 역할을 하는 술어다. 차례대로 답하라. 324

9. 용신법

〔48문〕 억부법(抑扶法)이란 무엇인가? 326
〔49문〕 신강 신약의 비중에 따라 용신법도 달라지는가? 327
〔50문〕 어떤 경우에 인수를 용(用)하는가? 328
〔51문〕 어떤 경우에 식상을 용하는가? 328
〔52문〕 어떤 경우에 비겁을 용하는가? 329
〔53문〕 어떤 경우에 재로 용신하는가? 329
〔54문〕 어떤 경우에 관살을 용하는가? 330

10. 용신법 슬어

〔55문〕 인수용인(印綬用印)이란? 330
〔56문〕 인수용겁(印綬用劫)이란? 330
〔57문〕 식상용인(食傷用印)이란? 330
〔58문〕 인수용재(印綬用財)란 무엇인가? 331
〔59문〕 상관용겁(傷官用劫)이란? 331
〔60문〕 식상용식상이란 무엇인가? 331
〔61문〕 식상생재(食傷生財)란 무엇인가? 331
〔62문〕 식상제살(食傷制殺)이란 무엇인가? 331
〔63문〕 신왕용재(身旺用財)란 무엇인가? 331
〔64문〕 재용겁(財用劫)이란 무엇인가? 331
〔65문〕 재자약살(財滋弱殺)이란 무엇인가? 332
〔66문〕 살중용인(殺重用印)이란 무엇인가? 332
〔67문〕 군비쟁재(群比爭財)란 무엇인가? 332
〔68문〕 관살용겁(官殺用劫)이란 무엇인가? 332
〔69문〕 시상일위귀격(時上一位貴格)이란 무엇인가? 332
〔70문〕 살인상정(殺印相停)이란 무엇인가? 332

11. 술어와 형태

[71문] 탐재괴인(貪財壞印)이란 무엇인가? 333
[72문] 파료상관(破了傷官)이란 무엇인가? 333
[73문] 상관상진(傷官傷盡)이란 무엇인가? 334
[74문] 제살태과(制殺太過)란 무엇인가? 334
[75문] 진법무민(盡法無民)이란 무엇인가? 334
[76문] 통관(通關)이란 무엇인가? 335
[77문] 조후(調候)란 무엇인가? 335
[78문] 병(病)과 약(藥)에 대하여 논하라. 336
[79문] 희신(喜神)과 기신(忌神)에 대하여 논하라. 336
[80문] 한신(閒神)이란 무엇인가? 337
[81문] 감리(坎離)란 무엇인가? 337
[82문] 탐생망극(貪生忘克)과 탐합망극(貪合忘克)에 대하여 논하라. 337
[83문] 공·협(拱挾)이란 무엇인가? 338
[84문] 기반(羈絆)이란 무엇인가? 338
[85문] 천전(天戰)과 지전(地戰)에 대하여 논하라. 339
[86문] 길신태로(吉神太露)란 무엇인가? 339

[87문] 진격(眞格)과 가격(假格)이란 무엇인가? 339
[88문] 쟁합(爭合)·투합(妬合)이란 무엇인가? 340
[89문] 거살유관(去殺留官)과 거관유살(去官留殺)은? 340
[90문] 합살유관(合殺留官)과 합관유살(合官留殺)이란? 340
[91문] 거류서배(去留舒配)란 무엇인가? 341
[92문] 재다(財多)와 재왕(財旺)을 구분하라. 341
[93문] 관국(官局)과 재국(財局)이란 무엇인가? 341
[94문] 유정무정(有情無情)이란 무엇인가? 342
[95문] 순환상생(循環相生)이란 무엇인가? 342
[96문] 명관과마(明官跨馬)란 무엇인가? 343
[97문] 재마(財馬)와 녹마(祿馬)란 무엇인가? 343
[98문] 원류(源流)란 무엇인가? 343
[99문] 명암부집(明暗夫集)과 암합(暗合)이란 무엇인가? 343
[100문] 부성입묘(夫星入墓)란 무엇인가? 344
[101문] 자매강강(姊妹剛强)이란 무엇인가? 344
[102문] 체전지상(體全之象)이란 무엇인가? 344
[103문] 천합지(天合地)와 지생천(地生天)이란? 345
[104문] 목화통명(木火通明)이란 무엇인가? 345
[105문] 추수통원(秋水通源)이란 무엇인가? 345
[106문] 아우생아(兒又生兒)란 무엇인가? 346

〔107문〕 등라계갑(藤蘿繫甲)이란 무엇인가? 346
〔108문〕 벽갑인화(劈甲引火)란 무엇인가? 346
〔109문〕 살인상생(殺印相生)과 절처봉생(絶處逢生)이란? 346
〔110문〕 살중무구(殺重無救)란 무엇인가? 347
〔111문〕 지지연여(地支連茹)란 무엇인가? 347

12. 종격과 화격

〔112문〕 종격(從格)이란 무엇인가? 347
〔113문〕 종비격에 대해 논하라. 348
〔114문〕 종살, 종재, 종아란 무엇인가? 그리고 이 격이 이루어지려면? 348
〔115문〕 종세(從勢)란 무엇인가? 349
〔116문〕 가종(假從)이란 무엇인가? 349
〔117문〕 화격(化格)이란 무엇인가? 이루어지는 의의와 용신은? 350
〔118문〕 가화(假化)란 무엇인가? 350

13. 기격(奇格)과 특수격

〔119문〕 기격과 특수격에 대해 간단히 말하라. 351

〔120문〕 일행득기격(一行得氣格)이란 무엇인가? 351
〔121문〕 양상(兩象)이란 무엇인가? 351
〔122문〕 삼상(三象)이란 무엇인가? 352
〔123문〕 천원일기격(天元一氣格)이란 무엇인가? 352
〔124문〕 지진일기격(地辰一氣格)이란 무엇인가? 352
〔125문〕 사주동일격(四柱同一格)이란 무엇이며 이 격은 몇 가지가 이루어질 수 있는가? 353
〔126문〕 사위구전격(四位具全格)이란 무엇인가? 353
〔127문〕 천간순식격(天干順食格)이란 무엇인가? 353
〔128문〕 양간부잡격(兩干不雜格)이란 무엇인가? 354
〔129문〕 삼기격(三奇格)이란 무엇인가? 354
〔130문〕 육수격(六秀格)이란 무엇인가? 354
〔131문〕 복덕수기(福德秀氣)란 무엇인가? 355
〔132문〕 건록(建祿)은 대개 비겁에 해당하므로 정격(正格)은 놓지 못한다. 그러나 정격이 없을 때는 건록으로도 별격은 놓을 수 있다. 어떤 것인가? 355
〔133문〕 전재격(專財格)이란 무엇인가? 355
〔134문〕 시마격(時馬格)이란 무엇인가? 356
〔135문〕 금신격(金神格)이란 무엇인가? 356
〔136문〕 시묘격(時墓格)이란 무엇인가? 356

〔137문〕 일귀격(日貴格)이란 무엇인가? 357
〔138문〕 일인격(日刃格)이란 무엇인가? 357
〔139문〕 공격(拱格)이란 무엇인가? 357
〔140문〕 괴강격(魁罡格)이란 무엇인가? 358
〔141문〕 합록격(合祿格)이란 무엇인가? 359
〔142문〕 형합격(刑合格)이란 무엇인가? 359
〔143문〕 자요사격(子遙巳格)이란 무엇인가? 360
〔144문〕 축요사격(丑遙巳格)이란 무엇인가? 360
〔145문〕 비천녹마격(飛天祿馬格)이란 무엇인가? 361
〔146문〕 육갑추건격(六甲趨乾格)이란 무엇인가? 362
〔147문〕 육을서귀격(六乙鼠貴格)이란 무엇인가? 363
〔148문〕 육음조양격(六陰朝陽格)이란 무엇인가? 363
〔149문〕 육임추간격(六壬趨艮格)이란 무엇인가? 364
〔150문〕 임기용배격(壬騎龍背格)이란 무엇인가? 364
〔151문〕 현무당권격(玄武當權格)이란 무엇인가? 365
〔152문〕 구진득위격(句陳得位格)이란 무엇인가? 365
〔153문〕 정란차격(井欄叉格)이란 무엇인가? 366
〔154문〕 세덕부살격(歲德扶殺格)이란 무엇인가? 366
〔155문〕 세덕부재격(歲德扶財格)이란 무엇인가? 367
〔156문〕 월상편재격(月上偏財格)이란 무엇인가? 367

〔157문〕 시상편관격(時上偏官格)이란 무엇인가? 367
〔158문〕 잡기재관인수격(雜氣財官印綬格)이란 무엇인가? 367

14. 신취팔법

〔159문〕 신취팔법(神聚八法)이란 무엇인가? 368
〔160문〕 유상(類象)이란 무엇인가? 368
〔161문〕 속상(屬象)이란 무엇인가? 369
〔162문〕 종상(從象)이란 무엇인가? 369
〔163문〕 화상(化象)이란 무엇인가? 369
〔164문〕 조상(照象)이란 무엇인가? 369
〔165문〕 반상(返象)이란 무엇인가? 370
〔166문〕 귀상(鬼象)이란 무엇인가? 370
〔167문〕 복상(伏象)이란 무엇인가? 370

15. 십신(十神)

〔168문〕 십신이란 무엇인가? 371

16. 부귀빈천과 수요

〔169문〕 어떤 사주가 귀격(貴格)인가? 372

〔170문〕 어떤 사주가 부격(富格)인가? 373
〔171문〕 어떤 사주가 빈천한가? 373
〔172문〕 장수하는 사주는 어떤 것인가? 374
〔173문〕 단명한 사주는 어떤 것인가? 374
〔174문〕 형액(刑厄)과 재난에 대하여 논하라. 374
〔175문〕 질병과 불구에 대해서 논하라. 375

17. 직 업

〔176문〕 행정관, 공무원의 사주는? 377
〔177문〕 재정직, 금융계통에 유리한 사주는? 377
〔178문〕 경찰, 군인, 법관의 사주는? 378
〔179문〕 국제기관 및 외직에 근무하는 사주는? 378
〔180문〕 교육자, 문학가 등 학문 종사자의 사주는? 379
〔181문〕 의사(한의・양의), 약사의 사주는? 379
〔182문〕 무역업, 운수업, 숙박업 종사자의 사주는? 380
〔183문〕 공업, 기술자의 사주는? 380
〔184문〕 연예인, 서예가, 화가의 사주는? 381
〔185문〕 어떤 것을 취급해야 유리한가? 381
〔186문〕 요정, 음식업, 카페, 호프집 등 주류 사업에 좋은 사주는? 382

〔187문〕 승도, 종교인의 사주는? 382
〔188문〕 역술가의 사주는? 383
〔189문〕 여자의 직업에 대하여 논하라. 383

18. 육 친

〔190문〕 조상관계는 어떻게 추리하나? 384
〔191문〕 조부모와 부모궁은? 385
〔192문〕 처궁은 어떻게 추리하나? 386
〔193문〕 남편궁은 어떻게 추리하나? 387
〔194문〕 자녀운에 대하여 논하라. 389

19. 대운(大運)

〔195문〕 대운이란 무엇인가? 390
〔196문〕 대운의 길흉을 논하라. 390

20. 세운(歲運)

〔197문〕 세운(歲運)이란? 392
〔198문〕 세운의 작용을 논하라. 392

1. 육갑법(六甲法)

[1문] 천간(天干)의 명칭을 순서대로 써라.

　　　甲 乙 丙 丁 戊 己 庚 辛 壬 癸

[2문] 지지(地支)의 명칭을 순서대로 써라.

　　　子 丑 寅 卯 辰 巳 午 未 申 酉 戌 亥

[3문] 천간과 지지의 음양을 각각 분류하여 써라.

　　　천간의 甲 丙 戊 庚 壬은 陽이고,
　　　　　　乙 丁 己 辛 癸는 陰이다.

　　　지지의 子 寅 辰 午 申 戌은 양이고,
　　　　　　丑 卯 巳 未 酉 亥는 음이다.

[4문] 육십갑자(六十甲子)를 순서대로 써라.

　　　甲子 乙丑 丙寅 丁卯 戊辰 己巳 庚午 辛未 壬申 癸酉
　　　甲戌 乙亥 丙子 丁丑 戊寅 己卯 庚辰 辛巳 壬午 癸未
　　　甲申 乙酉 丙戌 丁亥 戊子 己丑 庚寅 辛卯 壬辰 癸巳
　　　甲午 乙未 丙申 丁酉 戊戌 己亥 庚子 辛丑 壬寅 癸卯
　　　甲辰 乙巳 丙午 丁未 戊申 己酉 庚戌 辛亥 壬子 癸丑
　　　甲寅 乙卯 丙辰 丁巳 戊午 己未 庚申 辛酉 壬戌 癸亥

[5문] **천간의 합(合)과 충(沖)을 논하라.**

合에 甲己合 乙庚合 丙辛合 丁壬合 戊癸合이요,
沖에 甲庚沖 乙辛沖 丙壬沖 丁癸沖 戊己沖이다.

[6문] **지지에는 합과 충과 형(刑)과 파(破)와 해(害)와 원진(怨嗔) 등이 있다. 이를 답하라.**

- 合에는 三合·六合이 있다.
  三合은 申子辰合 巳酉丑合 寅午戌合 亥卯未合이요,
  六合은 子丑合 寅亥合 卯戌合 辰酉合 巳申合 午未合이다.
- 沖은 相沖 六沖이라 한다. 즉,
  子午沖 丑未沖 寅申沖 卯酉沖 辰戌沖 巳亥沖이다.
- 刑은 支刑이라 하는데 三刑과 相刑과 自刑이 있다.
  三刑은 寅巳申, 丑戌未(寅刑巳, 巳刑申, 申刑寅, 丑刑戌, 戌刑未, 未刑丑)
  相刑에 子·卯(子刑卯, 卯刑子)
  自刑에 辰·午·酉·亥(辰刑辰 午刑午 酉刑酉 亥刑亥)
- 파(破)는 支破·六破라고도 한다.
  子酉破, 丑辰破, 寅亥破, 卯午破, 巳申破, 戌未破
- 해(害)는 지해(支害)·六害라고도 한다.
  子未害 丑午害 寅巳害 卯辰害 申亥害 酉戌害
- 원진(怨嗔)은 다음과 같다.
  子-未 丑-午 寅-酉 卯-申 巳-戌 辰-亥

2. 오행(五行)

[7문] 오행의 명칭을 쓰라.
　　　木　火　土　金　水

[8문] 오행의 상생과 상극관계를 논하라.
　　　木生火　火生土　土生金　金生水　水生木
　　　木克土　土克水　水克火　火克金　金克木

[9문] 오행의 소속을 써라.
　① **천간**(天干) : 甲乙木, 丙丁火, 戊己土, 庚辛金, 壬癸水
　② **지지**(地支) : 寅卯木, 巳午火, 辰戌丑未土, 申酉金, 亥子水
　③ **방위**(方位) : 東木, 南火, 西金, 北水, 中央土
　④ **색**(色) : 청색木　적색火　황색土　백색金　흑색水
　⑤ **수**(數) : 三八木　二七火　五十土　四九金　一六水
　⑥ **절기**(節氣) : 春(正·2月)-木, 夏(4·5月)-火, 秋(7·8月)-金, 冬(10·11月)-水, 四季(3·6·9·12月)-土
　⑦ **干合五行** : 甲己合土　乙庚合金　丙辛合水　丁壬合木　戊癸合火
　⑧ **六合五行** : 子丑合土　寅亥合木　卯戌合火　辰酉合金

巳申合水 午未合火土
⑨ **三合五行**: 申子辰合水 巳酉丑合金 寅午戌合火
亥卯未合木
⑩ **오장**(五臟): 간 木, 심장 火, 비위 土, 폐장 金, 신장 水
⑪ **오상**(五常): 仁 木, 義 金, 禮 火, 智 水, 信 土
⑫ **오음**(五音): 가카 木, 나다라타 火, 아하 土, 사자차 金, 마바파 水
⑬ **오미**(五味): 신맛 木, 쓴맛 火, 단맛 土, 매운맛 金, 짠맛 水

3. 사주(四柱)

[10문] 사주란 무엇인가?

年月日時의 干支, 즉 生年을 年柱, 生月을 月柱, 生日을 日柱, 生時를 時柱라 하여 건물의 네 기둥에 비유한다.

[11문] 팔자(八字)란 무엇인가?

生年月日時 四柱는 각각 干과 支로 되어 합해서 여덟 글자이므로 八字라 한다.

[12문] 태세(太歲)란 무엇인가?

당년에 해당하는 年의 干支다. 예를 들어 甲子年이면

甲子가 태세이고 甲子生이면 甲子가 태세이다. 태세를 세군(歲君) 또는 세신(歲神)이라고도 한다.

[13문] 태세가 교체되는 기준은 무엇인가?
입춘(立春)이 기준이다. 양력으로는 매년 2월 3일이나 4일에 들지만 음력으로는 12월중에 드는 수도 있고 正月중에 드는 수도 있다. 날짜상으로 해가 바뀌지 않은 12월에 입춘이 미리 들면 다음해 태세와 다음해 정월의 월건을 적용하고, 비록 해가 바뀐 正月에 들더라도 입춘일 이전 출생이면 전년 태세와 전년 12월의 월건을 적용해야 된다.

[14문] 월건(月建)과 월건이 교체되는 기준을 논하라.
매년 年의 干支(태세)가 있듯이 月에도 月의 干支가 있다. 月의 干은 태세에 따라 다르지만 支(月支)는 어느 해를 막론하고 고정되어 있다.
正月은 寅月, 二月은 卯月, 三月은 辰月,
四月은 巳月, 五月은 午月, 六月은 未月,
七月은 申月, 八月은 酉月, 九月은 戌月,
十月은 亥月, 十一月은 子月, 十二月은 丑月
그런데 月支는 날짜상으로 초하루에 바뀌는 게 아니라 그 달에 매인 절(節-입춘, 경칩 등)을 기준해야 한다.
- **입춘(立春)** : 寅月의 節 ; 입춘 日時부터 寅月이다(前은 丑月).
  우수(雨水) : 寅月(正月)의 中氣
- **경칩(驚蟄)** : 卯月의 節 ; 경칩 日時부터 卯月이다(前은

寅月).

춘분(春分) : 卯月(2月)의 中氣
- **청명**(淸明) : 辰月의 節 ; 청명 日時부터 辰月이다(前은 卯月).

곡우(穀雨) : 辰月(3月)의 中氣
- **입하**(立夏) : 巳月의 節 ; 입하 日時부터 巳月이다(前은 辰月).

소만(小滿) : 巳月(4月)의 中氣
- **망종**(芒種) : 午月의 節 ; 망종 日時부터 午月이다(前은 巳月).

하지(夏至) : 午月(5月)의 中氣
- **소서**(小暑) : 未月의 節 ; 소서 日時부터 未月이다(前은 午月).

대서(大暑) : 未月(6月)의 中氣
- **입추**(立秋) : 申月의 節 ; 입추 日時부터 申月이다(前은 未月).

처서(處暑) : 申月(7月)의 中氣
- **백로**(白露) : 酉月의 節 ; 백로 日時부터 酉月이다(前은 申月).

추분(秋分) : 酉月(8월)의 中氣
- **한로**(寒露) : 戌月의 節 ; 한로 日時부터 戌月이다(前은 酉月).

상강(霜降) : 戌月(9月)의 中氣
- **입동**(立冬) : 亥月의 節 ; 입동 日時부터 亥月이다(前은 戌月).

소설(小雪) : 亥月(10月)의 中氣
• **대설**(大雪) : 子月의 節 ; 대설 日時부터 子月이다(前은 亥月).
동지(冬至) : 子月(11月)의 中氣
• **소한**(小寒) : 丑月의 節 ; 소한 日時부터 丑月이다(前은 子月).
대한(大寒) : 丑月(12月)의 中氣

甲己年 丙寅頭
  태세가 甲이나 己年이면 寅月(正月)을 丙寅부터 시작한다.
乙庚年 戊寅頭
  태세가 乙이나 庚年이면 寅月(正月)을 戊寅부터 시작한다.
丙辛年 庚寅頭
  태세가 丙이나 辛年이면 寅月(正月)을 庚寅부터 시작한다.
丁壬年 壬寅頭
  태세가 丁이나 壬年이면 寅月(正月)을 壬寅부터 시작한다.
戊癸年 甲寅頭
  태세가 戊나 癸年이면 寅月(正月)을 甲寅부터 시작한다.
이상과 같이 寅月에 起하여 12月을 六十甲子 순서로 돌려나간다.

[15문] 다음 사주를 사주 정하는 원칙에 의하여 정하라(그리고 大運 干支와 大運數까지 기록하라).
① 문 : 1966년 음 12월 25일 19시 3분에 출생한 남자
② 문 : 1966년 음 12월 25일 24시 45분에 출생한 남자
③ 문 : 1966년 음 정월 12일 23시 10분에 출생한 여자
④ 문 : 1966년 음 정월 14일 0시 25분에 출생한 남자
⑤ 문 : 1945년 음 7월 29일 0시 10분에 출생한 여자
⑥ 문 : 1933년 음 5월 4일 23시 15분에 출생한 여자
이상을 年月日時 干支와 大運干支 그리고 大運數까지 기록하면 아래와 같다.

①의 답
丙午年　壬寅　1
辛丑月　癸卯　11
己亥日　甲辰　21
癸酉時　乙巳　31
　　　　丙午　41
　　　　丁未　51

②의 답
丁未年　辛丑　1
壬寅月　庚子　11
庚子日　己亥　21
丙子時　戊戌　31
　　　　丁未　41
　　　　丙午　51

③의 답
乙巳年　庚寅　1
己丑月　辛卯　11
壬辰日　壬辰　21
辛亥時　癸巳　31
　　　　甲午　41
　　　　乙未　51

④의 답
乙巳年　戊子　9
己丑月　丁亥　19
癸巳日　丙戌　29
甲子時　乙酉　39
　　　　甲申　49
　　　　癸未　59

⑤의 답
乙酉年　乙酉　1
甲申月　丙戌　11
丁丑日　丁亥　21
庚子時　戊子　31
　　　　己丑　41
　　　　庚寅　51

⑥의 답
癸酉年　戊午　3
丁巳月　己未　13
癸巳日　庚申　23
甲子時　辛酉　33
　　　　壬戌　43
　　　　癸亥　53

[참고] 大運干支 다는 법에 甲丙戊庚壬生의 陽年生 남자와 乙丁己辛癸年生의 陰年生 여자는 月柱 다음 干支부터 시작 六十甲子 순서로 기록하고, 乙丁己辛癸生의 陰年生 남자와 甲丙戊庚壬生의 陽年生 여자는 月柱 前의 干支로 시작 六十甲子 순서를 거꾸로 기록해 나간다(단 나이 많은 이는 7, 8개 정도 더 기록한다).

　　大運數 계산도 生年을 기준 남녀 음양에 따라 다르다. 즉 陽男(甲丙戊庚壬生 男)과 陰女(乙丁己辛癸生 女)는 生日에서 미래절(未來節-즉 다가오는 절기)까지 날수를 계산하고 陰男(乙丁己辛癸生 男)과 陽女(甲丙戊庚壬生 女)는 과거절(過去節-지나온 절기)까지의 날수를 계산 3으로 나눈 답수가 대운수다. 단 生日과 절기까지의 날수를 나누어 0으로 떨어지지 않고 1이나 2가 남는 경우 사사오입 형식을 취해 1이 남으면 떨궈버리고 2가 남으면 답수에다 1을 보태어 기록한다.

[16문] 십이지시(十二支時)를 정할 때 표준시 변동은 어떻게 생각하는가?

우리나라는 동경(東經) 127도 5분(서울지방)을 기준하여 시침을 맞추어 사용해 왔다. 이 지역(서울)에서 태양이 南中(東과 西의 正中央)에 위치할 때 시침은 낮 12시 0분이라야 맞는 시각(時刻)이다. 지난 1961년 8월 10일 낮 12시 이전까지만 해도 우리나라는 서울지방의 위치에 맞는 시각을 사용해 왔으므로 새벽 0시가 子正이고 1시 2시가 丑時, 3시 4시가 寅時, 5시 6시가 卯時, 7시 8시가 辰時, 9시 10시가 巳時, 11시 12시가 午時, 오후 1시 2시가 未時, 3시 4시가 申時, 5시 6시가 酉時, 7시 8시가 戌時, 9시 10시가 亥時, 11시 12時가 子時였다.

그런데 1961년 8월 10일에 낮 12시를 12시 30분으로 30분 빠르게 앞당겨 현재까지 사용하고 있으므로 1961년 8월 10일 낮 12시 이후에 한해서는 반드시 사용하고 있는 시각에서 30분을 빼고(예를 들어 오전 9시 15분이면 8시 45분으로 계산) 十二支 시각을 정해야 한다. 뿐만 아니라 1987년과 1988년도 봄에서 가을까지의 1시간 빠르게 사용한 일광절약제 실시, 그리고 그 이전에 있었던 서머타임 기간의 시각변동 등도 참작해서 四柱의 干支를 정해야 한다. 서머타임 실시 연도에 대해서는 생략한다.

[17문] 일(日)의 간지가 교체되는 시각은?

일부 역술인들은 子時(1961년 8월 10일 이전은 밤 11시 시작)가 十二支의 첫번째라 하여 밤 11시부터 다음 날 日辰으로 바뀐다고 주장하고 있다. 그러나 오늘에서 내일, 어제에서 오늘로 교체되는 기점은 반드시 주인공이 위치한 곳에서 태양이 수직하(垂直下) 정확한 위치에서 단 1미터라도 서쪽으로 당겨지는 순간부터이므로 子正(밤 12시, 새벽 0시)이 되어야 日辰도 교체되어야 한다. 때문에 현재 우리가 사용하고 있는 시침으로는 새벽 0시 30분이 지나야 日辰이 교체된다.

[18문] 야자시(夜子時)와 정자시(正子時)를 구분하는가?
　　　구분한다. 예를 들어 甲子日 새벽 0시의 子時는 甲子時이고 甲子日 오후 11시에 드는 子時는 丙子時이다. 그러므로
　　　甲己日의 子正은 甲子時, 子初(夜子時)는 丙子時
　　　乙庚日의 子正은 丙子時, 子初(夜子時)는 戊子時
　　　丙辛日의 子正은 戊子時, 子初(夜子時)는 庚子時
　　　丁壬日의 子正은 庚子時, 子初(夜子時)는 壬子時
　　　戊癸日의 子正은 壬子時, 子初(夜子時)는 甲子時

[19문] 月支가 교체되는 절(節)에 한해서 월별로 기록하라.
　　　寅月은 입춘, 卯月은 경칩, 辰月은 청명, 巳月은 입하
　　　午月은 망종, 未月은 소서, 申月은 입추, 酉月은 백로
　　　戌月은 한로, 亥月은 입동, 子月은 대설, 丑月은 소한
　　　이상 節이 드는 日時부터 月支가 교체된다.

[20문] 정월법(定月法)과 정시법(定時法)의 공식을 써라.
　　ㅇ定月法
　　　甲己年－丙寅頭,　乙庚年－戊寅頭,　丙辛年－庚寅頭,
　　　丁壬年－壬寅頭,　戊癸年－甲寅頭

O 定時法

甲己日-甲子時,　乙庚日-丙子時,　丙辛日-戊子時,
丁壬日-庚子時,　戊癸日-壬子時

예를 들어 정월법(月의 干支 정하는 법)에 태세가 甲이나 己年이면 寅月(正月)을 丙寅부터 시작하여 丁卯 戊辰 己巳로 따져 나가고, 정시법에 日干이 甲이나 己日이면 새벽 子時에 甲子부터 시작하여 乙丑 丙寅 丁卯 時의 요령으로 時의 干支을 따져 나가라는 뜻이다.

[21문] 시각(時刻) 따지는 법에 초(初)와 정(正)이 있고 각(刻)과 분(分)이 있다. 이를 설명하라.

時支가 바뀌는 시간이 初인바 1, 3, 5, 7, 9, 11 등 홀수 시간에서 時支가 바뀌므로 1, 3, 5, 7, 9, 11時는 初(子初, 丑初 등)가 되고 2, 4, 6, 8, 10, 12時는 時支의 중간점이라 正이 된다.

그리고 刻은 매시(60분)에 四刻으로 분류 一刻이 15분에 해당하고 分은 시계의 分과 동일하다. 그러므로 예를 들어 未初 三刻 7분이라면 오후 1시 52분이며, 밤 11시 18분이라면 子初一刻三分이다. 또 새벽 2시 8분이면 丑正初刻八分이다.

[22문] 지역과 시차관계를 논하라.

지구가 자전(自轉-한바퀴 도는 것)하는 시간은 약 24시간이다. 그리고 지구를 경선(經線)으로 그으면 360도로 분류하여 이를 시각으로 계산하면 1도에 4분이 걸린다. 그러므로 서울지방 기준 밤 0시 0분일 때 동경 127

도 5분 0시 0분, 강릉·부산 129도(6분 빠르다)는 밤 0시 6분이고 태안·목포·제주 126도 5분(4분 늦다)은 전날 밤 11시 56분에 해당, 태안·목포·제주 지역은 어제에서 오늘이 되려면 4분 뒤인 새벽 0시 4분이라야 한다.

그러므로 출생한 시간이 十二支時가 바뀌는 기점인 시각에서 10분이 빠르거나 늦으면 출생한 지역의 위치에 의해 127도 5분 위치에서 동쪽(+)이냐 서쪽(-)이냐에 따라 1度에 +-4분씩 계산해야 된다.

[23문] 사주의 구획(區劃)이란?

年柱 근(根) - 甲子年 - 부모 조상	1~15세	초년운
月柱 묘(苗) - 戊辰月 - 부모 형제	16~30세	중년운
日柱 화(花) - 辛卯日 - 자기	31~45세	말년운
時柱 실(實) - 壬辰時 - 자손	45세 이후	

4. 신살(神殺)

[24문] 신살이란 무엇인가?

신살이란 길신(吉神)과 흉살(凶殺)의 합칭인데 대개 흉살을 흉신(凶神)이라 칭하고 있다. 사주로서 운명의 작용을 추리하는 방법 중에 단식(單式)풀이의 한가지 방법이 신살론(神殺論)이다. 하늘과 땅 사이에는 사람의 운명을 좋게 하는 선신(善神)·길신(吉神)이 있는가 하면 사람에게 재난을 불러다주는 흉신(凶神)·악살(惡殺)이 있다 하는바 태어난 해와 生月 및 生日, 生時 그리고 태어난 날짜와 태어난 해와 달, 시간에 따라 길신도 임하고 흉신도 임하여 신살의 구분에 따라 운명상 길흉의 작용을 하게 된다는 것이다.

[25문] 신살의 종류는 다 따지면 백여종의 길흉신이 있다. 이 모든 신살의 작용을 다 적용해야 되나? 아니면 대개 어떤 신살을 참작하나?

아니다. 다 적용할 수 없다. 단 작용력의 비중이 높은 것만 참작해야 된다. 일반적으로 천을귀인, 건록, 공망, 역마, 도화, 고신, 과수, 양인, 괴강, 천월덕귀인, 금여, 암록, 삼기, 육수 등을 참작한다.

[26문] 그렇다면 중요 신살의 정국과 작용력에 대해서 간단히 말하라.

① **천을귀인**(天乙貴人)

甲戊庚日-丑未 乙己日-子申 丙丁日-亥酉
辛日-寅午 壬癸日-巳卯

- 인덕이 있어 사람들의 도움이 많고, 궁지에 빠져도 천우신조로 잘 해결된다.

② **건록**(建祿)

甲日-寅 乙日-卯 丙戊日-巳 丁己日-午
庚日-申 辛日-酉 壬日-亥 癸日-子

- 건강하고 의지가 굳으며 기반이 튼튼하다.

③ **천덕귀인(天德貴人)과 월덕귀인(月德貴人)**

生月\구분	正	二	三	四	五	六	七	八	九	十	十一	十二
천덕귀인	丁	申	壬	辛	亥	甲	癸	寅	丙	乙	巳	庚
월덕귀인	丙	甲	壬	庚	丙	甲	壬	庚	丙	甲	壬	庚

예를 들어 正月生이 年月日時干에 丁이나 丙이 있거나 二月生이 年月日時干에 甲이 있으면 천덕이나 월덕 귀인에 해당한다. 이 귀인성이 있는 사람은 나쁜 일을 당해도 액이 감소되며 일생 큰 재앙이 없다. 여자는 현모양처의 상으로 온순하고 정조가 있다.

④ **금여(金輿)·암록(暗祿)·양인(羊刃)**

日干\구분	甲	乙	丙	丁	戊	己	庚	辛	壬	癸
금 여	辰	巳	未	申	未	申	戌	亥	丑	寅
암 록	亥	戌	申	未	辛	未	巳	辰	寅	丑
양 인	卯	辰	午	未	午	未	酉	戌	子	丑

丙日干이 年月日時 가운데 未가 있으면 금여, 申이 있으면 암록, 午가 있으면 양인이다.

금여는 온화 단정하고 총명 민감하여 사람들의 존경을 받고 좋은 배우자를 만난다.

암록은 암암리에 도와주는 귀인이 있고 신명이 도와주며, 서서히 운이 좋아진다.

양인은 살인바 성격이 강하고 거친 면이 있으며 부상의 우려와 라이벌과의 대립이 생기지만, 사주 구성에 따라서는 생살권을 잡는 수도 있다.

⑤ **삼기**(三奇)

甲戊庚全(天上三奇)　乙丙丁全(地下三奇)
壬癸辛全(人中三奇)
四柱 가운데 이상의 세 가지 干이 다 있어야 한다.
이상의 三奇가 있는 사람은 인물이 잘생기고 관직운이 좋으며 영웅적 포부가 있다고 한다.

⑥ **육수**(六秀)

丙午　丁未　戊子　己丑　戊午・己未日生
生日이 위 干支에 해당함인데 약고 총명하고 재치가 있다. 단 너무 약아서 자기 꾀에 넘어가는 수가 있고, 약삭빠르고 이기적인 면이 있다.

⑦ **괴강**(魁罡)

庚辰日　庚戌日　壬辰日　壬戌日
위 4日生이 괴강인데 성격이 급하고 강하나 총명하다. 단 길흉이 극단적으로 작용, 대부 대귀 빈궁 횡액 등을 유도하는 수가 있으며 괴강은 많을수록 좋은데 여자는 八字가 센 편이다.

⑧ **공망**(空亡)

공망은 길흉간에 작용력이 감소된다. 다음과 같다.

　　甲子旬中(甲子에서 癸酉日까지) 戌亥가 공망
　　甲戌旬中(甲戌에서 癸未日까지) 申酉가 공망
　　甲申旬中(甲申에서 癸巳日까지) 午未가 공망
　　甲午旬中(甲午에서 癸卯日까지) 辰巳가 공망
　　甲辰旬中(甲辰에서 癸丑日까지) 寅卯가 공망
　　甲寅旬中(甲寅에서 癸亥日까지) 子丑이 공망

⑨ 고신(孤辰)・과수(寡宿)
　　亥子丑年日 - 寅戌　寅卯辰年日 - 巳丑
　　巳午未年日 - 申辰　申酉戌年日 - 亥未
　　예를 들어 亥子丑年日에 남자의 경우 사주 내에 寅이 있으면 고신살이고, 여자의 경우 戌이 있으면 과수살이다.
　　이 고신이 있는 남자나 과수살이 있는 여자는 육친궁이 아니면 배우자궁이 고독하게 된다고 하나 사주의 구성에 의해 논할 일이다.

⑩ 역마(驛馬)　도화(桃花)　장성(將星)
　　申子辰生　寅 酉 子　　巳酉丑生　亥 午 酉
　　寅午戌生　申 卯 午　　亥卯未生　巳 子 卯
　　예를 들어 申子辰年生의 경우 月日時支 가운데 寅이 있으면 역마, 酉가 있으면 도화, 子가 있으면 장성이라 한다.
　　역마는 활달한 성격에 부지런하고 운수, 무역, 숙박업 등에 유리하며, 도화는 세련되어 이성이 따르고(따라서 이성의 수난도 당한다), 장성은 곧고 정직하며 중심이 있지만 너무 완고하다.

[27문] 십이살(十二殺)의 명칭과 순서, 그리고 따지는 법을 답하라.
　　　겁살(劫殺)　재살(災殺)　천살(天殺)　지살(地殺)
　　　연살(年殺)　월살(月殺)　망신(亡神)　장성(將星)
　　　반안(攀鞍)　역마(驛馬)　육해(六害)　화개(華盖)
　　　申子辰生은 巳에 겁살, 巳酉丑生은 寅에 겁살, 寅午戌

生은 亥에 겁살, 亥卯未生은 申에 겁살을 붙여 十二支와 위 순서를 짚어나간다.

[28문] **포태십이신**(胞胎十二神)**의 명칭과 순서, 그리고 정국을 써라.**
포(胞) 태(胎) 양(養) 생(生) 욕(浴) 대(帶)
관(冠) 왕(旺) 쇠(衰) 병(病) 사(死) 장(葬)
申子辰生은 巳에, 巳酉丑生은 寅에, 寅午戌生은 亥에, 亥卯未生은 申에 胞를 붙여 十二支와 위 순서를 짚어나간다.

[29문] **십이운성**(十二運星)**의 정국을 설명하라.**
명칭과 순서 : 장생(長生) 목욕(沐浴) 관대(冠帶) 임관(臨官) 제왕(帝旺) 쇠(衰) 병(病) 사(死) 묘(墓) 절(絶) 태(胎) 양(養)으로 나간다.
甲木長生 亥, 乙木長生 午, 丙火長生 寅, 丁火長生 酉, 戊土長生 寅, 己土長生 酉, 庚金長生 巳, 辛金長生 子, 壬水長生 申, 癸水長生 卯 (陽干은 十二支順, 陰干은 十二支逆)
음양간 없이는 木亥 火土寅 金巳 水申하여 순행한다.
이를 일람표로 기록하면 아래와 같다.

日干 구분	甲	乙	丙	丁	戊	己	庚	辛	壬	癸
장생(長生)	亥	午	寅	酉	寅	酉	巳	子	申	卯
목욕(沐浴)	子	巳	卯	申	卯	申	午	亥	酉	寅
관대(冠帶)	丑	辰	辰	未	辰	未	未	戌	戌	丑
임관(臨官)	寅	卯	巳	午	巳	午	申	酉	亥	子
제왕(帝旺)	卯	寅	午	巳	午	巳	酉	申	子	亥

日干 구분	甲	乙	丙	丁	戊	己	庚	辛	壬	癸
쇠(衰)	辰	丑	未	辰	未	辰	戌	未	丑	戌
병(病)	巳	子	申	卯	申	卯	亥	午	寅	酉
사(死)	午	亥	酉	寅	酉	寅	子	巳	卯	申
묘(墓)	未	戌	戌	丑	戌	丑	丑	辰	辰	未
절(絶)	申	酉	亥	子	亥	子	寅	卯	巳	午
태(胎)	酉	申	子	亥	子	亥	卯	寅	午	巳
양(養)	戌	未	丑	戌	丑	戌	辰	丑	未	辰

5. 육친(六親)

[30문] 육친이란?

육친(六親)이란 자신과 가장 가까운 혈통과 가족관계로서 부모, 형제, 처자(여자는 남편과 자식)를 칭한다. 명리학에서의 육친이란 비견(比肩), 겁재(劫財), 식신(食神), 상관(傷官), 편재(偏財), 정재(正財), 편관(偏官), 정관(正官), 편인(偏印), 정인(正印)을 칭하는바 이상 10가지를 왜 육친이라 칭하는가 하면 까닭이 있다. 왜냐하면 편재 정재는 부친이요, 편인 정인은 모친이고 비견 겁재는 형제자매요, 남자는 편관 정관이 자녀요, 여자는 편관 정관이 남편이요, 남자는 편재, 정재는 아내에게 해당하기 때문이다.

그리고 비견 겁재를 합칭 비겁, 식신 상관을 식상, 편재 정재를 재성, 편관 정관을 관성(또는 관살), 편인 정인을 인성(또는 인수)이라 합칭한다.

[31문] 육친 정하는 원칙을 써라.
생아자인수(生我者印綬) 아생자식상(我生者食傷)
극아자관살(克我者官殺) 아극자처재(我克者妻財)
비화자비겁(比和者比劫)

이상에서 아(我)란 日干이다. 日干의 음양과 오행으로 四柱 7자와의 음양과 생극관계로서 육친을 정하게 되는 것이다. 이상은 간단한 공식으로, 즉 日干을 생해주는 자 인수요, 日干이 生해주는 자 식상이요, 日干을 克하는 자 관살이요, 日干이 克하는 자 처재요, 日干과 오행이 같은 자 비겁이다.

이를 좀더 구체적으로 설명하면 아래와 같다.

日干과 五行이 같고 음양도 같으면 비견(比肩) ⎫
日干과 五行이 같고 음양이 다르면 겁재(劫財) ⎬ 比劫

日干이 生해주는 것으로 음양이 같으면 식신(食神) ⎫
日干이 生해주는 것으로 음양이 다르면 상관(傷官) ⎬ 食傷

日干이 克하는 것으로 음양이 같으면 편재(偏財) ⎫
日干이 克하는 것으로 음양이 다르면 정재(正財) ⎬ 財星

日干을 克하는 것으로 음양이 같으면 편관(偏官) ⎫
日干을 克하는 것으로 음양이 다르면 정관(正官) ⎬ 官殺

日干을 生해주는 것으로 음양이 같으면 편인(偏印) ⎫
日干을 生해주는 것으로 음양이 다르면 정인(正印) ⎬ 印綬

※ 사주는 구성 형태에 따라 편관을 칠살(七殺), 편인을

도식(倒食) 또는 효신살(梟神殺)이라 칭할 수 있다.

[32문] 지지암장이란 무엇인가?

지지암장(地支暗藏)이란 十二支 각 글자에 天干을 감추고 있다는 뜻으로 지지장간(地支藏干) 지지암간(地支暗干) 또는 지장간(支藏干)이라고도 칭하는 바 아래와 같다.

子	丑	寅	卯	辰	巳	午	未	申	酉	戌	亥
ㅣ	ㅣ	ㅣ	ㅣ	ㅣ	ㅣ	ㅣ	ㅣ	ㅣ	ㅣ	ㅣ	ㅣ
癸	己	甲	乙	戊	丙	丁	己	庚	辛	戊	壬
	辛	丙		乙	戊		乙	壬		丁	甲
	癸	戊		癸	庚		丁	戊		辛	

[33문] 육친을 정할 때 지지는 음양오행을 무엇으로 정하는가?

地支에 암장된 정기(正氣)를 취한다. 즉 正氣란 子中癸水, 丑中己土, 寅中甲木, 卯中乙木, 辰中戊土, 巳中丙火, 午中丁火, 未中己土, 申中庚金, 亥中壬水를 취하여 이에 해당하는 음양과 五行이 日干과 어떤 관계(生克比和와 음양)에 있는가로 육친을 정한다. 그러므로 子午는 근본 陽이지만 子中癸水(음), 午中丁火(음)가 正氣이므로 陰水(癸) 陰火(丁)로 따지고 巳亥는 근본 陰이지만 巳中丙火(양), 亥中壬水(양)가 正氣이므로 陽火(丙), 陽水(壬)로 따져 육친을 정해야 한다.

[34문] 육친에 붙인 명칭의 의(義)를 간단히 써라.

비견 : 음양오행이 같으므로 자기와 가장 근접한 자라 어깨를 나란히 하여 함께 어울린다 해서 붙인

명칭이다.
- **겁재** : 겁재는 나의 정재의 칠살격이 된다. 그러므로 나의 재물, 나의 처를 탈취하는(무자비하게) 의미가 있어 겁재(재를 겁탈)라 한다.
- **식신** : 식신은 일방 재를 생하고 일방 칠살을 극하므로 의식주를 풍부히 만들어주고 나를 괴롭히는 칠살을 억제 생명을 보호해준다 해서 붙인 명칭이다.
- **상관** : 상관은 나의 벼슬(여자는 남편)의 칠살이 되어 손상시킨다는 의미
- **편재** : 음양이 같으므로 치우친 면이 있다해서 편재라 한다.
- **정재** : 음양이 다르므로 음양배합이 잘 이루어져 正을 붙였다.
- **편관** : 日干을 克하되 양대양, 음대음이 되어 사정없이 日干을 극하므로 이를 칠살(七殺)이라 한다.
- **정관** : 日干을 극하되 사정을 둘뿐 아니라 나에게 이익(녹봉)을 주면서 나를 지배하므로 붙인 이름이다.
- **편인** : 내 식신의 칠살격이 되어 식신을 克해 버리는 것이 마치 내가 먹으려는 밥그릇을 엎어놓은 것 같다 해서 도식(倒食)이라 한다.
- **정인** : 음양이 같으므로 正이요, 나의 벼슬이 정관인 바 상관을 극해서 벼슬을 보호하므로 붙인 명칭이다.

[35문] 육친에는 가족과 가까운 친인척, 그리고 사회적 배경이 매어져 있다. 이를 답하라.

육 친	가족·친척	기 타
비 견 (比肩)	남 : 남동기, 형제자매, 며느리 여 : 여동기, 형제자매, 시아버지, 남편의 첩	친구, 동료, 라이벌 상동
겁 재 (劫財)	남 : 여동기, 이복형제자매, 며느리 여 : 남동기, 이복형제자매, 동서, 남편의 첩	친구, 동료, 라이벌 상동
식 신 (食神)	남 : 손자, 장모 여 : 딸, 자녀, 남편의 애인의 자녀	수복신(壽福神) 자선사업 상동
상 관 (傷官)	남 : 할머니, 외조부, 처이모 여 : 아들, 할머니, 외조부, 자녀	하극상 상동
편 재 (偏財)	남 : 부친, 첩, 애인, 내연의 처 여 : 부친, 시어머니	여자 투기 비공식적인 재물 상동
정 재 (正財)	남 : 아내, 백숙부, 의부, 양부 여 : 시서모, 시이모, 백숙부, 의부, 양부	유산 고정수입 봉급 상동
편 관 (偏官)	남 : 아들 여 : 재혼한 남편, 정부(情夫), 간부(姦夫)	횡액, 질병, 부상 상동
정 관 (正官)	남 : 딸, 내연의 처 몸에서 낳은 자녀 여 : 정식결혼한 남편	국가 관직 자격증 상동
편 인 (偏印)	남 : 계모, 서모, 이모, 백숙모, 처백숙 여 : 상동	도식(倒食) 상동
정 인 (正印)	남 : 모친, 장인 여 : 모친, 손자녀	명예, 인기, 군자 상동

[36문] 육친간의 생극비화 관계를 논하라.

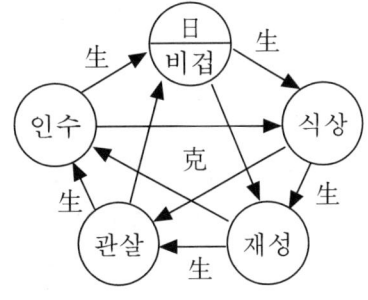

- 비겁은 인수의 생을 받고, 식상을 生하며 재를 극하고 관살의 克을 받으며 日干과는 비화다.
- 식상은 비겁, 日干의 生을 받고, 재를 生하며, 인수의 克을 받고 官殺을 克한다.
- 財는 식상의 生을 받고 관살을 生하며, 日干과 비겁의 克을 받고 인수를 克한다.
- 관살은 財의 生을 받고 인수를 生하며, 식상의 극을 받고, 日干과 비겁을 克한다.
- 인수는 財의 克을 받고 식상을 克하며, 관살의 生을 받고 日干 비겁을 生한다.

[37문] 사주에 한 가지 육친이 편중되어 있으면 다른 육친에 영향을 미친다. 이에 대한 답을 간단히 써라.

① 비겁이 많으면?

비겁(비견·겁재)은 재(財)를 극한다. 그러므로 비겁이 많으면 재운이 나쁘다.

남녀 동기간이 많은 것으로도 추리한다.

비겁은 라이벌에도 해당하므로 평생 라이벌로 인해 성공이 어렵고 고생한다.

결혼이 늦거나 과거를 가진 여성을 아내로 맞이할 수 있다.

여자는 결혼운이 나빠 고독하고 역시 재운이 없다.
부친이 병약하거나 심한 경우 일찍 부친을 여의는 수도 있다.
그러나 사주 대부분이 비겁이고 관살이 없는 경우는 위와 같은 액운이 없고 도리어 부나 귀를 누리게 된다.

② **식상이 많으면?**
식상은 관살을 극한다. 그러므로 식상이 많으면 관직운이 나쁘다.
남자는 관살이 자식이므로 관살(자녀)이 克을 받으니 자녀궁이 좋지 않다.
여자는 관살이 남편이므로 남편덕이 없다. 심하면 생리사별이요 아니면 남편이 발달하지 못한다.
또 관살은 국법에 해당하니 국법을 어기는 수가 있다.
그러나 사주 대부분이 식상이고 인수가 없으면 도리어 부귀한다.

③ **재(財)가 많으면?**
재는 모친인 인수를 克하므로 모친궁이 불리하다.
세상만사 그림의 떡이라 할 수 있다.
아내가 모친을 학대하는 상이다.
남자는 여자관계가 매우 복잡한 것으로도 추리된다.
남녀 재성은 부친이라 부친뻘(백숙부・의부・양부)이 많은 상이다.
재가 많고 인수가 있으면 여자나 재물을 탐하다가 망신당하는 수가 있다.
그러나 사주 대부분이 재성이고 비겁이 없으면 도리어

부귀한다.
④ **관살이 많으면?**
남자는 관살이 자식이라 배다른 자식까지 두는 수가 있다.
여자는 관살이 남편이라 여러 남성과 인연을 맺게 되는 상이다.
남녀 모두 관살이 직업인데 관살이 혼잡하면 한 직장에 오래 있지 못하고 이곳저곳 자주 옮기게 되거나 이중 직업을 갖는 상이다.
그러나 사주 대부분이 관살이고 식상이 없으면 부귀한다.
⑤ **인수가 많으면?**
친 모친을 포함해서 모친뻘(이모 유모 서모 양모 계모) 되는 사람이 많은 상이다.
남자는 혹 두 사람의 장인을 섬기는 수도 있다.
여자는 자식인 식상을 극하므로 자식운이 나쁘다.
인수는 재물을 生해주는 식상을 克하고, 또 관살을 억제하여 재앙을 막아주는 식상을 극하므로 빈궁하거나 재난이 따른다.
그러나 사주 대부분이 인수이고 재성이 없으면 부귀한다.

6. 격(格)

[38문] 격이란 무엇인가?

격이란 사주의 형태를 술어(述語)로 간단히 표현한 것으로 예를 들어 건물에 비유하면 외부의 생김새만 보고 초가(草家), 와가(瓦家), 연립, 아파트, 빌딩 등으로 구분해 알아볼 수 있는 것과 같다.

[39문] 격은 여러 가지로 분류한다. 어떻게 분류하며 대개 어떤 격이 있는가?

격에는 크게 나누어 내격(內格)과 외격(外格)으로 분류하게 되는 바 내격이란 정격(正格)으로 억부용신(抑扶用神)을 적용하는 격이고, 외격이란 종격(從格)과 특수격, 기격(奇格) 등으로 억부법이 아닌 다른 용신법을 써야 하는 격을 뜻한다.

[40문] 내격(內格) 정하는 원칙을 설명하라.

첫째, 月支에 암장된 정기(正氣 - 예 申月은 庚金, 寅月은 甲木)가 月이나 時干에 투출한 것으로 격을 정한다.

둘째, 月支의 정기가 月時干에 투출이 없으면 月支의 중기(中氣 - 三合氣)나 여기(餘氣)가 月時干에 투출한 것으로 격을 정한다.

예 : 첫째 원칙에 해당하지 않을 경우
寅中丙火 辰中乙木 巳中戊土 午中己土 未中丁火 申中壬水 戌中辛金 亥中甲木 등은 月이나 時干에 있을 경우 격으로 정할 수 있다.

셋째, 첫째와 둘째의 원칙에 해당하지 않으면 月支正氣만으로 격을 정한다(子月은 癸, 丑月은 己, 寅月은 甲木 등의 예다).

넷째, 이상 모두 해당하지 않을 경우 月이나 時에 투출한 干이 자체의 支에 通根하고 있으면 그 干으로 격을 정한다.

다섯째, 이상 모두 해당하지 않으면 강자위격(强者爲格)이란 원칙이 있는지라 사주 가운데 가장 강한 육친으로 격을 정한다.

7. 용신(用神)의 상식

[41문] 용신이란 무엇인가?
사주를 좋게 만드는 것, 사주에서 가장 필요로 하는 干支 또는 육친 太過 不足의 균형을 이루어 주는 것(吉凶의 열쇠는 오직 用神이다).

[42문] 용신에는 몇 가지가 있는가?
① **억부법**(抑扶法) : 왕한 자의 氣는 빼내고, 약한 자는

도와주는 것
② **통관**(通關) : 相克관계인 두 가지 세력의 중간에서 소통시키는 것
③ **종**(從) : 태강하여 억제 불가능할 때 왕한 오행에 따르는 것
④ **약**(藥) : 四柱의 병통을 제거하는 용신법
⑤ **조후**(調候) : 난조(暖燥)와 냉습(冷濕)을 조화시키는 것

[43문] 용신을 정하는 순서에서 먼저 알아야 할 중요한 것이 있다. 무엇인가?
신강(身强)과 신약(身弱)이다.

[44문] 신강 신약이란 무엇인가?
日干의 氣가 모자람이 없어 財나 官星을 감당할 만하면 신강이고, 日干의 氣가 모자라서 재나 관성을 감당하기 어려운 상태면 신약이다.

8. 신강·신약

[45문] 신강 신약의 조건은?
日干이 득령(得令)하면 신강이고 실령(失令)하면 신약이다. 득령이란 日干이 시령(時令―甲乙木이 寅卯辰月, 丙丁火가 巳午未月, 戊己土가 辰戌丑未月, 庚辛金이 申

酉戌月, 壬癸水가 亥子丑月)을 만난 것이고, 실령이란 日干이 시령을 만나지 못한 것(甲乙木이 巳午未申酉戌丑月, 丙丁火가 辰申酉戌亥子丑月, 戊己土가 寅卯申酉亥子月, 庚辛金이 寅卯辰巳午未亥子月, 壬癸水가 寅卯辰巳午未戌月)이다.

또 日干이 生을 받는 인수월(印綬月-甲乙木이 亥子月, 丙丁火가 寅卯月, 戊己土가 巳午月, 庚辛金이 丑戌月, 壬癸水가 亥子月)에 生하여도 신강되는 데 유력하다.

[46문] 그렇다면 무조건 득령이면 신강이고, 실령이면 신약이라 단정해도 좋은가?

아니다. 그렇지 않다. 日干이 비록 득령하였더라도 신약되는 수가 있고 실령하였더라도 신강되는 수가 있다. 왜냐하면 日干이 비록 득령되었더라도 日干이 실지(失地-日支에 식상 재 관살을 놓은 것)한데다 時의 干支와 年의 干支에 식상 재 관살 등으로 되어 있으면 月支의 비겁(즉 득령)이나 인수 하나만으로는 신강되기 어려우며, 日干이 비록 실령되었더라도 日干이 인수나 비겁 위에 앉고 기타가 모두 인수와 비겁에 해당하면 신강으로 변할 수 있다. 단 日干이 득령하면 신강될 확률이 높고, 실령하면 신약될 가능성이 많다는 것이지만 사주 구성된 형태를 잘 살핀 후 신강 신약을 단정할 일이다.

[47문] 다음은 신강 신약을 가늠하는 데 중요한 역할을 하는 술어다. 차례대로 답하라.

임관(臨官), 장생(長生), 제왕(帝旺), 병(病), 사(死), 묘(墓), 절(絶), 방(方), 국(局), 왕지(旺地), 쇠지(衰地), 절지(絶地), 살지(殺地) 등의 뜻을 밝힐 것

건록은 十二운성의 임관궁(臨官宮)이고 장생, 제왕, 병, 사, 묘, 절, 왕지, 쇠지, 절지 등은 모두 십이운성의 술어다. 즉

- 甲乙木은 亥가 장생, 寅이 임관, 卯가 제왕(즉 旺地), 辰이 쇠지, 巳가 병궁(病宮), 午가 사궁(死宮), 未가 묘, 申이 절지(絶地)다.
- 丙丁火·戊己土는 寅이 장생, 巳가 임관, 午가 제왕, 未가 쇠궁, 申이 병궁, 酉가 사궁 戌이 묘, 亥가 절궁이다.
- 庚辛金은 巳가 장생, 申이 임관, 酉가 제왕, 戌이 쇠, 亥가 병궁, 子가 사궁, 丑이 묘궁, 寅이 절궁이다.
- 壬癸水는 申이 장생, 亥가 임관, 子가 제왕, 丑이 쇠궁, 寅이 병궁, 卯가 사궁, 辰이 묘궁, 巳가 절궁이다.

십이운성법으로 月이나 日이나 時支에 장생, 임관, 관대, 제왕을 놓으면 신강에 보탬이 되고, 절, 태, 쇠, 병, 사 등에 해당하면 신약되는 데 비중에 기운다.

임관은	甲寅	乙卯	庚申	辛酉日	
장생은	乙亥	丙寅	戊寅	辛巳	壬申日
제왕은	乙卯	丙午	戊午	辛酉	壬子日
병지는	乙巳	丙申	戊申	庚戌	壬寅日
사지는	甲午	丁酉	己酉	庚子	癸卯日

묘지는   乙未 丙戌 戊戌 辛丑 壬辰日
절지는   甲申 丁亥 庚寅 癸巳日
단, **묘지**(墓地)에 한해서는 丙戌 壬辰日만이 日干의 氣를 약화시킨다.
살지(殺地)란 日干이 자체의 支에 官殺을 놓은 것으로 아래와 같다.
甲申 乙酉 丙子 丁亥 戊寅 己卯 庚午 辛巳 壬辰 壬戌 癸丑 癸未日(단 甲申 乙酉 戊寅 己卯 壬辰 壬戌 癸丑 癸未日은 殺地이고, 丁亥 丙子 庚午 辛巳日은 官地라 할 수 있다)

방(方)과 **국**(局)
방(方)이란 방합(方合)이고 국(局)이란 삼합이다.

○ 方合
   寅卯辰 木方 (寅卯 卯辰 寅辰은 木 半方이다)
   巳午未 火方 (巳午 午未 巳未는 火 半方이다)
   申酉戌 金方 (申酉 酉戌 申戌은 金 半方이다)
   亥子丑 水方 (亥子 子丑 亥丑은 水 半方이다)

○ 三合
   申子辰 水局 (申子 子辰 申辰은 水 半局이다)
   巳酉丑 金局 (巳酉 酉丑 巳丑은 金 半局이다)
   寅午戌 火局 (寅午 寅戌 午戌은 火 半局이다)
   亥卯未 木局 (亥卯 亥未 卯未는 木 半局이다)

全方이나 全局이 인수나 비겁에 해당하면 신강이 분명하고 식상, 재, 관살에 해당하면 신약이 분명하다.
半方이나 半局이 인수나 비겁에 해당하면 신강될 가능

성이 있고, 식상, 재, 관살에 해당하면 신약될 가능성이 있다.

그러므로 半方이나 半局이 인수 비겁에 해당할지라도 그 외의 干支가 식상이나 재나 관살로 구성되었으면 신약으로 변하고, 半方이나 半局이 식상, 재, 관살 등에 해당할지라도 그 나머지 干支가 인수, 비겁으로 되어 있으면 신강으로 변한다.

9. 용신법

[48문] 억부법(抑扶法)이란 무엇인가?

첫째, 신강 신약을 알아서 신강이면 재나 식상 관살을 用하고 신약이면 인수나 비겁을 用하여 日主의 氣를 도와주는 用法이다.

둘째, 사주 가운데 日干 식상, 재, 관살을 막론하고 太强된 자가 있으면 그 태강된 육친을 억제해서 氣를 감축시켜야 하고, 太弱된 자가 있으면 그 태약된 육친을 生扶해주는 방법이 억부법이다.

四柱는 종격(從格)과 통관(通關) 조후용신(調候用神)을 제외하고 거의 억부법 용신에 해당하는 바 이를 정격용신(正格用神)이라고도 한다.

[49문] 신강 신약의 비중에 따라 용신법도 달라지는가?

그렇다. 신강에 보통신강, 태강, 극왕의 구분이 있고, 신약에 보통신약, 태약, 극약의 구분이 있으므로 이 강약의 비중에 따라 용신을 정해야 한다.

- **보통신강** : 관살 및 재가 용신이다. 단 관살이 투출한 가운데 근을 만나 有氣하면 관살이 용신이고, 재는 지지에 있어야 용신이 가하다. 재가 三合局을 이루었다면 이상적이다.
- **태강** : 비겁이 많아 태강이면 관살 식상이 용신이다. 식상이 미약하거나 없으면 관살이고, 식상이 왕하면 식상이며, 식상·관살이 없으면 재성이다. 인수가 많아 신강이면 재가 용신인데 재가 없으면 관살이 용신이다. 인수도 있고 비겁도 있으면 재나 관살 중에서 有氣한 자를 고른다.
- **극왕**이면 무조건 비겁에 종한다. 인수가 대부분이면 인수 비겁이 용신이다.
- **보통신약**이면 인수 비겁이 용신인데 인수가 없고 칠살이 왕하면 식상 제살이다.
- **태약**에 원인을 살피라. 식상이 왕하면 인수용신(인수 없으면 비겁), 재가 왕하면 비겁이 용이고 관살이 태왕하면 인수나 식상이 용신이다.
- **극약**에는 사주 가운데 가장 유력한 자에 종한다. 식상이 유력하면 식상에 종하고, 재가 유력하면 재에 종하며 관살이 유력하면 관살에 종한다.

강약	구분		형 태	제1용신	제2용신
신 강	보통신강		득령 또는 인수 비겁이 유기	관 성	재 성
	태 강		비겁이 많으므로 인해 태강	관살·식상	재 성
			인수가 많으므로 인해 태강	재 성	관 살
			인수·비겁이 많아 태강	재 성	관 살
	극 왕		사주 대부분이 인수 비겁	비 겁	
신 약	보통신약		실령, 득령이라도 재 식상 관살 왕	인수·비겁	식 상
	태 약		관살이 많아서 태약	인수·비겁	식 상
			재가 많아서 태약	비 겁	인 수
			식상이 많아서 태약	인 수	비 겁
	극 약		사주 가운데 관살이 대부분	관살(종살)	
			사주 가운데 재성이 대부분	재 (종재)	
			사주 가운데 식상이 대부분	식상(종아)	

[50문] 어떤 경우에 인수를 용(用)하는가?

① 신약에 관살 및 식상이 태왕할 경우 비겁보다 인수가 좋다.
② 신약에 재가 왕하면 인수 용신이 마땅치 않고 비겁이 용신이지만 비겁이 없으면 인수로 용신할 수밖에 없다.
③ 신왕하여 관살로 용하려는데 식상이 왕하면 인수로 식상을 억제, 관살을 보호해야 한다.
④ 사주 대부분이 인수로 되어 있고 재가 없으면 인수에 종한다.

[51문] 어떤 경우에 식상을 용하는가?

① 비겁으로 日主 태왕될 경우 식상이 관살보다 왕하면 식상을 용하여 日主 비겁의 기(氣)를 뽑아낸다.
② 비겁으로 신왕하여 재를 용하고 싶은데 재가 미약하면

식상을 용하여 재를 도와주어야 한다.
③ 日主가 약하지 않더라도 관살이 더 왕하면 日主가 克받아 괴롭다. 인수가 있으면 인수로 살인상생 시키는 게 우선이지만 인수가 없으면 식상으로 관살을 억제해야 한다.
④ 비겁과 재가 사주 대부분을 차지하면 싸움이 일어난 형상이므로 그 중간에 있는 식상으로 통관시킨다.
⑤ 사주 대부분을 식상이 차지한 가운데 인수가 없으면 왕한 식상을 억제 못하므로 식상에 종해야 한다.

[52문] 어떤 경우에 비겁을 용하는가?
① 日主보다 재가 훨씬 왕해져 있을 때
② 사주에 비겁보다 식상이 더 왕하고 인수가 없을 때
③ 사주에 인수가 많고 재가 없으며 종인(從印)이 안될 때
④ 사주 대부분이 비겁으로 되어 있고 관살이 없을 때 비겁에 종한다.
⑤ 신약에 관살이 더 왕한 경우 인수 식상이 없고 종살이 안될 때

[53문] 어떤 경우에 재로 용신하는가?
① 신왕이면 재나 관성을 용하는 게 원칙인데 재는 유력하나 관성이 없든지, 있더라도 심히 미약해져 있을 때
② 신왕하여 관성을 용하려는데 관성이 재보다 미약한 가운데 식상이 좀 왕해져 있을 때
③ 사주에 인수가 너무 많으면 재로 인수를 억제한다.
④ 사주에 식상 관살이 대부분을 차지하면 재로 통관시킨다.

⑤ 사주 대부분이 재로 되어 있고, 비겁이 없으면(있더라도 심히 미약) 재에 종한다.

[54문] 어떤 경우에 관살을 용하는가?
① 신왕하여 관성이 유기(有氣)하면 재보다 관성을 용하는 게 우선이다.
② 비겁으로 인해 日主가 태왕하고 식상이 미약할 때
③ 사주 대부분이 재와 인수로 되어 양대 세력이 비슷할 때 관살로 통관시켜야 한다.
④ 사주 대부분이 관살로 되어 있고 식상이 없으면 從殺한다.

10. 용신법 술어

[55문] **인수용인**(印綬用印)**이란?**
신약에 인수격(인수月生)을 놓고 인수로 용하는 것

[56문] **인수용겁**(印綬用劫)**이란?**
사주에 인수가 너무 많고 재나 관살이 없으면 비겁을 용하여 인수의 生을 분담해 받아야 한다.

[57문] **식상용인**(食傷用印)**이란?**
식상이 太旺하면 日主의 기운을 뽑아내므로 신약해진다. 이 경우 인수를 용하여 일방 태왕한 식상을 억제하고 일방 日主를 生助한다.

[58문] 인수용재(印綬用財)란 무엇인가?
사주에 인수가 너무 많으면 生을 감당할 수가 없으므로 재를 용하여 인수의 왕기를 억제해야 된다.

[59문] 상관용겁(傷官用劫)이란?
식상이 태왕하면 인수로 억제해야 원칙이지만 인수가 없으면 비겁을 용하여 식상에 설기되는 것을 분담한다.

[60문] 식상용식상이란 무엇인가?
비겁으로 日主가 태왕하면 관살로 억제하거나 식상으로 비겁의 기를 빼내야 하는데 관살보다 식상이 유력하면 식상으로 용신한다.

[61문] 식상생재(食傷生財)란 무엇인가?
신왕된 경우 재나 관살을 용하는데 관살이 미약하면 재를 용한다. 그런데 재도 미약하면 식상을 용하여 재를 생조해 주어야 한다. 이 경우(신왕) 인수로 신왕이면 재가 용이요, 비겁으로 신왕이면 식상이 용이다.

[62문] 식상제살(食傷制殺)이란 무엇인가?
日主가 심히 약하지 않은 경우 관살이 왕하면 관살의 극이 두렵다. 이 경우 식상이 있으면 식상으로 살을 제거해야 한다.

[63문] 신왕용재(身旺用財)란 무엇인가?
신왕이 된 경우 관살보다 재가 유력하면 재를 용한다.

[64문] 재용겁(財用劫)이란 무엇인가?
재다신약되거나 재왕신약이 되면 비겁으로 용한다.

[65문] **재자약살**(財滋弱殺)**이란 무엇인가?**
신왕하여 관살을 용하려는 경우 관살이 좀 미약하면 재를 용하여 관살을 도와준다.

[66문] **살중용인**(殺重用印)**이란 무엇인가?**
관살이 중중할 경우 식상이 없고 인수가 있으면(식상이 있더라도) 인수를 용하여 살인상생(殺印相生)시킨다.

[67문] **군비쟁재**(群比爭財)**란 무엇인가?**
비겁이 중중한 가운데 재가 하나뿐이거나, 둘이 있더라도 비겁에 비해 훨씬 미약하면 이에 해당한다. 작은 재물을 놓고 여럿이 치열한 싸움을 벌이는 형상이다.

[68문] **관살용겁**(官殺用劫)**이란 무엇인가?**
신약에 관살이 왕하고 식상·인수가 없으면 부득이 비겁으로 용신해야 된다.

[69문] **시상일위귀격**(時上一位貴格)**이란 무엇인가?**
시상편관격(時上偏官格)이라고도 하는데 日主 득령으로 신왕된 가운데 타에는 관살이 없고 오직 時의 干이나 支에 편관이 있으면 시상일위귀격이고, 時干에 편관이 있으면 시상편관격이라 한다(군인·법관으로 출세).

[70문] **살인상정**(殺印相停)**이란 무엇인가?**
살은 七殺이요 양인은 甲日卯, 丙日午, 戊日午, 庚日酉, 壬日子다. 살도 사람을 해치므로 두렵고 양인도 칼날에 해당 몸을 다칠까 두려운데 사주에 살이나 양인 하나만 있으면 해를 끼치는 수가 있으나 殺과 羊刃이 모두 있

으면 殺과 羊刃은 자연 干合되어 해를 끼치지 않는다. 羊刃은 누이에 비유되고, 羊刃의 짝(七殺)은 누이의 남편이 되므로 해가 없음이요, 한편 양인은 훌륭한 무기, 칠살은 훌륭한 장군에 비유, 장수가 훌륭한 무기를 얻어 전공을 세우는 형상이다. 그러므로 이 격이 이루어지면 군인·법관·형관·의사로 출세하는 귀격이다.

11. 술어와 형태

[71문] 탐재괴인(貪財壞印)이란 무엇인가?

신약에 인수로 용신하게 되는 경우 사주에 財가 왕해 있거나(四柱中에서 탐재괴인) 인수 용신에 재운을 만난 것이다.

탐재괴인이 되면 뇌물 먹고 수뢰죄를 범하거나 재물·여자를 탐하다가 망신당하거나 심한 경우 사망한다. 사업하다 크게 망하는 수도 있다.

[72문] 파료상관(破了傷官)이란 무엇인가?

비견·겁재로 인해 日主가 太旺하면 官殺로 비겁을 克해주거나 食傷으로 비겁의 氣를 빼내야(泄氣) 한다. 官殺이 없거나 있더라도 미약해서 用이 不可할 경우 식상이 있으면 식상이 용신인데 運에서 인수를 만나면 이를 파료상관이라 한다. 예를 들어 음식을 먹고 소화를 못시켜 배가 팽창된 것을 설사로 쏟아야 하는데 쏟지 못하는 데다 음식을 더 먹고 꽉 체한 것 같다. 파료상관이 되는 운은 큰 재앙이 이른다.

[73문] 상관상진(傷官傷盡)이란 무엇인가?

사주에 관살이 太旺하면 日主를 克하므로 식상으로 制해야 한다. 또 비겁으로 日主 太旺에 관살이 없으면 식상으로 설기해야 한다. 이 경우 印綬가 旺하면 不利한데 운에서 또 인수를 만나면 용신식상의 명맥이 아주 없어져 버리고 만다. 이를 「상관상진」이라 하는데 재앙이 이른다. 실지 대소변을 못보는 병이 들거나, 식도가 막히거나, 식도암에 걸리는 수도 있다. 식상은 식도에도 해당하기 때문이다.

[74문] 제살태과(制殺太過)란 무엇인가?

比劫으로 身旺하면 殺로 억제해야 형세가 中和되어 길하다. 그러므로 七殺이 용신인데 식상이 旺하면 殺(用)은 식상에 억눌려 마땅치 않다.

癸巳	庚申
己未	辛酉
庚子	壬戌
甲申	癸亥
	甲子

이 사주는 庚日 身旺(己土 인수, 申에 祿根)하여 年支巳中丙火 殺이 用神이다. 그러나 申子水局하여 水克火로 制殺太過되었다. 日支子水로 用이 못된다. 己未土 인수가 왕한 때문이다.

[75문] 진법무민(盡法無民)이란 무엇인가?

제살태과(74문의 답 참고)된 사주에 運에서 식상을 만난 것이다. 그나마 간신히 명맥을 유지하던 殺(巳)이 아주 없어지게 되어서다. 殺은 국가요 법이다. 국가가 망하거나 나라에 법이 없어지면 자신의 안위도 보장 받지 못한다. 때문에 진법무민(法이 없으면 백성도 존재 불능)이 되면 재앙이 이른다. 이 경우 사망하는 예가 많다.

[76문] 통관(通關)이란 무엇인가?

四柱 대부분이 木土 土水 水火 火金 金木 등 두 가지 五行으로 되어 있으면 싸움이 벌어진 형상이므로 좋지 않다. 그러나 상극되는 五行 가운데 싸움을 말리는 오행이 있으면 이 말리는 오행이 용신이다. 즉 木土 싸움에 火, 土水 싸움에 金, 水火 싸움에 木, 火金 싸움에 土, 金木 싸움에 水가 통관용신이다.

```
戊寅
己未
乙卯
丁丑
```

이 사주는 木土가 사주 대부분을 차지했다 (乙卯寅 卯未木과 戊己未丑土). 그래서 木土 싸움인데 時干 丁火가 용신이다. 木生火 火生土로 丁火는 木土 어느 쪽을 막론하고 相生관계를 이루기 때문이다. 말하자면 통관용신인 丁火는 중립국이 되어 전쟁을 말리는 역할을 담당하게 된다.

[77문] 조후(調候)란 무엇인가?

사주에는 난조(暖燥)한 것과 한습(寒濕-또는 冷濕·冷寒)한 것이 있다. 사주 대부분이 甲乙丙丁戊와 寅卯巳午未戌로 구성되면 난조라 하고, 己庚辛壬癸와 子丑辰申酉亥로 구성되면 한습·냉습한 사주라 한다. 난조하면 金水나 습토(濕土-丑辰)로 적셔주어야 하고, 냉습하면 木火로 데워주어야 한다.

戊午	辛丑
戊午	壬辰
甲寅	庚子
戊辰	癸未

왼편 사주는 甲戊 寅午로 너무 난조하므로 時支辰 습토로 적셔주어야 한다.
오른편 사주는 金水로 대부분을 차지하여 냉습하므로 未中丁火 따뜻한 土로 녹여주어야 한다(亥子丑月이면 한습이지만 三月 辰月이라 한습이 아닌 냉습이다).

※조후에 해당할지라도 從格이면 從格用神이 우선이다.

[78문] 병(病)과 약(藥)에 대하여 논하라.

길격, 귀격을 놓는 데 이를 방해하는 육친이 있으면 그 방해하는 육친을 병이라 하고, 그 병을 제거(克)하는 육친을 약이라 한다. 병에는 사주의 병과, 용신의 병이 있다. 사주의 병은 길격구성을 방해하는 자이고, 용신의 병은 용신을 克하거나 기반(羈絆)시키는 육친이다.

용 신	甲	乙	丙	丁	戊	己	庚	辛	壬	癸
용신을 기반하는 자 용신을 克하는 자	己 金	庚 金	辛 水	壬 水	癸 木	甲 木	乙 火	丙 火	丁 土	戊 土

[79문] 희신(喜神)과 기신(忌神)에 대하여 논하라.

용신을 도와주는 干支가 희신이고, 용신을 방해하는 干支가 기신이다.

희신에 1은 용신을 生해주는 干支

2는 용신을 극하는 자를 다시 극함
3은 용신을 기반(干合)하는 자를 제거함
기신에 1은 용신을 극하는 자
2는 용신을 기반하는 자

[80문] 한신(閒神)이란 무엇인가?

용신 희신 기신 중 아무것에도 해당되지 않는 干支가 한신이다. 그러나 운에서 희신 역할을 하는 수도 있고 기신 역할을 하는 수도 있다. 예를 들어 식상 용신에 無力한 관살이 한신인데 관살이 대운과 三合하여 식상을 生하면 희신으로 변하고 극하면 기신으로 변한다.

또 丙日이 壬水 七殺을 두려워할 경우 대운이 壬이고, 한신이 丁이라면 한신 丁이 丁壬合木하여 木生火로 丙火를 도우니 이는 희신이 되고, 木 용신에 대운 乙일 경우 한신 庚이 있으면 乙庚化金하여 乙木을 변질시키므로 기신이 된다.

[81문] 감리(坎離)란 무엇인가?

水는 주역괘 감(坎)이요 火는 이괘(離卦)이다. 사주 구성에 天干은 水로 되고 地支는 火로 되면 이를 감리라 하여 귀격으로 본다 (水火相克이 아닌 수화기제다). 戌과 寅은 土·木이나 三合하여 火로 化한다.

```
庚戌
壬午
壬午
壬寅
```

[82문] 탐생망극(貪生忘克)과 탐합망극(貪合忘克)에 대하여 논하라.

五行에는 生과 克이 있고, 干支에는 合과 冲이 있다. 五行이 生할 자와 克할 자 두 가지 사이에 있으면 克

보다 生이 탐나서 克할 자를 克하지 않으니 이것이 탐생망극이요, 또 克할 자와 합할 자가 다 있으면 克보다 合에 먼저 탐나서 克할 자를 克하지 않는다는 뜻이다.

火←木…土	土←火…金	金←土…水	水←金…木	木←水…火
己 乙 庚	辛 丁 壬	癸 己 甲	乙 辛 丙	庚 丙 辛

[83문] 공·협(拱挾)이란 무엇인가?

干이든 支이든 干과 干, 支와 支 사이에 어떤 干支를 끼고 있다는 뜻인데 대개 干보다 지지를 말한다.

子·寅 사이에 丑을, 亥·丑 사이에 子를, 丑·卯 사이에 寅을, 卯·巳 사이에 辰을, 辰·午 사이에 巳를 끼고 있다는 뜻이다.

[84문] 기반(羈絆)이란 무엇인가?

용신이 되는 干支나 길격구성의 주체가 되는 자가 干合, 六合을 만나면 合에 탐이 나서 제구실을 못하게 된다.

(丙寅
辛丑
癸酉
辛酉

癸日이 金 인수가 너무 많으니 금다수탁(金多水濁)되어 불리하므로 年干 丙火로 金을 克해주어야 한다. 그러나 丙火는 月干 辛金과 丙辛으로 合하느라고 金을 克하지 않으므로 쓸모없이 되었다. 이것을 기반이라 한다. 이 경우 만약 丙火가 用神이 아니고 忌神이라면 도리어 좋다.

[85문] 천전(天戰)과 지전(地戰)에 대하여 논하라.
　　　天干相冲을 천전이라 하고 地支相冲을 地戰이라 한다. 天干은 나무의 둥치와 줄기에 비유되고, 지지는 뿌리에 비유되므로 가지는(天干) 비록 상해도 뿌리만 상하지 않으면 나무는 죽지 않으나 뿌리가 잘리우면 나무는 죽는다. 마찬가지로 天干 상충은 크게 두렵지 않으나 지지상충은 그 충격이 크다. 甲庚冲 乙辛冲 丙壬冲 丁癸冲 戊己冲이 천전이요, 子午冲 丑未冲 寅申冲 卯酉冲 辰戌冲 巳亥冲이 地戰이다.

[86문] 길신태로(吉神太露)란 무엇인가?
　　　財는 누구나 갖기 원하는 것이므로 신강에는 財를 길신이라 한다. 누구나 탐하는 것이 노출되면 남에게 탈취당할 우려가 있어 좋지 않다. 그런데도 財가 天干에 있으면 남의 눈에 잘 띄는 곳에 재물이 있는 것과 같으므로 이를 길신태로라 한다. 재는 남자의 경우 미인에도 비유되는 바 애인, 아내가 아름다운 용모를 지니고 밖으로 나돌면 눈독들이는 남자가 많아 겁탈당할 가능성이 있는 것으로도 본다. 그러므로 財는 地支에 있는 것이 이상적이고, 合局財는 더욱 좋다.

[87문] 진격(眞格)과 가격(假格)이란 무엇인가?
　　　상관에 진상관 가상관이 있고, 종격에 진종과 가종이 있으며, 화격에도 진화(眞化)와 가화(假化)가 있다.
　　　진격은 가격보다 귀한 것이지만 운에서 가격이 진격으로 변하면 발달하고, 진격이 가격으로 변하면 어려움이 있으나 큰 재난은 없다. 그러나 가격이 운의 방해를 받으면 아주 파격(破格)되므로 재앙이 있다.
길격·귀격을 순수하게 이루면 진격이고, 길격·귀격을 놓되 결점이 있으면 가격이라 한다(단 진상관 가상관은 진가에 대한 길흉은 사주 상황에 따라 다르다).

[88문] 쟁합(爭合)·투합(妬合)이란 무엇인가?
예를 들어 甲이 己와 甲己로 합하는 데 甲이 또 있거나 己가 또 있으면 이에 해당한다. 비유하건대 남녀가 연애·결혼하는데 남자 하나에 여자가 둘이거나, 남자 둘에 여자 하나가 있으면 연애, 결혼에 경쟁이 붙고, 또는 연애·결혼을 질투하여 방해를 놓는 형상과 같으므로 비중이 맞지 않는 合은 잘 이루어지지 않는다.
예 : 己甲己 甲己甲 庚乙庚 乙庚乙 辛丙辛 丙辛丙

[89문] 거살유관(去殺留官)과 거관유살(去官留殺)은?
사주에 관살혼잡(干에 官殺이 둘이 있거나 支에 둘이 있는 것)되면 좋지 않게 여긴다. 관살혼잡이 된 경우 七殺이 가까이 있는 식상에 克받으면 살이 제거되고 官(正官)만 남으므로 이를 거살유관이라 하고, 관살혼잡에 정관이 가까이 있는 식상에 克받으면 官은 제거되고 殺만 남으므로 거관유살이라 한다. 이런 사주는 도리어 좋게 여긴다.

[90문] 합살유관(合殺留官)과 합관유살(合官留殺)이란?
관살혼잡이 된 경우 七殺만 옆에 있는 干과 干合하면 합살유관이고, 正官만 옆의 干과 干合하면 합관유살이

합살유관 己 壬 戊 癸 (戊癸合) | 합관유살 乙 己 甲 己 (甲己合)

라 한다.

[91문] **거류서배(去留舒配)란 무엇인가?**

사주에 官殺이 많은 경우 하나는 克받고 하나는 合을 만나고 관살 중 하나만 남은 것이다.

　戊戌↓
　癸亥
　丁巳
○壬寅

丁日이 壬癸亥로 관살혼잡이다. 그러나 月干 癸水殺은 戊癸로 合하고, 月支 亥水 官은 年支 戌土의 克받고, 巳中戊土의 克도 받으며, 오직 時干壬水만 남았으니 이는 제거될 것(亥)은 제거되고 合할 것(戊癸)은 合해서 하나만 남은 셈이다.

[92문] **재다(財多)와 재왕(財旺)을 구분하라.**

사주에 독립된 재성이 여러 개 있으면 재다(財多)요, 하나만 있더라도 식상의 生을 받거나 得令하거나 財局을 이루면 재왕이다.

(재다)
癸酉
丁巳
壬午
丙午

(재왕)
辛亥
壬寅
壬午
庚戌

[93문] **관국(官局)과 재국(財局)이란 무엇인가?**

三合을 이룬 五行이 官星에 해당하면 관국(官局)이고, 재성에 해당하면 재국(財局)이라 한다.

(관국)　乙酉　　　(재국)　丙子
　　　丁亥　　　　　　壬辰
　　　己未　　　　　　戊申
　　　丁卯　　　　　　己未

[94문] 유정무정(有情無情)이란 무엇인가?

　원류(源流－年干에서 時干까지 生해 내려오는 것), 중화(中和－五行의 세력이 비슷한 것) 등도 有情이라 하며, 특히 用神이 가까이 있으면 유정한 사주라 하고 용신이 年柱에 멀리 있으면 무정한 사주라 한다. 그런데 용신이 月干에 있으면 유정이지만 만약 年干과 干合해서 年干을 따라가면 무정한 사주로 변하고, 용신이 年干에 멀리 있더라도 月干과 干合해서 따라오면 유정으로 변한다. 地支의 용신도 마찬가지다. 또는 忌神이 干合, 六合, 三合하여 喜神이나 용신으로 변하면 유정이고, 희신이 타와 합해서 忌神으로 변하면 무정이라 한다.

[95문] 순환상생(循環相生)이란 무엇인가?

　五行이 구비되어 옆에 있는 干이나 支끼리 相生되어 나가는 사주로서 大吉格이다.

　　甲子
　　丁卯
　　戊子
　　庚申

　年支 子水는 年干 甲木을 生하고, 甲木은 月干 丁火를 生하고, 丁火는 日干 戊土를 生하고, 戊土는 時柱 庚申金을 生하고, 申金은 日支 子水를 生하고, 子水는 月支 卯木을 生하고, 卯木은 다시 月干 丁火를 生하

고, 丁火는 다시 日干 戊土를 生하니 이것이 바로 순환 상생의 예이며 매우 좋은 사주다.

[96문] **명관과마**(明官跨馬)**란 무엇인가?**
신왕된 사주에 官星이 干에 투출하여 그 아래 財의 生을 받고 있으면 이에 해당한다. 明은 투출, 馬는 재를 칭함이다.
남자는 계속 관직이 오르고, 여자는 그 남편이 출세(발달)한다.
　　예 : 己巳年 丁卯月 乙亥日 庚辰時

[97문] **재마**(財馬)**와 녹마**(祿馬)**란 무엇인가?**
재성의 별칭이 마(馬)요, 녹(祿)이란 正官으로서 正官이 재를 만나면 귀인이 말을 타고 있는 형상에 비유되어 녹마라 한다.

[98문] **원류**(源流)**란 무엇인가?**
원원유장(遠源流長−먼 곳에서부터 生해 들어옴)의 준말인데 먼 곳, 즉 年支나 年干에서 生하기 시작하여 時干까지 生이 이어진 것으로 매우 좋은 사주라 한다.

[99문] **명암부집**(明暗夫集)**과 암합**(暗合)**이란 무엇인가?**
여자의 사주에 관살이 干에도 2개 이상 있고 地支 암장에도 많이 있는 것으로 남이 알게 모르게 남자가 많은 형상이다(화류계). 암합이란 여자의 경우 日干이 지지 암장에 있는 官星과 合을 이룬 것이다.
예를 들어 辛日 女가 지지에 寅巳가 있다면 寅中丙火 巳中丙火 관성과 暗合을 이루었다 한다(남자는 암장 재성과 干合되면 암합이다).

[100문] 부성입묘(夫星入墓)란 무엇인가?

여자 사주에 官星이 墓(辰戌丑未)를 만난 것, 즉 官星이 三合 묘에 해당한 것으로 남편운이 나쁘다.

甲乙日에 辛丑(丑만 있어도)
丙丁日에 壬辰(辰만 있어도)
戊己日에 乙未(未만 있어도)
庚辛日에 丙戌(戌만 있어도)
壬癸日에 戊戌(辰戌丑未 다 해당이나 작용력 미약)

묘를 沖하는 大運이 不利다. 남편이 꼼짝못하는 형상. 과부가 되거나, 무능하거나 능력이 있어도 운이 없거나 감옥에 갇히는 수도 있다.

〔참고〕

처성입묘(妻星入墓) : 甲乙日 戊辰 戊戌
丙丁日 辛丑　戊己日 壬辰　庚辛日 乙未
壬癸日 丙戌

인수입묘(印綬入墓) : 甲乙日 壬辰　丙丁日 乙未
戊己日 丙戌　庚辛日 己丑 己未
壬癸日 辛丑

[101문] 자매강강(姉妹剛强)이란 무엇인가?

여자의 사주에 비겁이 많은 것으로 남편이 첩을 얻거나 연애, 결혼에 라이벌에 많고 고독하다.

[102문] 체전지상(體全之象)이란 무엇인가?

壬癸日生이 타에 비겁이 없고 庚辛金 인수 셋을 만난

것이라 신강되기 쉽다.

[103문] **천합지**(天合地)**와 지생천**(地生天)**이란?**

천간이 地支암간과 合을 만나면 天合地이고, 地支가 天干의 長生에 해당하면 地生天이다.

天合地 : 辛巳(巳中丙火와 丙辛合) 正合
　　　　壬午(午中丁火와 丁壬合) 正合
　　　　丁亥(亥中壬水와 丁壬合) 正合
　　　　戊子(子中癸水와 戊癸合) 正合
　　　　癸巳(巳中戊土와 戊癸合) 準合
　　　　甲午(午中己土와 甲己合) 準合
　　　　己亥(亥中甲木과 甲己合) 準合
　　　　乙巳(巳中庚金과 乙庚合) 準合

地生天 : 丙寅(寅中丙火에 장생) 正生
　　　　壬申(申中壬水에 장생) 正生
　　　　乙亥(亥中甲木에 장생) 準生
　　　　戊寅(寅中丙火에 장생) 正生
　　　　辛巳(巳中丙火에 장생) 準生

[104문] **목화통명**(木火通明)**이란 무엇인가?**

甲乙日 日主 태왕에 丙丁火 식상을 만난 것이다. 이렇게 되면 계속 불빛이 꺼지지 않고 밝은 상이라 해서 좋게 여긴다.

[105문] **추수통원**(秋水通源)**이란 무엇인가?**

壬癸日生이 申酉月에 生한 것(신강된다는 뜻) 또는 맑음

[106문] 아우생아(兒又生兒)란 무엇인가?
　　　신왕에 식상이 있고, 재성이 있는 경우 재, 식상이 미약하면 日主는 식상을 生해서 식상으로 하여금 재를 생해주도록 한다. 식상생재

[107문] 등라계갑(藤蘿繫甲)이란 무엇인가?
　　　乙日 신약에 甲이나 寅木 비겁으로 용신하는 것

[108문] 벽갑인화(劈甲引火)란 무엇인가?
　　　丁日 신약에 寅月生이면 庚金이 있어야 寅木의 生을 받을 수 있다는 뜻이다. 寅木은 통나무요, 丁火는 미미한 불이므로 그참 통나무에 불이 붙지 않는 이치라. 庚金이란 도끼로 통나무를 잘게 쪼개야만 불이 붙는다는 의미이다.

[109문] 살인상생(殺印相生)과 절처봉생(絶處逢生)이란?
　　　사주에 관살이 태왕하면 자연 신약되고, 관살의 극이 두렵다. 이 경우 인수가 있으면 식상으로 제살이 불가하므로 인수를 용해서 일방 관살의 生을 받아 일방 약한 日主를 生해주도록 한다. 즉 관살태왕이라도 인수가 있으면 살인상생되어 두렵지 않다.
　　　그런데 이 질문에서의 살인상생과 절처봉생은 日柱 자체로 이루어지는 것을 뜻한다. 절처봉생이란 日干이 日支에 십이운성으로 절지(絶地)에 해당해도 그 가운데 生이 있다 함이다.

　　　살인상생 : 戊寅 : 寅中甲木 七殺, 丙火는 인수

甲申 : 申中庚金 七殺, 壬水는 인수
壬戌 : 戌中戊土 七殺, 辛金은 인수
절처봉생 : 甲申 : 甲木이 申中庚金에 絶, 壬水가 生
丁亥 : 丁火가 亥에 絶宮, 亥中甲木의 生
庚寅 : 庚金이 寅에 絶宮, 寅中戊土의 生
癸巳 : 癸水가 巳에 絶宮, 庚金의 生

[110문] 살중무구(殺重無救)란 무엇인가?
관살이 태왕한 사주에 인수 식상이 없고 비겁으로 인해 從殺 안되는 것(불길)

[111문] 지지연여(地支連茹)란 무엇인가?
年支에서부터 時支까지 十二支 순서로 나간 것이다. 子年 丑月 寅日 卯時 혹은 子年 寅月 辰日 午時, 또는 子年 卯月 午日 未時 등의 예로 지지 순서로 계속 나가거나 한칸 또는 두칸 건너 나간 것

12. 종격과 화격

[112문] 종격(從格)이란 무엇인가?
육친(또는 五行) 가운데 절대 강자에게 복종해야 되는 용신법을 적용하는 사주격이다. 사주에 어떤 오행이 그 대부분을 차지하면 타로 억제 불가능하므로 그 강한 세력에 순히 따라야(從) 하기 때문이다.

[113문] 종비격에 대해 논하라.

① **곡직격**(曲直格) : 곡직인수격(曲直仁壽格)이라고도 한다.

甲乙日 득령에 사주 대부분이 인수 비겁이고 庚辛申酉의 金이 없어야 日干 木에 종한다(金이 있더라도 심히 미약하면 木에 종한다).

② **염상격**(炎上格) : 丙丁日 巳午未月生에 인수 비겁이 사주 대부분이고 壬癸亥子의 水가 없으면 (있더라도 심히 미약) 火에 종하는 염상격이다.

③ **가색격**(稼穡格) : 戊己日 火土月生에 사주 대부분이 인수 비겁이고 甲乙寅卯의 木이 없으면 (있더라도 심히 미약) 土에 종하는 가색격이다.

④ **종혁격**(從革格) : 庚辛日 申酉戌丑月에 사주 대부분이 인수 비겁이고 丙丁巳午의 火가 없으면 (있더라도 심히 미약) 火에 종하는 종혁격이다.

⑤ **윤하격**(潤下格) : 壬癸日 申酉亥子月에 사주 대부분이 인수 비겁이고 戊己辰戌丑未土가 없으면 (있더라도 심히 미약) 水에 종하는 윤하격이다.

간단히 말해 日主가 인수 비겁月에 生하고 타에 인수 비겁이 사주 대부분을 차지한 가운데 관살이 없으면 종비격(日主 비겁 五行에 종하는)이다.

[114문] 종살, 종재, 종아란 무엇인가? 그리고 이 격이 이루어지려면?

日主가 실령한 가운데 인수 비겁이 없어(있더라도 克

받음) 심히 쇠약해져 있으면 어디엔가 從해야 된다. 이 경우 관살이 왕하면 종살(從殺)이요, 재성이 왕하면 종재요, 식상이 왕하면 종아(從兒)가 된다.
일주 태약 극약에 사주 판도를 점령하고 있는 자(재·식상·관살)에 종함

[115문] 종세(從勢)란 무엇인가?

종살, 종재와 마찬가지이나 약간 차이가 있다. 日主가 태약 극약된 상태에 인수 비겁의 生扶가 신통치 않으면 한두개의 인수 비겁이 있더라도 그 生扶를 포기하고 재·식상·관살 중에서 유력한(가장 왕한) 육친에 종한다. 세력이 (재·식상·관살) 비슷한 경우 재·식상 두 가지 세력이면 재에, 재·관살이 비슷하면 관살에, 재·식상·관살이 비슷하면 중간에 있는 재에 종한다. 그런데 인수가 있으면 종아(식상에 종하는 것)가 안되고 비겁이 있으면 종재가 안되고 식상이 있으면 종살이 안된다.

[116문] 가종(假從)이란 무엇인가?

다음과 같은 경우는 모두 가종이다.
종비격에 관살이 있는 것(관살이 있더라도 심히 미약)
종인(從印)에 재가 있는 것(있더라도 태약)
종아격에 인수가 있는 것(인수가 있더라도 심히 미약)
종재격에 비겁이 있는 것(비겁이 있더라도 심히 미약)
종살격에 식상 인수 비겁이 있는 것(있더라도 심히 미약해야)

[117문] 화격(化格)이란 무엇인가? 이루어지는 의의와 용신은?

日干이 干合한 五行에 從하는 격이다(귀격). 이렇게 되려면 化한 五行과 月支의 五行이 같고 사주에 化한 五行의 干支가 많으며 化한 五行을 克하는 者가 없어야 한다.

- 甲己化土格(甲日이나 己日이 干合만나고)에 辰戌丑未月生이고 타에도 戊己辰戌丑未의 土가 많으며 甲乙寅卯의 木이 없어야 土에 종한다.
- 乙庚化金格(乙日이나 庚日이 干合만나고)에 申酉戌丑月生이고 타에도 庚辛申酉의 金이 많으며 丙丁巳午의 火가 없어야 化神 金에 종한다.
- 丙辛化水格(丙日이나 辛日이 干合만나고)에 申亥子月生이고 타에도 壬癸亥子의 水가 많으며 戊己辰戌丑未 土가 없어야 化神 水에 종한다.
- 丁壬化木格(丁日이나 壬日이 干合만나고)에 寅卯月에 生하고 타에도 甲乙寅卯의 木이 많으며 庚辛申酉의 金이 없어야 化神 木에 종한다.
- 戊癸化火格(戊日이나 癸日이 干合있고)에 巳午未月生이요 타에도 丙丁巳午의 火가 많은 가운데 壬癸亥子의 水가 없어야 化神 火에 종한다.

[118문] 가화(假化)란 무엇인가?

化格을 놓되 결점이 있는 것이다. 결점이란 化格에 거의 성립되어도 化神(干合한 五行)을 克하는 干支(미약하나마)가 하나 있거나 쟁합(爭合-干合을 질투하여 방해함. 己甲己 甲己甲의 예)이 있으면 진화가 아닌 가화이다.

13. 기격(奇格)과 특수격

[119문] 기격과 특수격에 대해 간단히 말하라.

사주가 기이(奇異) 신비하게 이루어진 것을 기격이라 하고, 정격(正格)을 놓을 수 없으면서도 특이하게 구성, 귀길(貴吉)한 내용이 숨어 있는 것을 특수격이라 한다. 이에 해당하면 모두 귀격이다.

[120문] 일행득기격(一行得氣格)이란 무엇인가?

(예1)	(예2)
乙亥	丙寅
庚辰	乙未
壬申	乙亥
庚子	己卯

사주 거의를 日干과 같은 오행으로 독차지하고 있는 것으로 이를 일행득기격(一行得氣格)이라 한다. 이 독상은 물론 종강격(從强格)에 속하지만 종강격이라 해서 모두 독상으로 볼 수는 없다. 종강격은 日干 오행의 기(氣)가 순수치 않아도(재·식상·인수가 약간 왕해도) 이루어지지만 독상은 오행기가 일간오행으로 모여야만 성립된다.

[121문] 양상(兩象)이란 무엇인가?

양상(兩象)이란 상생관계(인수와 비겁, 비겁과 식상)인 두 가지 오행이 비슷한 세력으로 사주 전부를 차지하고 있는 것으로 양기성상(兩氣成象) 또는 양신성상(兩神成象)이라고도 한다. 내격이 아닌 외격의 종격에 속하는 것으로 당연히 양상을 이룬 두 가지 오행에 종해야 된다.

(예1)	(예2)
壬寅	甲午
壬寅	丙寅
癸卯	甲戌
癸亥	丁卯

[122문] 삼상(三象)이란 무엇인가?

(예1)	(예2)
戊戌	甲子
戊申	壬申
庚子	乙卯
庚辰	甲申

삼상(三象)이란 日主를 포함한 세 가지 오행만으로 사주 거의를 차지하되 서로 세력이 비슷한 가운데 상생 관계를 이룬 것이다. 이를 삼기성상(三奇成象) 또는 삼신성상(三神成象)이라 하는데 이 격이 순수하게 이루어지면 귀길(貴吉)한 명(命)이다. 예1은 土金水 삼상이고, 예2는 金水木 삼상이다.

[123문] 천원일기격(天元一氣格)이란 무엇인가?

癸卯
癸亥
癸未
癸亥

年月日時 四干이 모두 같은 것으로 이렇게 되면 기이한 점이 있어 길한 면으로 플러스시킨다. 오른쪽 예와 같다.

[124문] 지진일기격(地辰一氣格)이란 무엇인가?

年月日時 四支가 모두 같으면 이 격이 이루어지는데 이 경우도 기이한 점이 있어 길한 면으로 플러스시킨다. 예를 들면 子年 子月 子日 子時와 같다. 오른쪽 예를 참고하라.

(예1)	(예2)
己未	甲子
辛未	丙子
辛未	戊子
乙未	壬子

제2편 명리문답(命理問答) 353

[125문] 사주동일격(四柱同一格)이란 무엇이며 이 격은 몇 가지가 이루어질 수 있는가?

(예1)	(예2)	(예3)
戊午	己巳	癸亥
戊午	己巳	癸亥
戊午	己巳	癸亥
戊午	己巳	癸亥

年月日時 간지가 모두 같은 것으로 이러한 사주가 이루어질 수 있는 것으로는 四甲戌 四乙酉 四己巳 四庚辰 四丙申 四丁未 四壬寅 四戊午 四辛卯 四癸亥가 있다. 이 가운데 四甲戌과 四辛卯는 흉격에 속하나 기타는 모두 길격이라 한다.

[126문] 사위구전격(四位具全格)이란 무엇인가?

(예1)	(예2)	(예3)
丁巳	戊辰	辛卯
辛亥	乙丑	庚子
庚申	己未	辛酉
戊寅	甲戌	甲午

年月日時에 寅申巳亥 전부, 辰戌丑未 전부, 子午卯酉 전부가 있는 것인데 寅申巳亥·辰戌丑未 등이 모두 있으면 귀격(여자는 불길)으로 보고 子午卯酉 전부는 사패구전(四敗具全)이라 남녀 모두 패가망신하는 사주라 한다. 고 박정희 대통령은 寅申巳亥가 모두 있고, 김영삼 대통령은 辰戌丑未가 모두 있다.

[127문] 천간순식격(天干順食格)이란 무엇인가?

(예1)	(예2)	(예3)
甲子	己巳	庚午
丙寅	辛未	壬午
戊戌	癸亥	乙亥
庚申	乙卯	丁酉

이 격이 이루어지려면 年干에서부터 月干을 生하고, 月干

은 日干을 生하고, 日干은 時干을 生하되 干의 음양이 같아야 한다. 그러므로 예3의 경우는 年干에서 時干까지 生하되 음양이 다르므로 이 격은 성립되지 않으나 원류(源流)라는 길격에 해당한다.

[128문] 양간부잡격(兩干不雜格)이란 무엇인가?

(예1)	(예2)	(예3)
甲子	戊午	丙辰
乙亥	己未	丁酉
甲子	戊申	丙戌
乙亥	己未	丁酉

이 격은 年月日時 四干의 五行이 同一한 가운데 왼편 예와 같이 甲乙 甲乙이나 戊己 戊己 또는 丙丁 丙丁 등의 예로 이루어져야 잡되지 않고 순수하여 길격으로 놓을 수 있다는 것이다.

[129문] 삼기격(三奇格)이란 무엇인가?

(예1)	(예2)
癸亥	戊午
乙卯	庚申
丙辰	壬申
丁酉	甲辰

年月日時의 干에 乙丙丁, 甲戊庚, 壬癸辛 이와 같이 구비된 것을 삼기(三奇)라 한다. 사주에 이 삼기가 있는 사람은 인물이 준수하고 영웅적 포부가 있으며 사주 구성이 좋을 경우 고시에 합격하는 운이 있다. 왼편 예는 원류(源流)에도 해당한다.

[130문] 육수격(六秀格)이란 무엇인가?

육수는 丙午 丁未 戊子 己丑 戊午 己未 日에 出生함을 요하고 日柱가 아닌 他柱에 있으면 육수로 보지 않는다. 이 육

| 辛卯年 |
| 辛丑月 |
| 丙午日 |
| 癸巳時 |

수일에 출생한 주인공은 매우 총명하고 똑똑하나 너무 약아서 자기 꾀에 넘어가는 수가 있다고 한다.

[131문] 복덕수기(福德秀氣)란 무엇인가?

(예1)	(예2)
乙未	己巳
乙亥	癸酉
乙未	丁酉
乙巳	辛丑

천간에 乙자 셋이 있거나 지지에 巳酉丑이 모두 구비되어 있으면 이를 복덕수기(福德秀氣)라 한다. 이 복덕수기가 있는 사람은 용모가 아름답고 인품이 고상하며 총명하다. 또는 인덕이 많고 일생 재앙이 적다고 한다.

[132문] 건록(建祿)은 대개 비겁에 해당하므로 정격(正格)은 놓지 못한다. 그러나 정격이 없을 때는 건록으로도 별격은 놓을 수 있다. 어떤 것인가?

(예1)	(예2)	(예3)
庚子	戊戌	辛亥
辛巳	辛卯	乙未
丙寅	甲寅	戊午
丁酉	甲子	丁巳

사주 가운데 건록(建祿)이 하나뿐이고, 내격(內格)에 해당되지 않은 가운데 건록이 月支에 있으면 **건록격**(建祿格)이고, 日支에 있으면 **전록격**(專祿格)이며 시지(時支)에 있으면 **귀록격**(歸祿格)이라 한다. 단 이 건록이 충파를 만나지 않아야 한다. 또 녹을 바꾼다는 **교록**(交祿)이 있다. 이 교록이 이루어지려면 丙子日 癸巳時와 같이 日干의 녹은 時支에, 時干의 녹은 日支에 있어야 한다.

[133문] 전재격(專財格)이란 무엇인가?

정격(正格)을 놓고도 겸하여 이 격을 놓을 수 있다. 단

```
丁丑年
癸卯月
甲子日
己巳時
```
신강됨을 요하고, 時干에 정재가 투출하되 재성이 기신(忌神)이 아니라야 한다. 왼편 예와 같이 時干의 재성이 통근(通根)되어 있으면 더욱 좋다.

[134문] 시마격(時馬格)이란 무엇인가?

```
己酉年
庚午月
戊辰日
甲子時
```
신왕하여 재성을 用하게 되거나, 재가 기신이 아닐 경우 時支에 財가 있으면 이 격을 놓을 수 있다. 만약 정격으로 신약해서 인수를 用하게 된다면 재는 기신이므로 時支에 財가 있어도 이 격은 놓지 못한다.

[135문] 금신격(金神格)이란 무엇인가?

甲日이나 己日生으로 巳·酉·丑時 가운데 해당하면 금신격(金神格)이라 하는데 정격(正格)이 있으면 정격이 우선이다. 왼편 사주는 정격이 없고, 신왕이다. 그래서 時支 酉金 가상관(假傷官)을 용하여 태왕한 日主의 기를 빼내면서 재성을 도와야 좋다. 金 대운에 귀히 된 사주라 한다.

[136문] 시묘격(時墓格)이란 무엇인가?

무조건 辰戌丑未時에 해당하면 시묘격(時墓格)인데 辰

```
庚午年
丁亥月
甲辰日
甲戌時
```
戌丑未는 사고(四庫)요 묘(墓)인 까닭이다. 정격명칭을 우선하고 겸하여 이 격의 명칭을 붙일 수 있다. 단 신왕에 辰戌丑未가 인수·비겁이 아니고(戊己 庚辛日 제외) 용신이 되어야 한다.

[137문] 일귀격(日貴格)이란 무엇인가?

```
辛未年
甲午月
丁亥日
己酉時
```
日支에 정관 및 천을귀인(天乙貴人)에 해당하고, 정격명칭이 없으면 이 격을 놓는다(정격명칭과 겸할 수도 있다). 丙子日 丁亥日 庚午日 丁酉日 癸巳日 癸卯日 등이 이에 해당한다.

[138문] 일인격(日刃格)이란 무엇인가?

```
庚子年
辛丑月
戊午日
甲寅時
```
이 격은 日支에 양인(羊刃)을 놓은 것인데 정격(正格)이 없을 경우 양간일(陽干日)이 日支에 양인을 놓고 형충·파해·육합을 만나지 않아야 이 격을 놓을 수 있다. 단 이 격에 해당되고 月이나 時干에 칠살(七殺) 하나만 있으면 살인상정격(殺刃相停格)이 이루어져 대귀하는 사주라 한다.

[139문] 공격(拱格)이란 무엇인가?

공(拱)이란 子와 寅 사이에 丑을 끼고 있듯이 日과 時支 사이에 천을 귀인, 정관, 건록, 재고 등을 끼고 있다는 뜻이다. 이 격이 이루어지려면 반드시 日과 時支 사이에 끼고 있는 귀인 정관 건록 재고 등이 年月日時

甲申日 甲戌時	正官 酉를 拱
甲寅日 甲子時	天乙귀인 丑을 拱
丁巳日 丁未時	건록 午를 拱
己卯日 己巳時	財庫 辰을 拱

支에 없어야 한다. 日과 時支에 정관이나 천을귀인을 끼고 있으면 공귀격(拱貴格)이고, 건록을 끼고 있으면 공록(拱祿)이며, 재고를 끼고 있으면 공재격(拱財格)이라 한다. 예를 들어 甲申日 甲戌時라면 甲日의 천을귀인인 酉를 끼고 있으니(他에 未가 없어야) 이 것이 공귀격이고, 甲寅日 甲子時라면 甲의 천을귀인 丑을 끼고 있으니 역시 공귀격이 된다.

[140문] 괴강격(魁罡格)이란 무엇인가?

(예1)	(예2)	(예3)
丁卯	丙辰	戊申
辛亥	丁酉	壬戌
壬戌	庚辰	壬辰
庚戌	庚辰	甲辰

괴강(魁罡)이란 辰戌로서 辰을 천강(天罡), 戌을 하괴(河魁)라 한다. 즉 辰과 戌로 이루어진 干支가 괴강인데 그 가운데 庚辰 庚戌 壬辰 壬戌日 四日만을 괴강이라 하여 日柱가 이에 해당하면 괴강력을 놓는다. 단 신강을 요하고 타에도 괴강이 많을수록 좋다(단 여자는 불리). 그리고 辰戌이 붙는 甲辰 甲戌 丙辰 丙戌 戊辰 戊戌도 준괴강으로 본다. 이 괴강일에 태어나면 길흉이 극단으로 작용하는 바 남자는 많을수록 귀하지만 여자는 팔자가 세다.

[141문] 합록격(合祿格)이란 무엇인가?

```
  (예1)    (예2)
   乙丑    甲辰
   己卯    庚午
   甲子    丙寅
 (辛)丙寅  己丑(子)
```

합록의 녹이란 건록이 아니고 여기에서는 정관을 칭한다. 이 격이 이루어지면 신강한 사주에 관성을 용신하고 싶으나 사주 내에 관살이 없고, 오직 時干과 干合이 되는 자가 정관에 해당하거나, 시지와 六合이 되는 지지가 日干의 정관에 해당되어야 한다.

• 甲日은 時干 丙火가 丙辛合으로 甲日의 정관을 불러옴
• 丙日은 時支丑이 子丑合을 위해 정관인 子水를 불러옴

예1은 時干 丙이 辛을 合해 와서 甲日의 正官을 삼게 되고, 예2는 時支 丑이 子丑으로 支合하여 子를 불러와 子를 丙日의 正官으로 삼는다.

[142문] 형합격(刑合格)이란 무엇인가?

時支가 사주에 없는 정관을 형출(刑出)해 오는데 기이함이 있으므로 이 격을 이루려면 오직 癸酉 癸亥 癸卯日생이 寅時이고 戊己辰戊丑未巳가 없어야 한다. 戊己辰戊丑未는 관성이고, 巳는 무형으로

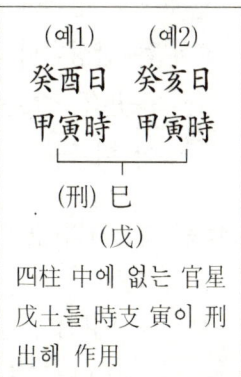

형출할 필요가 없기 때문이다.

癸酉 癸亥 癸卯日 甲寅時이고 관살(戊己辰戌丑未巳)이 없을 경우 時支 寅이 寅刑巳로 巳를 형출(刑出)해서 巳에 간직된 戊土로 본래 사주에 없던 정관을 불러다 씀으로써 귀기격(貴奇格)을 놓는 의의가 있다.

[143문] 자요사격(子遙巳格)이란 무엇인가?

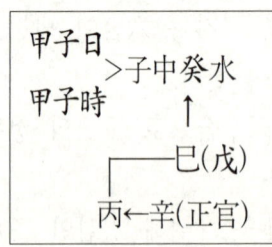

이 격은 오직 甲子日 甲子時이고 사주 내에 庚辛申酉 관성과 丑午가 없어야 한다. 이 격이 이루어지는 원리는 이러하다. 즉 子中癸水가 巳中戊土를 그리워하여 戊癸합을 위해 巳를 멀리서 불러들이면 巳에 같이 있던 丙火는 戊土가 癸水와 짝이 되는 것을 보고 동요되어 丙火 자신도 자기 짝인 辛金(丙辛合)을 불러들이게 된다. 이렇게 되면 甲木은 본래 없던 辛金을 얻어 정관으로 용하게 됨으로써 귀기한 사주가 된다. 庚辛申酉는 관성이니 파격이요, 丑은 子丑合, 午는 子午沖이 되어 이 격을 이루지 못한다.

[144문] 축요사격(丑遙巳格)이란 무엇인가?

• 辛丑日에 丑이 많고 丙丁巳子未가 없을 때

辛丑日에 丑이 많음
癸丑日에 丑이 많음

• 辛丑日(丑多)
  |
  辛←巳(丙)
• 癸丑日(丑多)
  |
  癸←巳(戊)

• 癸丑日에 丑이 많고
  戊己巳子未가 없을 때

① 辛丑日이 丑이 많으면 丑中辛金이 巳中丙火와 丙辛合을 위해 불러오게 되는 바 巳中丙火는 辛日의 정관에 해당하므로 사주에 없던 정관을 얻어낸다. 丙丁이 있으면 관성이라 파격이고, 子는 子丑合, 未는 丑未冲이 되어 丑과 合 또는 冲하여 파격이다.

② 癸丑日에 丑이 많으면 丑中辛金이 巳中丙火를 그리워하여(丙辛合) 丙火가 간직된 巳를 불러오면 그 巳에는 戊土가 함께 따라오므로 이 戊土로 癸日의 정관을 삼는다. 戊己가 있으면 관살이라 파격이고, 子는 子丑合, 未는 丑未冲이 되므로 이러한 작용(巳를 불러오는)을 못하여 파격이다.

[145문] 비천녹마격(飛天祿馬格)이란 무엇인가?

丙午日	午가 많음 ↑ 子(子中癸水官)
丁巳日	巳가 많음 ↑ 亥(亥中壬水官)
庚子日	子가 많음 ↑ 午(午中丁火官)
辛亥日	亥가 많음 ↑ 巳(巳中丙火官)

이 격은 사주 가운데 없는 재관(財官)을 허공에서 충출(冲出)해 쓰는데 의의가 있다.

① 丙午日에 午가 많으면 午는 子를 허충하여 子中癸水로 정관을 삼는데 壬癸는 관성진실, 子는 실충, 未는 六合되어 파격이다.

② 丁巳日에 巳가 많으면 巳는 亥를 허충하여 亥中壬水로 정관, 壬癸는 관성진실이고, 申은 六合, 亥는 실충이므로 파격이다.
③ 庚子日에 子가 많으면 午를 허충하여 午中丁火로 정관을 삼는데 丙丁이 있으면 관성진실이고, 丑과 午는 육합·상충되므로 파격이다.
④ 辛亥日에 亥가 많으면 巳를 허충하여 巳中丙火로 정관을 삼는데 丙丁이 있으면 관성진실이고, 寅은 六合, 巳는 巳亥冲되어 파격이다.
⑤ 壬子日에 子가 많으면 午를 허충하여 午中丁火로 정재, 午中己土로 정관을 삼는다. 戊己는 관성진실, 丑午는 합충이므로 파격이다.
⑥ 癸亥日에 亥가 많으면 巳를 허충하여 巳中丙火로 정재, 戊土로 정관을 삼는다. 戊己는 관성진실, 寅巳는 合冲이므로 파격이다.

[146문] 육갑추건격(六甲趨乾格)이란 무엇인가?

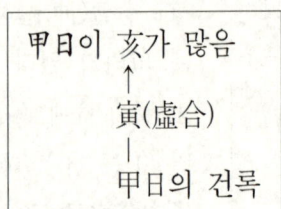

甲日의 祿은 寅이다. 甲日生이 건록인 寅이 없고 亥가 많으면 그 亥는 자기가 좋아하는 寅과 六合을 위해 그 寅을 허무중에서 불러온다. 이 경우 사주에 亥가 많더라도 寅이 있으면 이 격은 이루어지지 않는다.

[147문] 육을서귀격(六乙鼠貴格)이란 무엇인가?

```
乙亥日 子時
           > 癸
乙未日 子時

癸는 巳中戊土와 戊癸合
巳는 申을 불러와 巳申合
申은 乙日의 正官으로 用
```

乙亥 乙未日 子時에 庚辛申酉 巳丑이 없어야 한다.

乙亥나 乙未日 子時면 子中癸水가 巳中戊土를 그리워하여(戊癸合) 허공에서 巳를 불러오면 그 巳는 또 자기 짝(六合)인 申을 불러오게 되므로 申中庚金으로 乙日의 정관을 삼는다. 庚辛申酉가 있으면 관성진실이라 파격이고 巳는 역시 진실이며 丑은 子丑으로 먼저 六合하므로 파격이다.

※ 진실(塡實) : 사주에 없어야 이루어지는 격이 어떤 육친이 있으므로 그 격을 놓지 못하는 것(이하 모두 동일)

[148문] 육음조양격(六陰朝陽格)이란 무엇인가?

```
辛亥日 子時
           > (癸)
辛酉日 子時

癸는 巳中戊土와 戊癸合
    ↑
巳中丙火는
    辛日의 官으로 用
```

辛을 육음(六陰), 子를 양(子에서 一陽이 시작됨)이므로 육음조양격이라 한다.

辛亥 辛酉日 子時에 丙丁巳午官과 丑卯가 없어야 한다.

辛亥·辛酉日 子時면 子中癸水는 戊土(戊癸合)가 그

리워 戊土를 간직하고 있는 巳를 허무중에서 불러오게 되는데 巳에는 戊土뿐 아니라 정기(正氣)인 丙火가 있어 함께 따라오므로 辛金은 본래 사주에 없던 정관을 子 때문에 맞이하게 된다. 그래서 귀기한 격을 놓는데 만약 丙丁 巳午가 있으면 관성진실이고, 丑은 子丑合, 卯는 子卯刑이 되어 파격이라 한다.

[149문] 육임추간격(六壬趨艮格)이란 무엇인가?

```
辛丑
庚寅     亥를
壬寅  }  虛合
壬寅
```

육임(六壬)은 壬日이고, 간(艮)은 寅이다. 壬日이 寅時 혹은 寅이 많고 亥가 없으면 이 격을 놓는다.
壬日이 寅이 많으면 寅이 亥를 허합해와서 壬日의 건록으로 삼는다 (申이 있으면 寅申冲되어 파격).

※ 위 육갑추건격과 의의가 같다.

[150문] 임기용배격(壬騎龍背格)이란 무엇인가?

```
癸卯年
癸亥月
壬辰日   >  戌을
甲辰時      虛冲

戌中 戊·丁·辛으로
財官印을 얻어냄
```

辰은 용(龍)이다. 壬日干이 辰을 타고 앉았다는 뜻인데 즉 壬辰日生이 柱中에서 辰을 또 만나면 이 격이 이루어져 貴奇하게 여긴다. 왜냐하면 壬辰日이 辰을 많이 놓으면 그 辰은 허무중에서 戌을 冲出해 오게 된다. 그렇게 되고 보면 戌에는 丁火 財와 戊土 官과 辛金 印綬를 모두 얻게 되어 좋다는 것이다. 사주에

만일 戌이 있거나 財官이 나타나 있으면 이 격을 놓지
못한다.

[151문] 현무당권격(玄武當權格)이란 무엇인가?

(예1)	(예2)
丁未	壬寅
辛亥(官局)	辛亥(財局)
壬辰	壬午
丁未	庚戌

현무는 壬癸水요, 권(權)은 관성이다. 壬癸日生이 재나 관살로 전국(全局)을 놓고 신왕하여 재나 관성을 감당할 수 있으면 이 격이 이루어진다. 上은 壬日이 亥月에 득령하여 신왕이고 辰未未로 관살국을 놓아 현무당권격이며, 下는 역시 壬日亥月 신왕에 寅午戌로 재국전(財局全)을 놓아 이 격에 해당한다.

[152문] 구진득위격(句陳得位格)이란 무엇인가?

丁亥	己巳	甲子	辛亥
丁未	戊辰	乙亥	壬辰
己卯	戊寅	己卯	戊子
戊辰	乙卯	辛未	庚申
(官)	(官)	(종살)	(종재)

戊己는 중앙 土요, 구진(句陳)이다. 그러므로 戊日이나 己日生이 지지에 재(財)나 관살로 전방(全方) 및 전국(全局)을 놓고 신왕하여 재관을 감당할 수 있거나 日主가 태약하여 종살(從殺) 혹은 종재(從財)가 된다면 구진득위격이 이루어진다.

• 己日 신왕에 亥卯未로 관살 전국

- 戊日 신왕에 寅卯辰으로 관살 전방(全方)
- 己日 태약에 亥卯未 전국 놓아 종살
- 戊日 신약에 申子辰 재국전을 놓으면 종재

[153문] 정란차격(井欄叉格)이란 무엇인가?

(예1)	(예2)	(예3)
壬子	辛亥	辛丑
壬子	庚子	壬辰
庚辰	庚申	庚子
甲申	庚辰	甲申

庚申 庚子 庚辰日生이 申子辰을 모두 구비한 가운데 寅·午·戌이 없으면 이 격(정란차격)이 이루어진다. 庚申 庚子 庚辰日生에 申子辰을 모두 놓고 寅午戌이 없을 경우 그 申子辰은 각각 寅午戌을 허로 충출(冲出)하여 寅中甲木으로 財를 삼고, 午中丁火로 官을 삼고, 戌中戊土로 印을 삼아 사주 가운데 없는 재관인(財官印)을 모두 얻어낸다 해서 귀기(貴奇)한 격으로 여긴다.

[154문] 세덕부살격(歲德扶殺格)이란 무엇인가?

(예1)	(예2)
壬申	甲子
乙巳	戊辰
丙戌	戊午
甲午	壬戌

신왕(身旺)이고 타에는 관살이 없이 오직 年干이나 年支에만 칠살(七殺-즉 편관)을 놓으면 이 격이 이루어진다. 왼편 사주는 丙日이 巳月에 득령하고 午戌로 火局을 이룬데다 月時干 乙甲 인수가 日主 丙火를 生하니 신이 태왕이다. 다행히 年干 壬水 칠살이 申에 장생하여 생부받으니 유기(有氣)하여 살로 용신하게 된다.

[155문] **세덕부재격(歲德扶財格)이란 무엇인가?**
신왕에 타에는 財가 없고 오직 年干에만 財가 있어 지지에 根하면 이 格이 이루어진다.
예 : 丙寅年 乙酉月 壬子日 庚子時

[156문] **월상편재격(月上偏財格)이란 무엇인가?**
신왕에 타에는 財가 없고 月干에만 편재가 있어 月支에 根하면 이 격이 이루어진다.
예 : 己丑年 癸酉月 己未日 丁巳時

[157문] **시상편관격(時上偏官格)이란 무엇인가?**
日主가 득령하여 신왕된 가운데 時干이나 時支에 편관이 있으면 이 격이 이루어진다.
예 : 己巳年 丁卯月 乙亥日 辛巳時

[158문] **잡기재관인수격(雜氣財官印綬格)이란 무엇인가?**

(예1)	(예2)	(예3)
癸巳	己酉	乙酉
壬戌	戊辰	庚辰
癸亥	丁亥	丁亥
癸亥	丙午	乙巳

잡기(雜氣)란 辰戌丑未를 말하는데 천지부정지기(天地不正之氣) 또는 천지의 네 곳 뇌옥(牢獄)이라 한다. 또 辰戌丑未는 네 곳 수장지소(收藏之所-감춰두는 창고)라 한다.

이 격이 이루어지려면 반드시 辰戌丑未月이고, 그 月支(辰戌丑未) 가운데에 재관인(財官印) 세 가지가 함께 암장되어야 한다. 즉 壬癸日 戌月, 甲乙日 丑月, 丙丁日 辰月, 戊己日 辰月, 庚辛日 未月이다.

14. 신취팔법

[159문] 신취팔법(神聚八法)이란 무엇인가?

격 이외로 사주가 구성된 형태를 여덟 가지로 분류한 것인 바, 즉 ①유상 ②속상 ③종상 ④화상 ⑤조상 ⑥반상 ⑦귀상 ⑧복상 등 각각 형상의 특징을 나타낸 것이다.

[160문] 유상(類象)이란 무엇인가?

日干이 月支에 得令한데다 地支에 日干과 동일한 五行으로 全方을 이루고 그 全方된 五行이 月時干에 투출한 것이다. 즉 종비격(從比格)이다.

    甲乙日 寅卯辰月生이 寅卯辰이 모두 있고
       干에 甲乙이 투출(곡직격)
    丙丁日 巳午未月生이 巳午未가 모두 있고
       干에 丙丁이 투출(염상격)
    戊己日 辰戌丑未月生이 辰戌丑未가 모두 있고
       干에 戊己가 투출(가색격)
    庚辛日 申酉戌月生이 申酉戌이 모두 있고
       干에 庚金이 투출(종혁격)
    壬癸日 亥子丑月生이 亥子丑이 모두 있고
       干에 壬癸가 투출(윤하격)

이렇게 되면 일기성상(또는 독상)이라 격이 순수한 종비격이 성립되어 大吉한 사주라 한다.

[161문] **속상**(屬象)**이란 무엇인가?**
日干이 득령한 가운데 지지에 日干과 동일한 五行으로 三合全局을 놓고 日干과 같은 五行이 干에 투출한 것으로 이 역시 유상(類象)과 마찬가지로 一行得氣格이 성립되므로 종비(從比)로서 格이 순수하면 大吉한 命이라 하겠다.
甲乙日 寅卯辰月生이 亥卯未全하고 干에 甲乙이 투출,
丙丁日 巳午未月生이 寅午戌하고 干에 丙丁이 투출,
戊己日 辰戌丑未月生이 辰戌丑未하고 干에 戊己가 투출,
庚辛日 申酉戌月生이 巳酉丑全하고 干에 庚辛이 투출,
壬癸日 亥子月生이 申子辰全하고 干에 壬癸가 투출.

[162문] **종상**(從象)**이란 무엇인가?**
종비(從比) 종인(從印) 종아(從兒) 종재(從財) 종살(從殺) 등 모든 종격에 해당하는 사주를 칭한다.

[163문] **화상**(化象)**이란 무엇인가?**
화격(化格), 즉 干合한 五行에 從하는 化格을 말한다. 化格이 성립되려면 반드시 日干과 干合된 五行에 從할 수 있어야 한다.

[164문] **조상**(照象)**이란 무엇인가?**
日干이 득령한 가운데 年이나 時支에 인수를 만난 것이다.

甲己日 寅卯辰月에 年支 및 時支에 子가 있으면
　　　　　　　　　　　　　　　수목상조(水木相照)

丙丁日 巳午未月에 年支 및 時支에 卯가 있으면
　　　　　　　　　　　　　　　목화상조(木火相照)

戊己日 辰戌丑未月에 年支 및 時支에 午가 있으면
　　　　　　　　　　　　　　　화토상조(火土相照)

庚辛日 申酉戌月에 年支 및 時支에 丑·未가 있으면
　　　　　　　　　　　　　　　토금상조(土金相照)

壬癸日 亥子月生에 年支 및 時支에 申이 있으면
　　　　　　　　　　　　　　　금수상조(金水相照)

단, 인수가 하나만 있어야 이(조상)에 해당하는 바 이렇게 된 사주는 길격으로 여긴다.

[165문] 반상(返象)이란 무엇인가?
불가피 용신으로 적용해야 될 육친이 타에 克받아 用할 수 없는 경우와 미약한 용신이 대운에서 克받는 경우로서 대흉한 命이다.

[166문] 귀상(鬼象)이란 무엇인가?
日主 태약에 七殺이 태왕하면 日主는 저항이 불가능하여 殺에 從해야 되는바 七殺은 鬼로도 칭하므로 귀상이라 한다.

[167문] 복상(伏象)이란 무엇인가?
日主 태약에 財가 미약하면 財에 從하게 된다. 그런데 甲丙戊庚壬 陽日干은 좀처럼 從하기 싫어하는데도 자신이 지배(克)하는 財에 복종하게 된다 해서 붙인 명

칭이다.

15. 십신(十神)

[168문] 십신이란 무엇인가?

용신, 희신, 기신, 병신, 약신, 은신, 원신, 진신, 가신, 한신의 열 가지를 말한다.

① **용신**(用神) : 신약이면 日干을 生扶하고 신강이면 억제하거나 설기시켜 주는 육친이 용신이다. 이를 억부용신이라 하며 사주가 몹시 난조하거나 한습하면 조후가 용신이요, 두가지 오행이 싸우면 통관이 용신이며, 어떤 오행이 지극히 왕해 있으면 왕에 종하는 게 용신이다. 간단히 말해 사주에 가장 필요한 자가 용신이다.

② **희신**(喜神) : 용신을 괴롭히는 자를 다시 극하거나 干合 支合해서 용신을 괴롭히는 자를 무력화시키는 干支가 희신이다. 또는 용신을 生하는 자다.

③ **기신**(忌神) : 용신을 克하거나, 干合 支合해서 용신의 역할을 방해하는 자가 기신이다. 예를 들어 乙이 용신이라면 辛이나 庚(干合)이 기신이다.

④ **병신**(病神) : 사주의 길격을 방해하는 자가 병신이므로 기신과 같다. 그러나 어떤 오행이 불필요하게 太

旺되어도 병통이므로 太旺된 자 병(病)이다.
⑤ **약신**(藥神) : 사주의 병을 克하는 干支가 약이다.
⑥ **은신**(恩神) : 어떤 형태로든지 용신의 안위를 도와주는 干支다. 그러므로 명칭은 다르지만 희신이나 마찬가지라 하겠다.
⑦ **원신**(怨神) : 용신을 克하는 자를 生해주는 干支다. 예를 들어 木이 용신이라면 金이 忌神이요, 土가 원신이다(土生金하여 木을 克함).
⑧ **진신**(眞神) : 육친 가운데 月支에 득령한 육친 및 五行이다. 그러므로 득령된 자 용신이면 진용신이고 실령된 자가 용신이면 가용신이다.
⑨ **가신**(假神) : 실령된 육친은 모두 가신이다. 용신 실령도 가용신이다.
⑩ **한신**(閒神) : 사주의 길흉(用神)과 하등의 이해관계가 없는 干支다.

16. 부귀빈천과 수요

[169문] 어떤 사주가 귀격(貴格)인가?
- 진격을 이루고 청기(淸氣)해야 한다.
- 신왕관왕(身旺官旺), 재자약살, 인수격, 관인상생
- 살인상생, 시상일위귀, 재관격
- 곡직격, 윤하격, 염상격, 가색격, 종혁격, 화격, 종아격,

종재격, 종살격, 종인격
- 살인상정격, 양신성상, 삼기성상
이상의 격을 순수하게 놓고 병통이 없어야(病이 있으면 약도 있어야) 한다.
- 사주동일, 天元一氣, 순환상생, 四位純全格 및 기타 특수격에 해당

[170문] 어떤 사주가 부격(富格)인가?
- 신왕 재왕, 식상생재격, 종아, 종재, 중화된 사주, 十干俱足, 五行俱足
- 원류, 月上正財格, 신왕에 재국, 재다신약에 비겁운

[171문] 어떤 사주가 빈천한가?
- 용신이 없거나 모호한 것
- 용신이 있더라도 타와 合해 忌神으로 변하거나 年柱에 멀리 있는 것
- 용신이 미약해진 가운데 운의 生助를 못 받은 것
- 군비쟁재
- 재다신약에 재관운
- 재가 타와 合해서 비겁된 것
- 재가 공망 및 형·충·파해
- 재가 천간에만 투출
- 신왕에 재가 미약하고 식상이 없는 것
- 탐재괴인
- 길격을 놓는데 병통이 왕한 것
- 두 가지 오행이 싸우는 형태에 통관이 없는 것

- 사주가 심히 난조하거나 냉습한데도 조후를 못한 것
- 용신이 없는 사주
- 용신이 있더라도 대운에서 克받는 경우 등이다(子午卯酉로만 된 것).

[172문] 장수하는 사주는 어떤 것인가?
- 사주에 두 가지 세 가지 네 가지로 되었더라도 세력이 비슷한 것(中和)
- 오행이 구비(순환상생), 양상, 삼상격
- 용신이 有氣한 것
- 대운에서 용신이 生扶된 것
- 모든 격이 眞으로 이루어진 것

[173문] 단명한 사주는 어떤 것인가?
- 오행이 싸움하되 통관신이 없는 것
- 용신이 무력하거나 없는 것
- 사주에 병통이 있는데도 약이 없는 것
- 너무 난조하거나 냉습한데도 조후를 못하는 것
- 지지가 모두 상충된 것
- 日主는 根이 없고 인수만 태왕된 가운데 종인이 안되는 것
  대운에서 탐재괴인, 제살태과, 파료상관, 군비쟁재 되면 그 운을 넘기기 어렵다.

[174문] 형액(刑厄)과 재난에 대하여 논하라.
- 신약에 형살이 있으면 형액
- 辰戌巳亥가 모두 있으면 걸핏하면 구속

- 신약에 七殺이 왕하고 인수·식상이 없는 것은 형액, 아니면 질병
- 日主 태왕에 관살 미약(겁이 없어 범죄를 잘한다)
- 신왕 관살약에 식상 태왕 국법을 잘 어긴다.
- 탐재괴인(뇌물죄·간통죄)
- 군비쟁재(재산싸움 계집싸움으로 교도소 신세)
- 日主 태왕에 재관이 미약하면 폭행죄
- 癸丑 癸未 癸巳日生 甲寅時는 교통사고
- 七殺 역마가 日支冲이면 교통사고
- 子午卯酉日生이 時와 상충되면 개 조심
- 丙申日 인수 미약이면 불구자가 되기 쉽다.
- 戊己日 태약에 재살이 왕하면서도 從이 안되면 비명의 액이 우려
- 亥子丑月生이 他에 水旺이면서도 從比 안되면 水厄 주의
- 신살에 급각살, 익수살, 탕화살, 뇌공살 등이 있으면 주의하라.

[175문] 질병과 불구에 대해서 논하라.
- 丙丁日 태약이면 신경쇠약증 및 시력 나쁘다.(甲乙日도)
- 甲戌乙丑日生이 申酉戌月에 生하거나, 日主 태약이거나, 甲乙日生이 巳午未月에 生하고 金水가 없어 몹시 난조하면 失明의 우려
- 용신이 없거나, 있더라도 미약하거나 타와 合을 이루면 병이 따른다.

- 사주가 몹시 난조하거나 냉습한 가운데 조후 안되면 열병, 습병
- 사주에 병통이 있는 것(태왕되면 병통이다. 인수·비겁 관살 막론)
  木이 태왕이면 위장, 火가 태왕하면 당뇨, 고혈압, 열병, 폐질환, 土가 태왕하면 위산과다 및 신장병, 金이 태왕하면 기관지, 폐실증, 간장 허약, 水가 태왕이면 냉병 습병 심장병, 木이 태왕은 간경화 등의 우려로 본다.
- 사주에 식상이 없으면 혈액순환이 잘 안된다.
- 木肝, 火心, 土胃, 金肺, 水 신장이라, 오장 중 하나가 태왕이면 실증이고 태약이면 허증이다.
- 인수 태왕이거나 木火로 난조하면 변비증이다.
- 사주에 木이 없으면 심장이 약해지고 위는 실하여 土克水하니 신장도 허약, 火가 없으면 위장 미약에 신장은 냉하고 金克木되어 간이 허약하다.
  土가 없으면 폐가 약해지고 신장은 실증이요, 水旺하여 水克火하니 심장이 약해진다.
  金이 없으면 신장이 약해지고 간은 실증이요, 木克土하니 위장이 약해진다.
  水가 없으면 간이 약해지고, 심장은 실증이요, 火旺하여 火克金하니 폐가 약해진다.
  오장육부에 陰干은 오장이요, 陽干은 육부다. 그러므로, 甲 담(膽), 乙 간(肝), 丙 소장(小腸)·삼초(三焦), 丁 심장(心), 戊 위(胃), 己 비(脾), 庚 대장(大腸), 辛 폐(肺), 壬 방광(膀胱), 癸 신장(腎臟)이다.

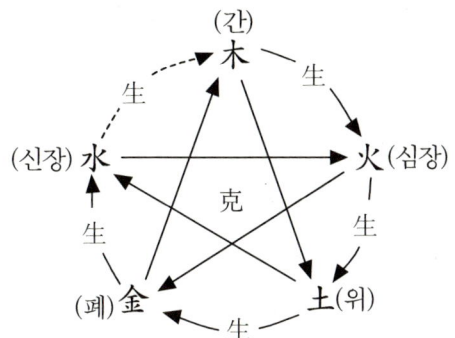

오장(五臟)이란 간, 심장, 비장, 폐, 신장이고, 육부(六腑)란 담, 소장, 삼초, 위장, 대장, 방광이다.

17. 직 업

[176문] 행정관, 공무원의 사주는?

행정직은 신왕관왕, 명관과마(明官跨馬) 정관이 有氣, 신왕에 관국(官局), 재가 官星을 생조, 중화(中和), 양신성상, 삼기성상, 오행구족, 순환상생, 재보다 관성이 有氣, 모든 특수귀격에 해당하는 것 등이다.

[177문] 재정직, 금융계통에 유리한 사주는?

재정직은 신왕한 사주에 財와 官이 六合을 이룬 것(금융, 재정) 財가 장성(將星)에 해당하면 경리직
- 丙丁日에 신왕재왕, 재무금융

- 木火日生이 丑이 있으면 금융 재무요, 관성 미약이면 돈놀이로 치부
- 신왕에 재국은 재정직 출세(사업가)
- 재왕신약에 재운 만나도 재정직
- 종재격은 재무, 세무, 은행 성공
- 財旺에 財庫, 官庫 있는 사주
- 丁巳日 丑月生 금융계 출세
- 身旺 財旺에 財庫, 官庫
- 丙丁日 財局(금융업)

[178문] 경찰, 군인, 법관의 사주는?
- 살인상정격(무관 형관 군인 경찰 출세)
- 길격사주에 日支가 刑殺(경찰)
- 時上一位貴格(사법관, 경찰, 군인, 의사)
- 乙庚日의 化格(군인 경찰 법관)
- 丙이나 庚日의 신왕 관왕(경찰 출세)
- 丁己日의 재관격
- 비천녹마격(법관)
- 괴강격을 잘 놓은 것
- 현무당권격(玄武當權格)
- 삼기(三奇)

[179문] 국제기관 및 외직에 근무하는 사주는?
- 귀격 사주에 역마가 있는 사람(대사, 영사, 사무관급 이상)
- 역마관성에 신왕 관왕

- 신왕에 관성이 역마와 六合
- 관성이 用인 경우 역마의 생을 받음(즉 역마 財)
- 길격에 역마가 재나 관이나 인수를 生合
- 寅申巳亥 구비자
- 윤하격
- 水에 從하는 사주
- 丙辛日生의 化格
- 신왕에 편관으로 用

[180문] 교육자, 문학가 등 학문 종사자의 사주는?
- 인수 용인격에 財가 미약이며 沖이나 공망되지 않으면 박사학위도 가능
- 三印이 있고 사주가 순수하면 교수직
- 식상용식상격(박사 강사 언변가)
- 윤하격, 육을서귀격
- 月支가 인수나 식상인 사주에 청격이면 교육자
- 壬癸日에 辛金투출(교육자)
- 支에 인수국 놓아도 교육자
- 水日 冬月, 木日 夏月도 교육자
- 순환상생격
- 印綬가 干合 六合해서 化財(문학가)

[181문] 의사(한의·양의), 약사의 사주는?
- 時上偏官格, 殺刃相停格에 좀 혼탁하면 의사
- 羊刃格도 의사
- 吉格에 羊刃이 財官되거나 六合

- 卯酉戌 가운데 두 글자 있으면 의사나 약사
- 寅申巳亥日生이 丑月 및 丑時이고 三刑殺 만나면 의약계 종사
- 時上一位貴格, 時上偏官格도 의사가 많다.
- 日支가 三刑殺 만나고 사주가 吉格 놓은 것도 의사나 약사다.
- 종아격은 한의사
- 식상이 왕한 자
- 庚辛日의 종살격
- 壬辰日 女가 巳午未月
- 木土日 女가 戌亥月時, 戌戌日이 月時戌亥
- 곡직격 놓은 자
- 用이 상관, 편인, 羊刃인 것

[182문] 무역업, 운수업, 숙박업 종사자의 사주는?
- 財가 用이고 또 역마나 지살인 것
- 寅申巳亥가 財官인 것
- 水日 財局은 해상무역
- 寅申巳亥가 많은 것
- 壬申, 壬子, 壬辰日生의 역마재는 무역 및 여관 호텔 요정업
- 戊己日 財局 놓은 것
- 亥가 역마면 해상무역, 항해사

[183문] 공업, 기술자의 사주는?
- 인수가 月德에 해당(화학 과학 기술자)

- 水日 戌土가 용신(기술자)
- 편인격, 상관격(기술자)
- 사주 대부분이 편재 편관 편인으로 된 것(기술직)
- 金日 木火月(전기공업)
- 甲戌 丙戌 戊戌 庚戌 壬辰日生은 공업 종사가 길
- 丙辰 丙戌 庚辰 庚戌 丁丑 丁未日生이 인수 있으면 타자직

[184문] 연예인, 서예가, 화가의 사주는?
- 火土日의 辰戌丑未月(성악이 吉)
- 식상이 旺한 여자(성악)
- 木火日의 식상이 旺한 것(가수가 吉)
- 곡직격, 戊日 火局, 寅日 丑時에 金이 많은 사주, 庚辛日이 財官旺 또는 財나 官局, 金日 巳午未月女(이상 모두 서화가)
- 상관격에 인수 旺, 丁丑 丁酉 丙辰 丙戌日生이 財·印 있는 것, 윤하격, 水日 신왕 자(이상 모두 연예인)
- 식상이 旺한 여자(무용 연예 성악)

[185문] 어떤 것을 취급해야 유리한가?
- 金日生은 목재, 木에 해당하는 직업 성공
- 金旺木弱된 사주는 상업이 길
- 甲戌 丙戌 戊戌 庚戌 壬辰日生은 공업 성공
- 申亥가 역마에 財면 수산업 유리
- 丙丁日 신왕은 철물 금속이 유리
- 甲乙日 식상설기격에 인수가 있으면 가전제품 취급

이 길
- 地殺財는 신발 구두 유리
- 日과 財가 모두 미약하면 정육점
- 羊刃財에 사주 혼탁해도 정육점
- 羊刃과 편재가 모두 있어도 정육점
- 역마 지살이 재에 해당하면 운수, 숙박업
- 甲乙日生은 토목 건축업자 많음
- 백호대살일 목축업 길
- 己卯 己未 己亥日生도 목축업
- 木火日에 辰戌丑未 있으면 부동산 농업

[186문] 요정, 음식업, 카페, 호프집 등 주류 사업에 좋은 사주는?
- 酉가 財에 해당하고 桃花면 요정업 성공
- 桃花財(子午卯酉 중 도화에 해당하고도 財)를 놓고 辰戌丑未 가운데 하나나 둘이 있어도 요정업 성공
- 식상생재격(음식업 성공)
- 庚日 식상왕에 財가 用이어도 음식업이 吉
- 壬申 壬辰 壬子日 女는 음식업 유리
- 庚申 庚子 庚辰日과 辛亥 己亥日生은 술장사 유리
- 윤하격, 金日 식상 왕, 水日 金水 왕도 요정, 주류업 유리
- 戊己日 身旺에 水局全을 놓으면 요정업으로 큰돈 번다.

[187문] 승도, 종교인의 사주는?
- 財官이 심히 미약하거나 모두 공망이면 중 팔자
- 戊寅 戊午 戊戌 甲寅 甲午 甲戌 己未 己丑 己巳日에

巳午戌亥가 있으면 승도 가능성(신앙인 수도자)
- 甲乙日 水木月, 丙丁日 寅卯辰月, 戊己日 火土月, 庚辛日 金水月, 壬癸日 金水月生은 모두 종교인 철학자 교육가
- 柱中에 華盖가 많아도 승도 가능성
- 戊己日生이 辰戌丑未 많음(승도)

[188문] 역술가의 사주는?
- 日主太旺에 관살이 미약
- 丙辰日 身旺에 관살이 없는 것
- 辰戌丑未가 많은 사주
- 귀격을 못 이룬데다 刑殺이 있는 것
- 印이 많은 사주
- 己日生이 財官 미약
- 甲戌日이 月이나 時에 亥가 있음
- 官殺 혼잡에 財가 없거나 미약
- 戊申 戊子日이 金水 많음
- 亥日生이 戌亥나 丑寅을 만난 것
- 甲乙日 寅巳午未月
- 관살 혼잡에 식상이 없거나 미약
- 壬子 癸酉日이 月·時에 丑寅이 있는 것
- 壬辰日 女가 화개가 많음
- 火土日生(비교적 역술가의 소질이 있다)

[189문] 여자의 직업에 대하여 논하라.
　　　여자 직업도 거의 남자와 동일하나 특별히 여자에만

국한된 직업을 논한다.
- 壬辰日 女가 巳午未月生, 辛亥 辛巳 辛卯日 女가 巳午月生, 庚寅 庚午 庚戌日 女가 寅午戌月生, 木土日 女가 戌亥月時는 모두 의사 약사
- 식상, 인수가 모두 왕함(문예 배우 성악)
- 金日 巳午月 女는 그림 성공
- 壬申 壬辰 壬子日 女는 음식업 길
- 戊己日 인수 있으면 미용사
- 곡직격을 놓은 여자는 기악(器樂)
- 인수격은 수예, 재봉, 편물업, 교사
- 寅巳가 역마나 지살이면 스튜어디스
- 역마 지살이 재에 해당하면 양품 취급이 유리
- 지살이 많거나 재가 역마이면 양화점
- 甲乙日 신왕에 재가 있으면 주단 포목 유리
- 庚辛日 재왕에 인수가 약해도 주단 포목, 丙丁日에 재가 미약하면 양은그릇

18. 육 친

[190문] 조상관계는 어떻게 추리하나?
- 年干이 年支에 착근 통근되면(희신이고) 명문의 자손이다. 그러나 年干이 年支의 克을 받거나 사·절지에

놓이면 선대는 훌륭했어도 근대에 이르러 한미해졌다는 것을 알 수 있다(이는 참작 정도).
- 年干에서 日干까지 생해 오면 조종의 전통이나 유업이 자신까지 전해진 것이고, 時干까지 生이 이어지면 자손에게도 이어준다(유산도). 이와 반대되면 물려받을 유업이 없고, 日干이 年月干을 극하면 내가 받은 유업을 없애는 상이다(그러나 희신 用神이면 그렇지 않다).
- 年月 상충－부모가 조상터에서 멀리 떠나옴
- 日月支 상충－내가 生長地를 떠나거나, 부모와 별거
- 年月支가 재·관·인수면 부귀가문 출신

[191문] 조부모와 부모궁은?
- 식상이 거듭되면 조모가 두분격
- 인수가 중중은 모친이 두분격
- 月支가 도화나 망신살이면 모친이 후처이거나 혹 무당
- 재가 많고 관살이 없으면 모친궁 불리요, 비겁 태왕에 식상이 없으면 부친궁 불리
- 正印이 편재와 암합하면 모친이 다른 데로 시집가는 수가 있다.
- 정인이 쇠·병·사·절지에 놓이면 모친이 질병으로 고생한다.
- 재가 많으면 부친의 형제가 많거나 두 아비를 섬긴다.
- 甲辰 乙未日生은 부친의 액
- 비겁이 많고 干에 財가 있어 절지에 놓이면 유복자(일찍 이별)

- 역마나 지살이 인수를 충극하면 모친이 교통사고요, 재를 충극하면 부친이 교통사고
- 印이 用이면 모친 덕이 있으나 부친 덕이 없고, 재가 용신이면 모친보다 부친덕이 많다.

[192문] 처궁은 어떻게 추리하나?
- 羊刃이 거듭 있는 가운데 時가 공망이면 홀아비 신세다.
- 재가 용신 희신이면 처덕이 있고, 기신이면 처덕이 없다.
- 정편재 혼잡이면 처첩을 거느리거나 두 여자와 (재취) 인연 맺는다.
- 戊己日 재다신약에 壬戌이 있으면 아내가 산액 당하거나 단명하다.
- 재가 왕하고 인수가 미약하면 아내가 모친을 학대하고 인수·재가 비등하게 왕하면 고부간에 불화하다.
- 재다신약은 공처가, 아내 말만 듣는다.
- 日主 태왕에 재가 약하면 아내를 학대한다.
- 時支가 도화면 여자관계 복잡
- 도화가 刑 만나면 성병 주의
- 도화가 정관이면 여자 덕이 있고, 칠살이면 간통하다가 망신
- 甲辰 乙未日生은 처에 재난 있다.
- 日干이 日支에 비겁 놓고 타에도 비겁이 왕하면 아내가 병약하거나 생리사별한다.

[193문] 남편궁은 어떻게 추리하나?

- 명관과마(明官跨馬 – 관성이 財 위에 투출)된 사주는 똑똑한 남편을 만나고 그 남편이 출세 발달한다.
- 식상이 태왕하면 남편궁이 불리하다. 그렇더라도 財가 있어 미약하지 않으면 남편이 발달한다.
- 재자약살(財滋弱殺 – 財가 관살의 밑에서나 옆에서 生助해 줌)된 사주는 시집가서 남편이 발복한다. 승진, 사업이 잘되어 나간다.
- 관살혼잡되면 남자를 두 번 만나는 운(두 남자와 인연 맺음)이지만 그 하나가 제거(克받음)되거나 타와 干合을 이루면 도리어 좋다(하나만 남으니 두 남자라 할 수 없다).
- 재가 없는 사주에 식상이 왕하고 관살이 미약하면 남편이 단명하다. 명이 길면 무능하거나, 능력이 있더라도 운이 막혀 발달이 안된다.
- 식상이 태왕하면 남편궁이 불리하지만 관살이 없으면 차라리 해가 없다.
- 日干이 支의 암장된 干 관살과 暗合하면 남자를 몰래 만나는 형상이다.
- 여자는 日主가 태왕하면 八字가 세어 고독하다.
- 지지에 암장된 官殺이 많으면 여러 남성과 인연을 맺는다.
- 日主 太旺에 관살이 미약하거나 없으면 性생활에 불만이 있다.
- 관살중중에 식상이 미약하면 화류계

- 재성이 많고 七殺이 있으면 돈벌어 바치고 배신당한다.
- 日時에 辰戌冲이 있으면 고독하다.
- 여자 사주에 괴강이 많으면 팔자가 세다. 그러나 혹 판검사나 영관급 이상의 남편을 만나는 수도 있다.
- 金水가 태왕하면 화류계
- 군양팔통, 군음팔통은 고독하다.
- 辰戌丑未 中 세 개 이상도 고독
- 종살격(從殺格) 여자는 남편한테 고분고분한다.
- 陽日 신왕은 남자를 깔본다.
- 日主 태왕에 관살 없으면 시집갈 생각을 않는다.
- 관성이 하나뿐이고 비겁이 많으면 남편이 바람피우거나 첩을 얻는다.
- 비견이나 겁재가 관살과 암합을 이루면 친구가 자기 남편과 정을 통한다. 관살이 비겁과 암합되어도 그러하다.
- 종강격 놓은 사주는 독신격
- 특히 종혁격은 생리사별
- 부성입묘(夫星入墓－甲乙日 辛丑, 丙丁日 壬辰, 戊己日 乙未, 庚辛日 丙戌, 壬癸日 戊戌)된 사주는 남편과 사별 아니면 무능하거나, 능력이 있더라도 일이 잘 안 되거나 형무소에 갇힌다.
- 자요사격, 축요사격, 형합격, 육음조양격, 비천녹마격 등은 화류계 창녀가 아니면 간부를 두는 수가 있다.
- 여자는 관성이 미약하더라도 관운보다 재운이 좋다.
- 여자는 관살운에 남편과 이별(이혼 등)하는 수가 많다.

[194문] 자녀운에 대하여 논하라.

- 남자는 관살이 자식이고 여자는 식상이 자식이다. 그러므로 남자는 관살의 왕쇠와 형충 공망 천을귀인 천월덕 등으로 자식의 많고 적음과 자식덕 유무를 보고, 여자는 식상의 왕쇠와 형충 공망 등으로 자녀의 수와 덕의 유무를 본다.
- 남자는 편관이 아들이고 정관이 딸이며, 여자는 식신이 딸이고 상관이 아들이다.
- 혹은 관살혼잡이면 두 여자의 몸에 자녀를 두는 수가 있다.
- 남자는 재가 없이 식상이 태왕하면 자녀운에 애로가 있고, 여자는 인수가 태왕하면 낙태 등으로 자녀를 두는 데 어려움이 있다.
- 남녀를 막론하고 時의 干支로 자식궁을 보기도 한다. 日干이 時干과 相生 合이 되면 길하고 상충되면 자식덕이 없다. 또 時支와 日支가 生合이면 자식과 정이 있고, 상충되면 자식덕이 없다.
- 남자는 관살이 용이나 희신이면 자식덕이 있고, 忌神이면 자식덕이 없으며, 여자는 식상이 용이나 희신이면 자식덕이 있고 기신이면 자식덕이 없는 것으로 본다.
- 종(從)이 안되는 사주에 너무 난조하거나, 냉습하면 자식 두는 데 애로가 있다.
- 종이 안되는 사주에 日主가 太旺되어도 자식운이 나쁘다.
- 여자는 時支가 절궁(絶宮)되거나 인수되거나, 식상 태왕에 관살 미약이면 자식 두기가 어렵다.

- 日이 미약에 식상이 많으면 난산이다.
- 관살과 식상 모두 2개 이상 있으면 두 남자에게 자식을 둔다.
- 식상이 공망 형충 급각살이면 자녀가 소아마비다.

19. 대운(大運)

[195문] 대운이란 무엇인가?

10년운(甲子 乙丑운 등)을 지배한다.

| 亥子
│
水
운 | 丑
│
水土
운 | 寅卯
│
木
운 | 辰
│
木土
운 | 巳午
│
火
운 | 未
│
火土
운 | 申酉
│
金
운 | 戌
│
金土
운 |

丑 : 土 50% 水 50%   辰 : 木 50% 土 50%
未 : 火 50% 土 50%   戌 : 金 50% 土 50%

甲乙 木운, 丙丁 火운, 戊己 土운, 庚辛 金운, 壬癸 水운

[196문] 대운의 길흉을 논하라.

대운은 용신과 대운 干支의 五行의 生克관계 및 合冲 刑 등을 참작한다. 그러므로 용신은 대운의 生扶를 기뻐하고 克冲刑破를 꺼린다.

- 신약에 관살 왕이면 인수운에 발달한다.

- 신강에 관살 미약이면 재관운에 발복한다.
- 인수용신에 재운 만나면 탐재괴인이라 손재 파직 망신 뇌물죄 형액
- 재다신약된 사주는 재운에 패가망신 당한다.
- 신왕에 재가 미약이면 식상 재운에 돈벌고 비겁운에 망한다.
- 식상이 용이면 (日主 태왕으로) 식상운에 발달하고 인수 비겁운 신액
- 식상제살격은 비겁 식상운 길하고 관살 인수운 불길하다.
- 비겁 왕에 재 미약인 경우 비겁운 만나면 군비쟁재라 대흉하다.
- 식상 태왕에 비겁용인 경우 관살운을 가장 꺼린다.
- 양인격은 칠살운 대길하고, 비겁운 양인운 극처 파재한다.
- 종비격은 재 관살운 불리
- 종인격은 재운을 꺼린다.
- 종살격은 식상 비겁운 불리
- 종재격은 비겁 인수운 불길
- 종아격은 인수운 불리
- 甲己化土격에 木운, 乙庚化金격에 火운, 丙辛化水격에 火土운, 丁壬化木격에 金운, 戊癸化火격에 水운을 크게 꺼린다.
- 대운 天干이 用神을 干合 支合해도 불길하다.
- 부성입묘가 있는 여자는 그 墓를 冲하는 대운에 남편

에게 不利하다.

20. 세운(歲運)

[197문] 세운(歲運)이란?
　　행년 태세, 즉 무인년 기묘년 경진년 등을 말한다.

[198문] 세운의 작용을 논하라.
- 세운이 日支를 刑冲하면 그 해 안에 이사, 이동 등 자리를 옮기게 된다.
- 상관년을(天干으로) 만나면 관재 송사를 주의하라.
- 日干이 태세의 干을 克하면 하극상이라, 법을 어기고 관재에 걸릴 우려가 있으니 주의하라.
- 세운은 십이운성의 길흉으로 추단해도 좋다.
- 복음년(子년생이 子년, 丑년생이 丑년)도 신수 불리라 한다.
- 세운은 용신보다 歲干과 日干과의 육친관계를 참작하고, 日支와 歲支와의 合 冲 刑 원진 공망 등을 참작하라.
- 해외에 나갈 수 있는 해는 역마에 해당하거나, 지살에 해당하는 해, 그리고 日支를 刑冲하는 해로 본다.
- 日支를 세운이 刑冲하면 몸을 다치거나 수술받는 일이 있을 수 있다.

- 태세의 干이 칠살에 해당하면 몸을 다치거나 관재 질병의 우려가 있다.
- 태세의 干이 사주 가운데 있는 干의 재를 冲克하면 손재수를 크게 당한다.
- 부성입묘가 있는 여자, 처성입묘가 있는 남자는 그 묘를 충하는 해에 배우자와 이별할 수 있으니 주의하라.
- 甲乙日에 戌이 있는 사람은 辰年에 손재수 당한다.
  丙丁日에 丑이 있는 사람은 未年에 손재수 당한다.
  戊己日에 辰이 있는 사람은 戌年에 손재수 당한다.
  庚辛日에 未가 있는 사람은 丑年에 손재수 당한다.
  壬癸日에 戌이 있는 사람은 辰年에 손재수 당한다.
  이는 태세가 재고(금궤 지갑 창고)를 깨뜨리는 형상이 되어서다.
- 子가 있으면 亥卯未年, 午가 있으면 巳酉丑年, 卯가 있으면 寅午戌年, 酉가 있으면 申子辰年에 바람피우기 쉽다.

命理正解와 問答

初版 印刷●2005年	4月	21日
初版 發行●2005年	4月	28日
再版 發行●2005年	10月	25日

著　者●崔　至　山
發行者●金　東　求
發行處●明　文　堂
서울특별시 종로구 안국동 17~8
대체　010041-31-001194
전화　(영) 733-3039, 734-4798
　　　(편) 733-4748
FAX 734-9209
Homepage www.myungmundang.net
E-mail mmdbook1@myungmundang.net
등록　1977. 11. 19. 제1~148호

●낙장 및 파본은 교환해 드립니다.
●불허복제・판권 본사 소유.

정가는 표지에 표기되어 있습니다.
ISBN 89-7270-776-7 14150
ISBN 89-7270-056-8 (세트)

明文易學叢書

1) (秘傳)姓名大典 曹鳳佑 著 값 15,000원
2) 奇學精說 李奇穆 著 값 12,000원
3) (修正增補)알기쉬운 擇日全書 韓重洙 著 값 12,000원
4) (玉衡)韓國地理總攬 池昌龍 著 값 10,000원
5) (風水地理)明堂全書(特別版) 徐善繼·徐善述 著 韓松溪 譯 값 8,000원
6) 姓名學精說 黃國書 著 값 15,000원
7) (秘傳)四柱大典 金于齋·柳在鶴 編譯 값 15,000원
8) 窮通寶鑑精解 崔鳳秀·權伯哲 講述 값 25,000원
9) 陰陽五行의 槪論 申天浩 編著 값 12,000원
10) (增補)淵海子平精解 沈載烈 講述 값 25,000원
11) 命理正宗精解 沈載烈 講解 값 25,000원
12) 四柱와 姓名學 金于齋 著 값 15,000원
13) 方位學入門 全泰樹 編譯 값 8,000원
14) 姓名學全書 朴眞永 編著 값 15,000원
15) (알기쉬운)易數秘說 沈鍾哲 編著 값 6,000원
16) (命理叢書)三命通會 朴一宇 編著 값 30,000원
17) 地理八十八向眞訣 金明濟 著 값 12,000원
18) 奇門遁甲 申秉三 著 값 6,000원
19) (正統秘傳)四柱實鑑 金栢滿 著 값 15,000원
20) 擇日大要 高光震 著 값 12,000원
21) (地理明鑑)陰宅要訣全書 金榮昭 譯編 값 15,000원
22) (詳解)手相大典 曹誠佑 著 값 9,000원
23) 命理精說 李俊雨 編著 값 25,000원
24) 易占六爻全書 韓重洙 編著 값 15,000원
25) 現代四柱推命學 曹誠佑 編著 값 15,000원
26) (陰宅明鑑)靑松地理便覽 金榮昭 編著 값 7,000원
27) 六壬精斷 李在南 著 값 20,000원
28) 六壬精義 張泰相 編著 값 15,000원
29) (自解秘傳)四柱大觀 金于齋 著 값 6,500원
30) (秘傳詳解)相法全書 曹誠佑 編著 값 9,000원
31) (地理)羅經透解 金東圭 譯著 값 6,000원
32) (四柱秘傳)滴天髓 金東圭 譯 값 15,000원
33) 滴天髓精解 金于齋 譯編 값 15,000원
34) (新橋)洪煙眞訣精解 金于齋 編著 값 6,500원
35) 卜筮正宗精解 金于齋·沈載烈 共著 값 12,000원
36) (風水地理)九星學 金東圭 編著 값 4,000원
37) (自解秘傳)觀相大典 曹誠佑 著 값 8,000원
38) (自解秘傳)萬方吉凶寶典 金于齋·李相哲 共著 값 15,000원
39) 九星學(氣學)入門 金明濟 著 값 10,000원
40) (陰宅明鑑)地理十訣 金榮昭 編譯 값 8,000원
41) (完譯)麻衣相法(全) 曹誠佑 譯 값 20,000원
42) 易理學實鑑 韓宗秀 外 編 값 6,000원
43) 象理哲學 趙明彦 著 값 9,000원
44) 易學原理와 命理講義 曹誠佑 著 값 9,000원
45) (的中)周易身數秘傳 許充 著 값 12,000원
46) (自解)八字大典 金于齋 著 값 7,000원
47) 人生三八四爻 이해수 編著 값 5,000원
48) (四柱秘傳)紫微斗數精解 金于齋 著 값 7,000원
49) 姓名大學 蔡洙岩 編著 값 10,000원
50) (風水地理學)人子須知 金富根 監修 金東圭 譯 값 35,000원
51) (傳統)風水地理 林鶴燮 編著 값 12,000원
52) 周易作名法 李侖昱 著 값 12,000원
53) 九宮秘訣 金星旭 編著 값 15,000원
54) 占卜術入門 全泰樹 編譯 값 7,000원
55) 命理學原論 李相奎 著 값 10,000원
56) 四柱運命學의 精說 金讚東 著 값 15,000원
57) 陽宅秘訣 金甲千 著 값 25,000원
58) 戊己解 金明濟 著 값 15,000원
59) 新命理學 安成雄 著 값 10,000원
60) 里程標 經般圖解 金東圭 編著 값 20,000원
61) (四柱詳解)紫微斗數 韓重洙 著 값 10,000원
62) 滴天髓闡微 金東圭 譯 값 35,000원
63) 택일은 동양철학의 꽃이다(協紀辨方) 값 30,000원
64) (秘傳)風水地理全書 金甲千 編著 값 35,000원